本教材出版获国家自然科学基金项目（71902116）资助

管理学研究方法
导论

Introduction to
Management Research Methods

王海峰　主编

上海交通大学出版社
SHANGHAI JIAO TONG UNIVERSITY PRESS

内容提要

本书的特点是适合"零基础"的学生,即使对管理学研究一无所知,也能通过学习本书有所收获,打下学术研究的基础。全书共分为 7 章,先从"文献阅读与搜索"(第 1 章)和"管理学的研究过程与研究方法"(第 2 章)视角简要介绍管理学研究的基础与模式,再从"问卷调研研究方法"(第 3 章)、"档案数据研究方法"(第 4 章)、"实验研究方法"(第 5 章)、"定性研究方法"(第 6 章)视角深入浅出地介绍管理学各类主流的研究方法,最后以经典的统计工具"回归分析"(第 7 章)梳理收尾。本书旨在帮助学生对管理学研究有一定的了解,为学生学习各类进阶的管理学研究方法打好基础,以更好地帮助学生完成学位论文的撰写。

本书主要为满足高等院校管理学专业的教学需要所编写,适合管理学方向或者交叉学科方向的本科生与研究生学习使用。

图书在版编目(CIP)数据

管理学研究方法导论/ 王海峰主编. —上海: 上
海交通大学出版社,2023.8
　　ISBN 978-7-313-29102-8

　　Ⅰ.①管… Ⅱ.①王… Ⅲ.①管理学-研究方法-教
材 Ⅳ.①C93-3

　　中国国家版本馆 CIP 数据核字(2023)第 134550 号

管理学研究方法导论
GUANLIXUE YANJIU FANGFA DAOLUN

主　　编:王海峰
出版发行:上海交通大学出版社　　　　　　　地　　址:上海市番禺路 951 号
邮政编码:200030　　　　　　　　　　　　　电　　话:021-64071208
印　　制:上海天地海设计印刷有限公司　　　经　　销:全国新华书店
开　　本:787 mm×1092 mm　1/16　　　　印　　张:14
字　　数:254 千字
版　　次:2023 年 8 月第 1 版　　　　　　　印　　次:2023 年 8 月第 1 次印刷
书　　号:ISBN 978-7-313-29102-8
定　　价:59.00 元

前　言 | Foreword

　　为了进一步落实科教兴国战略,更好地满足新时期经济社会发展对人才的需求,教育部自1999年始推动高等教育改革,大幅扩大了本科生与研究生的招生规模,相关政策延用至今。随着高校培养规模不断扩大,教育部也一直强调教育质量的把控。学位论文的质量是衡量教学水平、学生专业水平和学位资格认证的重要依据,是高校人才培养的最后一个环节,具有其他教学环节不可替代的重要作用。自2019年以来,教育部持续推进"学位挤水"行动,针对学位论文的不规范行为,制定了一系列的处罚措施,确保学位授予质量。

　　随着学位论文的学术标准进一步规范化,有必要加强学生的基本学术素养,以保证学生有足够的科研能力完成符合要求的学位论文。然而由于专业与教育背景的差异,不同学生对于管理学研究方法的熟悉与掌握程度参差不齐,难以统一指导。本书的特点是适合"零基础"的学生,即使对管理学学术研究一无所知,也能通过学习本书有所收获,打下学术研究的基础。本书先从"文献阅读与搜索"(第1章)和"管理学的研究过程与研究方法"(第2章)视角简要介绍管理学研究的基础与模式,再从"问卷调研研究方法"(第3章)、"档案数据研究方法"(第4章)、"实验研究方法"(第5章)、"定性研究方法"(第6章)视角深入浅出地介绍管理学各类主流的研究方法,最后以经典的统计工具"回归分析"(第7章)梳理收尾。本书旨在帮助学生对管理学研究有一定的了解,为学生学习各类进阶的管理学研究方法打好基础,以更好地帮助学生完成学位论文的撰写。

　　本书主要为满足高等院校管理学专业的教学需要所编写,适合管理学方向或者交叉学科方向的本科生与研究生使用。由于作者水平所限,书中如有不当和疏漏之处,恳请读者批评指正。

目　录 | Contents

第 1 章
文献阅读与搜索

1.1 概　　述

研究者在撰写论文前,需要对拟研究的领域有充分透彻的了解,而这离不开研究者对该领域国内外相关研究的阅读、梳理与归纳。期刊论文是研究者获取学科前沿动态最重要也是最常见的来源。但是不同层次的期刊对论文创新性和学术规范的要求不同,造成国内外的学术期刊水平参差不齐。初学者应该首先了解哪些学术期刊的论文需要重点分析,哪些学术期刊的论文可以学习,哪些学术期刊的论文有一定的参考价值。基于优秀的文献基础才能衍生出有价值的研究。鉴于了解期刊学术水平的重要性,在正式学习管理研究方法之前,本书首先介绍管理学顶级期刊来源与获取相关资源的重要途径。

1.2 中 文 文 献

1.2.1 中文文献的标准

就学术水平而言,中文管理学期刊中较好的首先是《中国社会科学》《管理科学学报》《经济研究》与《管理世界》。这四本期刊基本代表国内管理学研究的顶级水平。其中,《中国社会科学》是面向整个社会科学领域的期刊,部分文章探讨的是经济管理学领域的问题。其次是"国家自然科学基金委员会管理科学部认定的 30 种期刊"(含《管理科学学报》和《管理世界》)(见表 1-1)。这 30 种期刊是国家自然科学基金委员会管理科学部根据学术价值、影响力等从众多管理学学术期刊中筛选而出的。值得初学者注意的是,这 30 本期刊虽然均为管理类期刊,但刊文有自己的研究方向偏好,例如,《会计研究》顾名思义，主要刊登会计、审计类的学术文献；《系统工程学报》以研究复杂系统的学术文献为主；《管理学报》和《管理评论》则在管理学各研究分支中没有明显的偏好，广泛接受各方向的研究者投稿。以上中文管理学期刊中的文献需要研究者重点分析。

表 1‐1　国家自然科学基金委员会管理科学部认定的 30 种期刊

编　号	期　　刊
1	《管理科学学报》
2	《管理世界》
3	《工业工程与管理》
4	《公共管理学报》
5	《管理工程学报》
6	《管理科学》
7	《管理评论》
8	《管理学报》
9	《会计研究》
10	《金融研究》
11	《科学学研究》
12	《科学学与科学技术管理》
13	《科研管理》
14	《南开管理评论》
15	《农业经济问题》
16	《情报学报》
17	《数理统计与管理》
18	《数量经济技术经济研究》
19	《系统工程》
20	《系统工程理论与实践》
21	《系统工程学报》
22	《系统管理学报》
23	《研究与发展管理》
24	《预测》

编　号	期　刊
25	《运筹与管理》
26	《中国工业经济》
27	《中国管理科学》
28	《中国农村经济》
29	《中国人口·资源与环境》
30	《中国软科学》

中文管理学期刊广义上最核心的参照标准是"中文社会科学引用索引(Chinese Social Sciences Citation Index，CSSCI)"。中文社会科学引用索引及拓展版是由南京大学中国社会科学研究评价中心开发研制的数据库索引，用于检索中文社会科学领域的论文收录和文献被引用情况，每两年更新一次。入选中文社会科学引用索引及拓展版的中文管理学期刊具有代表意义。由于核心版期刊数量的限制，CSSCI 拓展版可以理解为 CSSCI 的补充，学术影响力和高等院校认可度略逊于 CSSCI。另外，入选中国科学引文数据库(Chinese Science Citation Database，CSCD)、CSSCI 来源集刊和北大中文核心期刊目录等重要数据库索引的期刊也具有重要的参考意义。以上中文管理学学术期刊中的文献需要研究者认真学习。除上述部分外，其他中文管理学期刊上的论文虽相对价值较弱，亦有一定的参考意义。

1.2.2　中文文献的获取

中国知网(China National Knowledge Infrastructure，CNKI)是中文文献获取的关键来源之一。中国知网可以检索、在线阅读和下载不同格式的中文文献。中国知网的文献检索功能无须用户先行登录，但文献的在线阅读和下载涉及付费服务，需要用户以个人账号或机构账号登录后方可操作。中国知网在中国高校的付费普及率较高，各校的学生通常可利用本校的图书馆作为媒介账号登入。中国知网也可以获取部分英文文献，更普遍的英文文献获取方式将在后续章节详细介绍。

接下来，以管理学文献检索实例展示如何使用中国知网寻找特定的中文文献，中国知网的网址为 https://www.cnki.net/(见图 1-1)。其中，中国知网的检索框(即一框式检索，如图 1-2 所示)是文献检索功能初始的形态，在"主题"检索字段输入"创业团队"，检索结果如图 1-3 所示。一框式检索虽然操作简便，但检索结果会暴

图 1-1 中国知网首页

图 1-2　中国知网一框式检索框

图 1-3　中国知网一框式检索结果示例

露很多问题。例如,无法从海量文献中快速挑选出 CSSCI、CSCD 或北大中文核心期刊目录中的文献,这意味着必须单独查询每一篇文献相应的期刊等级。此外,一框式检索不能拓展、修改检索字段,容易检索到大量不符合要求的文献。

为获取更准确的检索结果,研究者最常使用中国知网的高级检索功能(一框式检索右上角第一行"高级检索"单击进入)。高级检索功能允许多字段检索、期刊等级检索(见图1-4)。在"主题"检索字段检索"创业团队"的基础上,限制文献来源为《管理世界》,检索结果由数千条骤减至十余条,大大简化了研究者的文献前期准备工作(检索结果如图1-5所示)。输入的检索条件越多,检索结果越精确,譬如可以限定"发表时间"以确保文献内容具有时效性;也可以检索特定作者的刊文,以北京大学光华管理学创始院长厉以宁教授为例,在"作者"栏中输入"厉以宁",点击"主题"右边的倒三角,将"主题"替换为"通讯单位"并输入"北京大学","文献来源"栏中输入"中国社会科学",就可得到检索结果(见图1-6)。图1-6直观地反映了厉以宁教授于20世纪以北京大学作为通讯单位在《中国社会科学》公开发表的8篇独立作者的文章。如果想获取具体的文献内容,需单击相应的标题,以《贫困地区经济与环境的协调发展》为例,如图1-7所示,"HTML阅读"为在线阅读选项(部分文献不存在该选项),"CAJ下载"可获得CAJ格式原文,需要另行下载CAJ浏览器才能阅读,但对于文献内容的操作相较于PDF格式更丰富,"PDF下载"可获得文献的PDF版本。

图1-4 中国知网高级检索框

以上介绍的均是根据特定条件搜索目标文献,那么如果已知具体文献,如文献名称,怎样获得该文献更详细的信息呢? 假如想了解厉以宁教授的《贫困地区经济与环境的协调发展》的更多信息,可以点击倒三角选择"篇名",输入"贫困地区经济与环境的协调发展",并在"作者"中输入"厉以宁",得到唯一检索结果(见图1-8),点击文章标题同样会转至图1-7所示页面,可以得到这篇文献的来源、发表时间和内容等信息。

图 1-5 中国知网高级检索结果示例 1

图 1-6　中国知网高级检索结果示例 2

图 1-7　中国知网高级检索结果示例 3

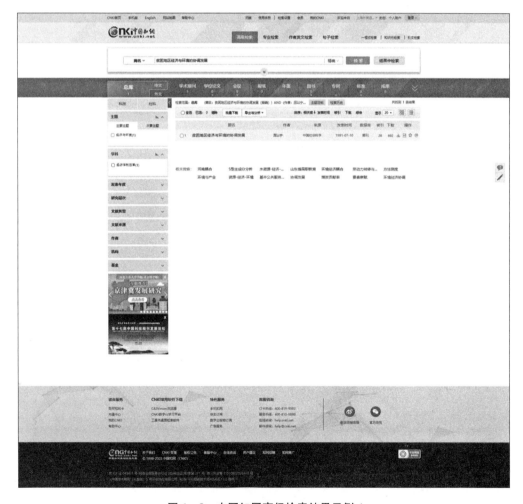

图 1-8　中国知网高级检索结果示例 4

此外,若想获得《中国社会科学》的所有刊文,可以使用出版物检索功能(一框式检索右上角第二行"出版物检索"单击进入,检索框如图1-9所示)。检索字段默认"来源名称",直接输入"中国社会科学"(检索结果如图1-10所示)。因为其他出版

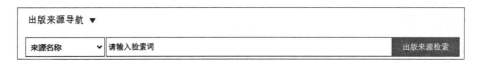

图1-9 中国知网出版物检索框

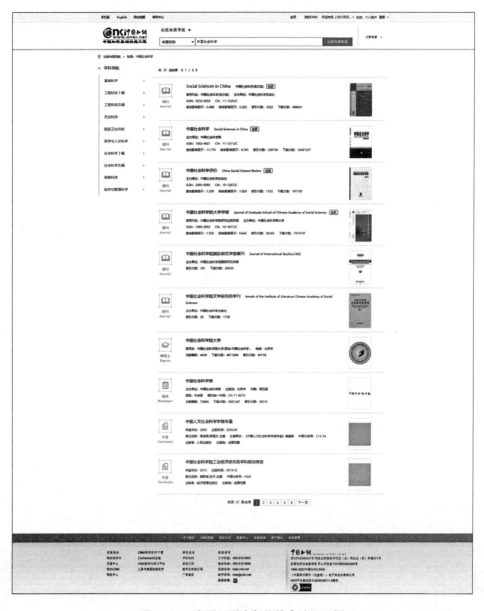

图1-10 中国知网出版物检索结果示例

物名称同样带有"中国社会科学"字样,所以检索通常不唯一,但经过仔细辨认,只有第二条检索结果是《中国社会科学》。如果想快速获得唯一的出版物检索结果,可以在"来源名称"旁边的倒三角下拉栏中选择"ISSN"(International Standard Serial Number,国际标准期刊号),任何正规出版物仅有唯一的 ISSN,可以据此获得唯一的检索结果。

综上,一框式检索仅能允许一个检索字段,容易获得海量的文献检索结果,但精度不足;而高级检索允许多字段检索,在对目标文献掌握两个及以上信息条件时为检索精度最优的选择。出版物检索则适用于检索目的为特定期刊的情形。

1.3　英 文 文 献

1.3.1　英文文献的标准

就学术水平而言,英文管理学期刊的顶级参照标准是美国得克萨斯大学达拉斯分校(The University of Texas at Dallas,UTD)提出的 24 本最顶尖的学术期刊索引(简称 UTD24,具体见表 1-2)。这一索引用于美国得克萨斯大学达拉斯分校发布的 UTD 全球商学院科研排名,即 UTD 全球商学院科研排名百强榜(The UTD Top 100 Business School Research Rankings)。此排名每年发布一次,根据各院校在过去 5 年期间,在 UTD24 期刊中发表的论文数量以及作者贡献度进行计算。其次的参照标准是《金融时报》(*Financial Times*)经广泛咨询、汇总投票后选出的 50 本全球顶级的管理学学术期刊(简称 FT50,具体见表 1-3)。FT50 索引的最新版本于 2016 年公布。这一索引被《金融时报》作为每年的商学院评级标准(包括全球 MBA、EMBA 和在线 MBA 排名等),用以衡量各商学院的研究质量。值得注意的是,FT50 包含 UTD24 中的 23 本期刊(*INFORMS Journal on Computing* 除外)。此外,在 *Nature*、*Science* 和 *PNAS*(*Proceedings of the National Academy of Sciences of the United States of America*)等综合性科学期刊中也会刊登一定数量的管理学及交叉学科领域的前沿研究,权威性不亚于 UTD24。以上英文管理学术期刊中的文献需要研究者重点分析。

英文管理学期刊广义上最核心的参照标准是"社会科学引文索引(Social Sciences Citation Index,SSCI)"与"科学引文索引(Sciences Citation Index,SCI)"。SSCI 与 SCI 由美国科学情报所(The Institute for Scientific Information)编制。运用

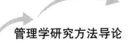

表 1-2　美国得克萨斯大学达拉斯分校提出的 24 本学术期刊

Number	Journals
1	*Academy of Management Journal*
2	*Academy of Management Review*
3	*Administrative Science Quarterly*
4	*Information Systems Research*
5	*Journal of Accounting and Economics*
6	*Journal of Accounting Research*
7	*Journal of Consumer Research*
8	*Journal of Finance*
9	*Journal of Financial Economics*
10	*Journal of International Business Studies*
11	*Journal of Marketing*
12	*Journal of Marketing Research*
13	*Journal of Operations Management*
14	*INFORMS Journal on Computing*
15	*Management Science*
16	*Manufacturing and Service Operations Management*
17	*Marketing Science*
18	*MIS Quarterly*
19	*Operations Research*
20	*Organization Science*
21	*Production and Operations Management*
22	*Strategic Management Journal*
23	*The Accounting Review*
24	*The Review of Financial Studies*

表 1 - 3 《金融时报》选出的 50 本管理学学术期刊

Number	Journals
1	*Academy of Management Journal*
2	*Academy of Management Review*
3	*Accounting，Organizations and Society*
4	*Accounting Review*
5	*Administrative Science Quarterly*
6	*American Economic Review*
7	*Contemporary Accounting Research*
8	*Econometrica*
9	*Entrepreneurship Theory and Practice*
10	*Harvard Business Review*
11	*Human Relations*
12	*Human Resource Management*
13	*Information Systems Research*
14	*Journal of Accounting and Economics*
15	*Journal of Accounting Research*
16	*Journal of Applied Psychology*
17	*Journal of Business Ethics*
18	*Journal of Business Venturing*
19	*Journal of Consumer Psychology*
20	*Journal of Consumer Research*
21	*Journal of Finance*
22	*Journal of Financial and Quantitative Analysis*
23	*Journal of Financial Economics*
24	*Journal of International Business Studies*
25	*Journal of Management*

Number	Journals
26	*Journal of Management Information Systems*
27	*Journal of Management Studies*
28	*Journal of Marketing*
29	*Journal of Marketing Research*
30	*Journal of Operations Management*
31	*Journal of Political Economy*
32	*Journal of the Academy of Marketing Science*
33	*Management Science*
34	*Manufacturing & Service Operations Management*
35	*Marketing Science*
36	*MIS Quarterly*
37	*MIT Sloan Management Review*
38	*Operations Research*
39	*Organization Science*
40	*Organization Studies*
41	*Organizational Behavior and Human Decision Processes*
42	*Production and Operations Management*
43	*Quarterly Journal of Economics*
44	*Research Policy*
45	*Review of Accounting Studies*
46	*Review of Economic Studies*
47	*Review of Finance*
48	*Review of Financial Studies*
49	*Strategic Entrepreneurship Journal*
50	*Strategic Management Journal*

引文数据分析和同行评估相结合的方法,充分考虑了期刊的学术价值。SSCI 偏向社会科学,SCI 偏向自然科学。SSCI 与 SCI 是世界公认的文献统计源。前文提及的 UTD24、FT50、*Nature*、*Science*、*PNAS* 均是 SSCI 与 SCI 的单检索或双检索期刊。然而,因为英文期刊本身数量较多,且为了进一步规范与区分相关期刊的影响力,目前存在两种主流的 SSCI/SCI 期刊分区。第一种是美国科睿唯安(Clarivate Analytics)推出的 Journal Citation Reports(JCR)分区。JCR 分区将 SSCI/SCI 期刊分为 176 个学科。基于不同学科的当年影响因子高低进行排序,分为 Q1、Q2、Q3 和 Q4 四个区,Q1 区代表学科分类中影响因子排名前 25% 的期刊,Q2 区为排名 26%～50% 期刊,Q3 区为排名 51%～75% 期刊,Q4 区为排名 75% 以后的期刊。第二种是中国科学院文献情报中心世界科学前沿分析中心推出的中科院 SSCI/SCI 分区。该分区将 SSCI/SCI 期刊分为 18 个学科,按照期刊超越指数分区。Q1 区代表学科分类中排名前 5% 的期刊,Q2 区为排名 6%～20% 的期刊,Q3 区为排名 21%～50% 的期刊,Q4 区为排名 50% 以后的期刊。两种分区方案都是每年更新一次。以上英文管理学学术期刊上的文献需要研究者认真学习。一般而言,分区排名越前的期刊文献学习价值相对更高。除上述部分外,其他英文管理学学术期刊上的论文相对价值较弱,但仍有一定的参考意义。

1.3.2　英文文献的获取

Web of Science(网址:https://www.webofscience.com/wos/alldb/basic-search)是英文文献获取的关键来源之一,这是由美国科睿唯安基于 WEB 开发的产品,并以 ISI Web of Knowledge 作为检索平台。Web of Science 核心合集中的 SSCI、SCIE 和艺术与人文引文索引(Arts & Humanities Citation Index,A&HCI)三个学术期刊论文引文索引数据库,收录了 13 000 多种世界高影响力的学术期刊,内容涵盖自然科学、工程技术、生物医学、社会科学、艺术与人文等诸多领域。

Web of Science 具备强大的分析功能,能够在快速锁定高影响力论文、发现国内外同行权威所关注的研究方向、揭示课题的发展趋势、选择合适的期刊进行投稿等方面帮助研究人员更好地把握相关课题,寻求研究的突破与创新点,并为科研人员建立了"检索-分析-管理-写作"的创新型研究平台。

与中国知网不同的是,Web of Science 在检索文献之前就需要以个人账户或机构账户先行登录。各校的学生也可利用本校的图书馆作为媒介账号尝试登入。以简体中文版本的 Web of Science 的检索页面(见图 1-11)为例展示如何检索一篇英文文献。在图 1-11 中,已经选择了"Web of Science 核心合集"数据库,并进一步选择了该数据库下的 SSCI 引文索引(必须先选择数据库,才可以选择对应的索引),这样可以保证检索结果已入选SSCI索引。对检索字段有要求时,可以点击所有字段右边的倒三角(见图 1-12),可以选择"主题""标题""作者"等字段。首先以"出版物标题"字段示例,输入"Academy of Management Journal"字样(检索结果如图 1-13 所示),可以得到

图 1-11　Web of Science 检索页

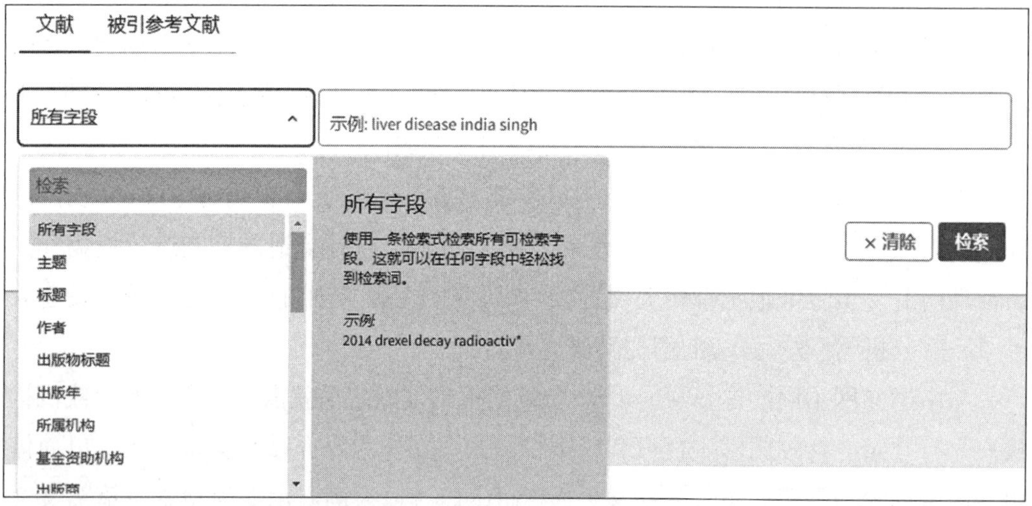

图 1-12　Web of Science 检索页——所有字段

*Academy of Management Journal*至今的文献。以这次检索中第一条文献"Investing in Communities：Forging new ground In corporate community codevelopment through relational and psychological pathways"为例,在检索页"所有字段"中选择"标题",并在右边一栏中输入文献名称,便可再次检索到这份文献(见图 1 - 14)。如果对这篇文献的作者 Cristina B. Gibson(姓名格式出自 Web of Science)感兴趣,并想进一步阅读他的著作,可以在"所有字段"中选择"作者",并在右边一栏输入他的名字,可以得到同一姓名作者的所有文献。因可能存在重名的情况,所以不能保证在"作者"字段检索中检索到的文献都出自同一名作者。

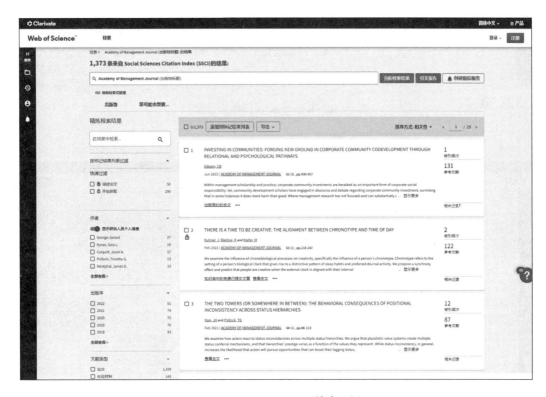

图 1 - 13　Web of Science 检索示例 1

Web of Science 同样存在高级检索功能,但与中国知网简单地划分一框式检索和高级检索不同的是,单纯地在同一次搜索中输入两个及以上的搜索字段并不属于 Web of Science 的高级检索功能。Web of Science 的高级检索功能是以高级检索式生成器的形式(见图 1 - 15),需要书写简单的检索式程序,关于具体程序的代码规则可见高级检索页"检索帮助"栏目中展示的布尔运算符和字段标识。

谷歌学术(Google scholar)(网址：scholar.google.com)也是英文文献获取的关键来源。谷歌学术是谷歌(Google)推出的学术资料搜索引擎。索引包括了世界上绝大

图 1‐14　Web of Science 检索示例 2

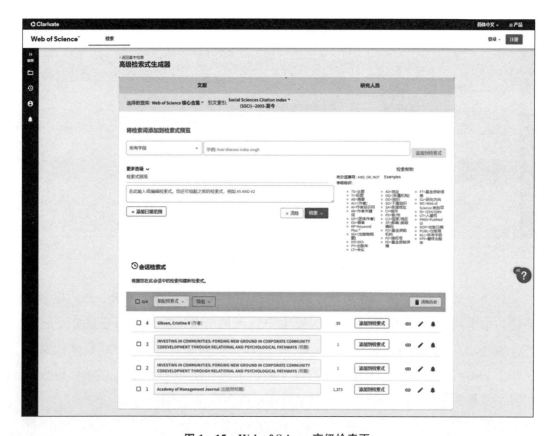

图 1‐15　Web of Science 高级检索页

部分出版的学术期刊,是广泛搜索学术文献的简便渠道。谷歌学术可帮助研究者在整个学术领域中确定相关性最强的研究。谷歌学术与 Web of Science 在功能上存在互补之处,Web of Science 数据库检索到的文献有很多不是开源资源,这些资源在谷歌学术数据库中可能存在。谷歌学术虽然强大,但其检索功能比较简单(包括高级检索功能),比较复杂的检索一般需要依靠 Web of Science。因此,结合使用两个数据库可能才是最有效率的英文文献检索方式。

　　谷歌学术的检索框(见图 1-16)比较简约,以 *Strategic Management Journal* 为例,将期刊名称键入谷歌学术的检索框,检索结果如图 1-17 所示。以图 1-17 中第一条检索所得的文献"Changes in the intellectual structure of strategic management research:A bibliometric study of the Strategic Management Journal,1980-2000"为例,将其输入搜索框可以得到该文献的检索结果(见图 1-18)。点击谷歌学术检索结果页面左上角的横线标示,从弹出的列表中选择"高级检索",则会弹出谷歌学术的高级搜索框(见图 1-19)。研究者可以在高级搜索框中同时限定多种检索条件,例如"作者""来源期刊""发表时间"等。可以直观地看出,相较于中国知网和 Web of Science,谷歌学术的高级检索功能相对简单,对目标文献的精准定位能力较薄弱。

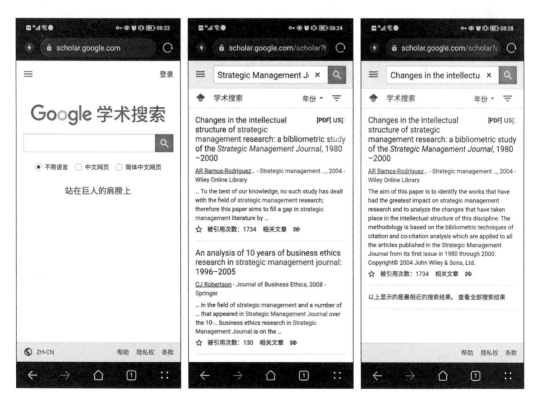

图 1-16　谷歌学术检索框　　图 1-17　谷歌学术文献结果检索示例 1　　图 1-18　谷歌学术文献结果检索示例 2

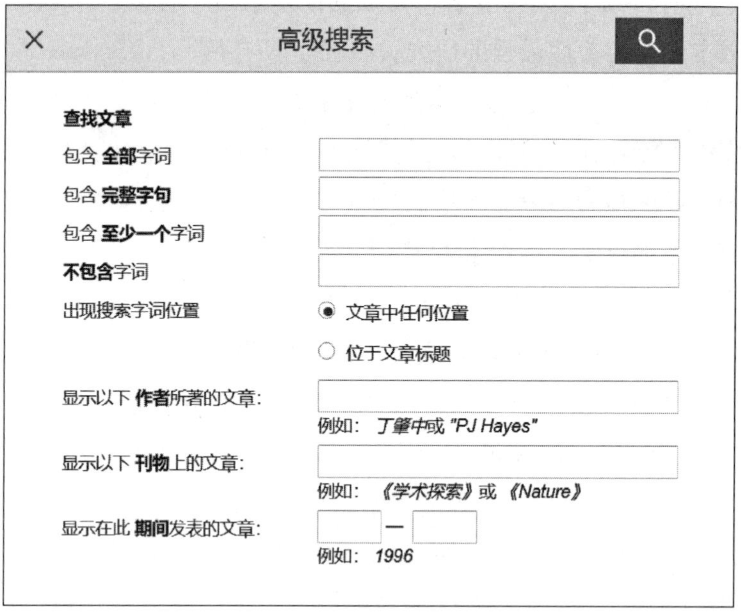

图 1 - 19　谷歌学术高级检索框

思考题

1. 如果仅给予你一篇文献的来源期刊与全部作者,你是否能精确检索到该文献?

2. 如果一篇文献在各正式渠道均无法检索,可能会是哪些原因?

第 2 章
管理学的研究过程与研究方法

2.1 研 究 过 程

2.1.1 概述

什么是一个完整的研究过程？完整的研究过程通常包括提出研究问题、选择理论基础、构建研究模型、运用研究方法、处理数据与验证、撰写论文等六个部分。有序经历一个完整的研究过程是研究者解决问题的必经之路。研究基本可以分为定量研究和定性研究，本章基本以步骤较完备的定量研究为例解释研究过程。定性研究在部分细节上可能存在一定的偏差。本章之后的章节会详细介绍各种主流的定量研究方法与定性研究方法。

1. 研究问题

提出一个好的研究问题，界定清晰。好的研究问题可以处于学科研究的前沿领域，或者在广泛的现有研究中提炼出独特的研究视角。在某种程度上，好的研究问题与创新性是紧密相关的。研究者需要注意问题的理论边界。以研究"创业者对创业团队形成的影响"为例，"创业者"和"创业团队"的定义需要明确，而"影响"可以明确为创业者人口统计学特征或行为等因素对创业者建立的创业团队的一种有意或无意的结果（可以抽象理解为 A 对 B 的影响）。如果研究者无法明确研究目标，后续的研究过程将缺乏一个推进的主方向。

2. 理论基础

考虑什么样的观点能够解释这一问题，进行相关的文献综述，找到理论支撑。一个问题不会是凭空产生的。研究者提出一个研究问题也需要建立在大量文献阅读与实践之上，但在管理学领域这并非一件易事，如何讲好一个故事对研究者而言一直是非常关键且具有挑战性的问题。理论基础可以采用既定的理论,但中英文文献的经典理论基础的构成、逻辑与适用范围也存在一些差异。英文文献的理论转化为中文文献的理论通常要经历一个"本土化"的适应性过程。一个研究问题通常可以只基于一个理论,当然也可以基于多个理论。通常而言,没有一个统一的范式,研究者只需要符合连贯且合理的逻辑发展理论。

3. 研究模型

基于研究者的观点对问题进行逻辑概念分析,构建有意义且可验证的研究假设以解决研究问题。当研究者在列举出完整的理论基础之后,将具象化自己提出的研究问题,可以理解为明确"A 对 B 的影响"中 A 和 B 分别由什么变量代表,描绘了一个怎样的故事,这是一个细化研究问题的过程。

4. 研究方法

考虑如何实现研究设计,选择有意义的样本,采取有效的方法收集数据。无论是探索性研究、描述性研究还是解释性研究,研究者都需要设计和执行自己的研究方案。研究者必须充分考虑数据的可获得性,合理且可行的研究方法是研究设计的重中之重。缺乏研究方法基石的研究要么是纯理论研究,要么是缺乏现实价值的研究。

5. 数据处理与验证

清理、整合数据,利用有效的统计分析方法验证研究问题。基于反馈数据的完整性,研究者需要清理与整合数据。其后,基于不同研究方法获取的数据类型、结构等特征,研究者应该采取具有针对性的统计方式加以处理与验证。

6. 论文撰写

研究者经历之前五个步骤后可以正式开始撰写论文:阐述研究背景、综述理论基础、提出研究框架、完整描述数据收集、分析与验证过程、探讨结果,以及明确研究贡献与不足。学术论文需要注意研究伦理与学术规范,例如,合理引用参考文献、避免口语化表达等。论文撰写是一个漫长且反复的过程。

2.1.2 提出研究问题

做学术研究的第一步,在于提出一个好的研究问题。一般而言,研究问题的好坏取决于两个方面:一方面,研究问题是否具有创新性与重要性;另一方面,研究问题是否从理论与实践出发。首先,研究问题的创新性与重要性缺一不可。如果只有创新性而缺乏重要性,那可能只是哗众取宠的研究。其他学者都没有研究过的问题不一定是重要的问题,强调"第一个"完成某个缺乏足够研究价值的内容没有意义,且有可能恰恰是其他学者均认为缺乏研究意义而不去研究。因而比填补研究"空白"更重要的是说明填补研究"空白"的重要价值。研究者可以从历史文献中总结经验与教训,明确阐述这一研究工作的重要性。通常而言,在学术论文的引言部分就要明确论文创新性的价值,比如揭示了一个反事实现象的原因,或者拓展了一个理论的适用范围。与之相对,如果只有重要性而缺乏创新性,那可能就是对同一内容的重复研究。重复研究是有价值的,因为科学的基本要求就包括"可重复性"。但是,如果反复对类似的研究内容进行重复研究,那就没有太大的研究必要了。富有创新性的重复工作不是机械性的重复,而是一种建设性的重复。比如有学者研究了 A 对 B 的影响,那引入因素 C 可能是一项有意义的工作,例如,C 在 A 对 B 的影响中是否发挥中介作用或调节作用,而简单地研究 B 对 A 的影响不仅是一种刻板的重复工作还涉及逆因果问题。兼顾好一个研究问题的创新性与重要性需要研究者深谙相关领域的理论基础、研究方法与统计方法。

其次,研究问题要从理论与实践出发。就理论上而言,这个研究问题有什么贡献? 要么从理论着手,寻找现有理论有什么缺陷或冲突。这就要求对现有的相关文献有足够的回顾。部分作者可能没有对现有的成果进行充分的梳理,而重复做了其他学者已经回答的研究问题;也有部分学者仅回顾支持自己的文献,而忽视与自己研究相矛盾的文献,与自己立场相反的研究观点可能提供了更充分的证据。要么从实践着手,这个研究问题反映了什么现象,对现实,特别是业界有什么价值? 有的研究可能理论价值很高,但受限于比较匮乏的现实条件,难以有效指导实践,例如,20 世纪八九十年代的"水变油"骗局。目前的管理学研究可能需要平衡理论与实践的视角。现有学术界主流的学术论文均要求充分阐述研究的"理论意义"和"现实意义"部分,即在结论中分别清晰解释论文的在理论和实践相关领域做出的贡献。

如果并非是纯理论研究,好的研究问题还需要充分考虑可行性。研究问题是可检测的吗? 研究问题的相关构念有明确的定义吗? 是否有相应的量表测量这些构念? 研究问题的变量之间的关系是不是合理? 研究问题能够有效验证吗? 如果研究问题缺乏可行性,那就没有太高的验证价值。

对于管理学而言,在提出研究问题时,需要对现在组织和管理的主要研究领域的层次有所了解,要将自己的研究问题归于其中一类,或者几类。现有的组织与管理研究领域常见的研究层次有如下六种。

(1) 国家级:研究问题包括国际贸易、跨国企业的经营与并购等;

(2) 跨企业级:研究问题包括企业与其他企业、组织的关系,企业与外部环境之

间的关系,等等;

（3）企业级：研究问题包括企业战略、结构、文化、过程等；

（4）群体级（团队级）：研究问题包括团队过程、结构、动态等；

（5）个人级：研究问题包括个人态度、行为、决定、认知等；

（6）跨层次级：如企业级影响团队级，团队级影响个人级，企业级与个人级相互影响，个人级影响团队级，团队级影响企业级，等等。

2.1.3　选择理论基础

如上文所述,好的研究问题需要有足够的理论基础,有一定的理论贡献。那么,什么是理论？ Bacharach(1989)将理论看作"一个概念和变量构成的系统,在这个系统中,概念之间通过命题联系在一起,而变量之间则通过假设联系在一起"。理论可以看作一个研究问题的具体研究逻辑,即为一个因素如何影响另一个因素提供了理论路径。

理论是解释现象"why"和"how"的,也就是现象为什么存在,以及如何产生作用。理论具有以下特点：第一,理论包含了现象"什么""怎么""为什么""谁""在哪里""何时"的元素;第二,理论有明确的结构,清晰的逻辑解释了为什么和如何相互联系;第三,理论常常存在一些前置假定,也否认一些常见的假定;第四,理论能够解释与预测。

管理学有很多常用的理论,包括权变理论、制度理论、社会交换理论、资源基础理论、代理理论、社会网络理论、相关利益者理论、社会学习理论、资源依赖理论、归因理论等。接下来简单例举三个理论。

（1）资源基础理论。资源基础理论又称资源基础观（Resource-based View）,由Wernerfelt 在 1984 年首次提出。资源基础理论假设企业具有专属的、不可转移的资源,这些资源分为有形资源和无形资源。企业独有的资源代表着企业独有的能力,构成企业的可持续竞争力。企业可以视为资源的集合,资源能否转化为竞争优势取决于资源是否符合"VRIN"。其中,"V"指"Valuable",即资源是有价值的;"R"指"Rare",资源是稀缺的;"I"指"Imperfectly Imitable",即资源是无法完全仿制的;"N"指"Non-Substitutable",即资源是不可替代的。资源价值理论以资源视角解读了企业的可持续发展,强调了企业专属资源的重要性,但忽略了企业间可转移资源的价值。

（2）代理理论。代理理论又称委托代理理论（Agency Theory）,由 Jensen 和Meckling 在 1976 年首次提出。代理理论是伴随现代企业制度得到发展,现代化企业的所有者不一定亲自经营企业,而会交给职业经理人代为管理并签订一系列契约限制职业经理人在职消费等消耗企业经济资源的利己主义行为。但是,企业的委托人和代理人存在信息不对称现象,且代理人会在管理企业的过程中形成信息优势,委托人不可能观察到代理人全部的决策和行为,所以设计最优契约平衡双方之间的利益冲突至关重要。以契约签订为界限,代理理论认为利益冲突有两种表现形式:逆向选择和道德风险。逆向选择是在契约签订之前,因为代理人知晓自己在企业管理过程中处于信息优势地位,所以有目的性地和委托人签订契约;道德风险是在契约签订之后,代理人利用手中的信息优势故意"损人利己"。随着时代的发展,代理理论内容逐渐丰富,代理理论被广泛接受的分类是两类代理问题:第一类代理问题存在于股东与管理层之间,管理层不可能以股东利益最大化为目标;第二类代理问题存在于控股股东和中小股东之间,控股股东利用关联交易等手段转移财产侵害中小股东的利益,中小股东很难掌握企业长期战略规划,也碍于董事会中的话语权,无法保护自身利益,大股东掏空行为形成隧道效应。

(3)相关利益者理论。相关利益者理论(Stakeholder Theory)由 Freeman在 1984 年首次提出。企业所有权虽然是由企业普通股股东持有,但企业管理者不能只关注股东的影响,还要权衡所有相关利益者对企业的影响,相关利益者包括但不限于股东、债权人、员工、客户、供应商、媒体、政府、环保组织和自然环境。相关利益者理论阻止企业以利润最大化为目的,要求企业管理者考虑社会责任。

2.1.4 构建研究模型

基于研究问题与理论基础,就可以设计具体的研究框架,并提出假设。研究框架与具体的假设需要明确各种构念,并根据理论推导阐述构念之间的逻辑与因果关系。法国数学家拉普拉斯(Pierre-Simon marquis de Laplace)曾提出一种假象生物拉普拉斯妖(Démon de Laplace)。拉普拉斯妖知道宇宙中每个原子确切的位置和动量,能够使用牛顿定律来展现宇宙事件的整个过程,包括过去以及未来,可以把宇宙现在的状态视为其过去的果以及未来的因。如果一个智者能知道某一刻所有自然运动的力和所有自然构成的物件的位置,假如智者也能够对这些数据进行分析,那宇宙里最大的物体到最小的粒子的运动都会包含在一条简单公式中。对于这智者来说没有事物会是含糊的,而未来只会像过去般出现在智者面前。因此,如果控制足够多的因素,涉及足够多的可能性,假设就能准确验证研究问题。然而在研究实践中,研究者皆是凡人,没有哪一位研究者可以真正地控制所有的相关变量,这势必引发内生性问题,重要的是将变量内生性控制在一个可接受的水平。所以,在一个研究者模型中有必要纳入内生性检验,确保遗漏变量不会干扰研究结论。内生性不止由遗漏变量引发,解释变量与被解释变量互为因果、样本选择偏误和自我选择偏误也是内生性问题的来源。

研究通常含有自变量(Independent Variable)、因变量(Dependent Variable)、中介变量(Meditating Variable)、调节变量(Moderating Variable)、控制变量(Control Variable)等构念。因变量即被解释变量,自变量和控制变量共同构成解释变量,其中自变量就是假设中引起某个现象的变量,也就是产生作用的原因;因变量就是假设中被预测的变量,也就是产生的结果。可以认为自变量和因变量之间存在因果关系。中介变量就是假设中可能存在的路径,即自变量通过中介变量对因变量产生作用。当一个变量能够解释自变量和因变量之间的关系时,就认为存在中介作用。研究中介作用的目的常常在于探索这个关系产生的内部作用机制。调节变量就是假设中影响问题的情境,也就是在具体条件下自变量对因变量的影响。调节变量为现有的理论划出限制条件和适用范围。调节变量以交叉项的形式出现在研究模型中。控制变量是影响问题的其他因素。控制变量作为解释变量的一部分,也影响因变量的估计,控制变量的判断标准即自变量以外影响因变量的因素。控制变量覆盖越全面准确,随机扰动项对研究模型的干扰就越小。以上市公司面板数据为例,经典的控制变量包括年份效应和行业效应,还应根据具体研究问题引入其他控制变量。在控制企业绩效的研究中,资产收益率(Return on Assets,ROA)也是常见的控制变量。

现以论文实例的形式详细解释调节变量和中介变量。赖黎、蓝春丹和秦明春(2022)在科创板注册制与新上市概念股定价的关系研究中使用了调节变量。概念股因其基于某种原因(如资产重组)在 A 股市场信息披露透明度不足成为资本市场的热门炒作对象,且因中签率低、容易控股而备受投资者追捧。注册制对信息披露要求显著提高,投资者拥有更多真实可靠的决策信息,同时股票的发行定价减少了政府干预,市场化运作程度提高,缓解了发行市场和流通市场的供求不均的状况。推行注册制会调整投资者理性预期,不继续持有虚高估值的股票,所以赖黎等人认为,注册制宣告后,核准制下企业 IPO 实际首日收益率更低,连续涨停天数更少。

研究模型中的自变量是注册制宣告(Announ);因变量是实际首日收益率(IR);调节变量是小发行规模(低中签率)SmallIPO(LowLottery);交互项为 Announ * SmallIPO(LowLottery);控制变量是上市前一年净资产收益率(PreROE)、上市前一年资产负债率(PreLEV)、公司成立时间(AGE)、发行市盈率(IPOPE)、募资额

（IPOsize）、发行中签率（Lottery）、市场情绪（Mkt90）、上市公司的股权性质（SOE）、
"热市"效应（Hotissue）、承销商声誉（Underw10）、年份固定效应（YearFE）和行业固
定效应（IndFE）。各变量的测量方式见表 2-1。

表 2-1　赖黎、蓝春丹和秦明春（2022）含调节变量的研究模型示例

变量类型	变量符号	变　量　释　义
因变量	IR	新股首个收盘未涨停日的收盘价与新股发行价之差除以新股发行价
自变量	Announ	非科创板企业在 2018 年 11 月 5 日（注册制宣告日）后上市为 1，前为 0
调节变量	SmallIPO（LowLottery）	对 IPOsize(Lottery)取负数，得到 SmallIPO(LowLottery)。发行规模越小（中签率越低），SmallIPO(LowLottery)值越大
控制变量	PreROE	上市前一年净利润除以净资产
	PreLEV	上市前一年总负债除以总资产
	AGE	公司成立年数加 1 的自然对数
	IPOPE	每股发行价除以发行前每股收益
	IPOsize	募集资金总额取自然对数
	Mkt90	新股上市前 3 个月市场累计收益率
	Lottery	新股发行数量除以有效申购股数后乘以 100
	SOE	上市公司的股权性质，正文及附录未给出计算方式
	Hotissue	新股上市前 30 个交易日市场上所有的 IPO 数量加 1 的自然对数
	Underw10	若 IPO 由当年国内首发承销金额前十的承销商承销，取 1，否则为 0
	YearFE	年度固定效应
	IndFE	行业固定效应

Kacperczyk，Younkin 和 Rocha（2022）研究员工是否出于工作需求的预期为女
性创始人提供了比男性创始人更少的工时。员工对男性创始人和女性创始人的工作
指令理解不同，具体表现为员工对两者的解读不公平或认为工作指令高于预期，这决
定了员工在同等薪酬的情况下为女性创始人提供额外劳动力的意愿降低。
Kacperczyk 等人提出假设，员工认为女性创始人要求额外劳动力的要求是不公平的、

比预期的更难以完成，所以为女性创始人提供的额外劳动比男性创始人少。

研究模型中的自因变量是员工愿意提供额外劳动的意愿（Likelihood of Extra Work）与员工额外工作时间（Extra Work Volume）；自变量是创始人性别（Female Founders）；中介变量是员工对额外工作指令的公平性感知（Request Is Unfair）与员工对工作难度的预期（Work Is Harder than Expected）；控制变量是性别（Male Respondent）、受教育程度（Education）、种族（White）、是否曾在创业公司工作（Ever Worked at Startup）以及年龄（Age）。各变量见表2-2。

表2-2 Kacperczyk，Younkin和Rocha(2022)含中介变量的研究模型示例

变量类型	变量符号	变量释义
因变量	Likelihood of Extra Work	员工愿意提供额外劳动的意愿
	Extra Work Volume	员工额外工作时间
自变量	Female Founders	创始人性别
中介变量	Request Is Unfair	员工对额外工作指令的公平性感知
	Work Is Harder than Expected	员工对工作难度的预期
控制变量	Male Respondent	性别
	Education	受教育程度
	White	种族
	Ever Worked at Startup	是否曾在创业公司工作
	Age	年龄

2.1.5 运用研究方法

常见的研究方法包括定性研究方法和定量研究方法。定量研究方法还可以细分为问卷调研研究方法、档案数据研究方法、实验研究方法等。最常见的数据获取方式则包括发放问卷、利用数据库、网络爬虫在线爬取等。选择合适的研究方法会影响研究者所需数据的收集方向与工作量。当研究上市公司高管团队时，一般研究者的社会资源难以接触高管并要求对方填写问卷。若存在上市公司的数据库以供下载或对强制性披露的年报信息爬取时，数据收集的工作量将变得切实可行。研究方法不仅决定了数据的可获得性，也决定了整个研究的可行性。研究者也可以选取多种研究

方法解决同一研究问题。

2.1.6　处理数据与验证

当研究者通过问卷调研研究方法、实验研究方法等获得数据或使用二手数据时，怎样处理数据是非常重要的。首先需要关注的是数据的预处理。刚回收的数据不一定是完整、可靠的。一些常见的数据预处理手段包括缺失值处理和异常值处理。缺失值通常是通过合理工作量无法收集的数据，如果数据间逻辑性较强，且在时间序列数据、横截面数据和面板数据情况下，可以通过均值等方式填补数据。但最常见的处理方式是直接删除缺失值，因为通过逻辑推理得出的数据显然不代表真实的数据，缺乏说服力。此外，数据难免存在各种异常值，异常值是根据经验或常理判断不应该产生的数据或与其他数据量级差异明显的数据，处理时需要修正（如归一化、对数化和中心化）异常值或删除极端值。在研究者确定自己收集的数据已经过充分的预处理后则进入数据验证阶段。数据验证必须考虑研究数据分布等特征，不存在一个万能的模板。当研究者采用回归分析时，如果因变量是二分变量，那么采用逻辑回归模型可能是合适的；当因变量是连续变量时，逻辑回归模型显然不是一个待选项，最小二乘法回归模型可能更合适。研究者必须基于自己的研究假设和用于分析的数据特征决定最优的研究方法。不恰当的数据处理与验证可能无法实施甚至导致错误的研究结论。

2.2　研 究 方 法

管理学研究主要分为定量研究和定性研究。定量研究是利用数理工具进行社会科学研究的一种基本研究范式，对事物的特定方面以量为切入点进行分析，又称量化研究。定量研究以问卷调研与档案数据为主流，以实验、访谈等方法辅助。如果只采用实验研究，则需要多个实验递进或佐证。定性研究是针对研究对象的外在或内在规律，基于定律、公理，进行严密的逻辑推理的基本研究范式。定性研究与定量研究相对，通常不涉及数学推导，又称质性研究。定性研究以案例研究为主流，以访谈等方法辅助。定性研究分为无量化分析的纯定性研究和在定量研究框架之上的高阶定性研究，后者即定性研究和定量研究的混合应用，也是社会科学研究的常态研究类型之一。

基于现有的研究，可以看到管理学研究中各种研究方法占比情况。下面分别介绍管理学中公共管理研究、战略管理研究和信息系统管理研究中各类研究方法的具体应用情况。在公共管理研究与信息系统管理研究中最广泛采用的是问卷调研的研究方法,而战略管理实证研究中则多采用档案数据的研究方法。

Wright,Manigault 和 Black(2004)分析了公共管理领域六本顶级学术期刊在 1996—1998 三年间刊登的论文。这六本期刊为 *Administration & Society* (*A&S*)、*American Review of Public Administration* (*ARPA*)、*The Journal of Public Administration Research and Theory* (*JPART*)、*Public Administration Review* (*PAR*)、*Public Productivity & Management Review* (*PPMR*)和 *The Review of Public Personnel Administration* (*RPPA*)。最终共有 143 篇论文采用了量化研究方法。其中主要涉及的研究方法包括自我管理调查(问卷调研的研究方法)、档案或二手数据分析、面谈或电话访谈、观察法、实验室实验与不明确的方法。具体比例与分布见表 2-3。143 篇论文共报告了 3 211 个测量,平均一篇文章报告超过 22 个。自我管理调查在超过一半的论文中存在,在报告的测量中接近三分之二是公共管理研究中最主流的研究方法;档案或二手数据分析次之,也是一种常用的研究方法;面谈或电话访谈以及观察法这两种直接接触受访者的研究方法占比低于 10% 以下,不是公共管理研究中收集数据的热门选择;实验室实验存在一种有趣的现象,这种研究方法在 7% 的论文样本中出现,但在总报告测量次数中仅占据千分之一。

表 2-3　公共管理研究中的研究方法分布

研 究 方 法	$N=3\ 211$ 个测量	$N=143$ 篇论文
自我管理调查 (Self-administered surveys)	66.3	55.2
档案或二手数据分析 (Archival or secondary data analysis)	21.1	35.7
面谈或电话访谈 (Interview or telephone survey)	6.7	7.0
观察法 (Observation by researchers)	3.4	4.2
实验室实验 (Laboratory experiments)	0.1	7.0
方法未指定或不明确 (Method not specified or unclear)	4.0	0.7

注:列合计数不是 100 是因为有的研究采用复式的测量方法或研究方法。

周长辉(2012)汇总了 2007—2011 年间四本 UTD24 的战略管理领域顶级期刊中二手数据研究方法使用情况。这四本期刊分别为 *Strategic Management Journal*（SMJ）、*Academy of Management Journal*（AMJ）、*Organization Science*（OS）与 *Journal of International Business Studies*（JIBS）。在 2007—2011 年，采用二手数据的研究在这四本期刊的实证研究中分别占到 83.7％、57.7％、67.4％和 67.2％（见表 2‐4）。在四本期刊中，超过一半的实证文章采用了二手数据的研究方法。鉴于这四本期刊是管理学顶级期刊，可见二手数据在管理学前沿研究中是很受欢迎的。

表 2‐4　主流管理学期刊发表论文的二手数据研究方法统计（2007—2011）

年度	SMJ			AMJ			OS			JIBS		
	实证论文总数	采用二手数据的论文数	比例	实证论文总数	采用二手数据的论文数	比例	实证论文总数	采用二手数据的论文数	比例	实证论文总数	采用二手数据的论文数	比例
2008	70	53	0.757	54	35	0.648	41	27	0.659	68	43	0.633
2009	66	54	0.818	56	28	0.5	42	30	0.715	66	43	0.652
2010	63	56	0.889	62	37	0.597	56	36	0.643	65	47	0.724
2011	53	48	0.906	36	20	0.556	51	35	0.687	45	31	0.688
加总	252	211	0.837	208	120	0.577	190	128	0.674	199	133	0.672

Chen 和 Hirschheim(2004)统计了 1991—2001 年间在八个信息系统管理领域顶级出版物的 1 893 篇论文中出现的实证研究方法分布（见表 2‐5）。这八个出版物包括 *MIS Quarterly*（MISQ）、*Information Systems Research*（ISR）、*Journal of Management Information Systems*（JMIS）、*Proceedings of the International Conferences on Information Systems*（ICIS）、*Accounting，Management，and Information Technology*（AMIT）、*Information Systems Journal*（ISJ）、*Journal of Information Technology*（JIT）和 *European Journal of Information Systems*（EJIS）。其中，AMIT 于 2001 年改名 *Information and Organization*；ISJ 于 1997 年改名，之前的名称为 *Journal of Information Systems*。信息系统管理领域一直以实证研究所主导。在研究方法方面，41％的研究选择了问卷调查研究方法，这是最广泛使用的实证方法；案例研究受欢迎程度次之，36％的研究引入了案例研究。

表 2−5　信息系统管理研究中的研究方法分布

	研　究　方　法				
	问卷调查研究（Survey）	案例分析（Case study）	实验室实验（Lab experiment）	行动研究（Action research）	田野实验（Field experiment）
百分比/%	41	36	18	3	2

本书将详细介绍问卷调研研究方法、档案数据研究方法、实验研究方法以及定性研究方法。

思考题

1. 打开知网任意检索一篇中文实证类文献，你是否能明确区分该文献研究模型的各类变量，以及研究采用的相关方法？

2. 打开 Web of Science 任意检索一篇英文实证文献，你是否能明确区分该文献研究模型的各类变量，以及研究采用的相关方法？

3. 以购物为研究背景，你是否能自设一个研究情境并构建一个合理的研究模型？该模型需包括自变量、因变量、中介变量、调节变量与控制变量。

第3章
问卷调研研究方法

3.1 概　　述

问卷调研研究方法(以下简称"问卷调研")是通过正式的问题从受访者处获取信息的一种方式。一般而言,问卷调查的主要目的在于通过系统、严格的采样程序,以所收集的样本数据推测整个目标群体的特征,或关注研究模型的假定是否可以得到样本数据的支持。

问卷调研通常有六个要点。第一,问卷调研的问题要满足基本的设计要求,是受访者所能且愿意回答的。第二,问卷必须提升受访者愿意参与调研的意愿。第三,问卷必须尽量减少受访偏差,问卷调研想了解的内容应与受访者回答的内容一致。第四,问卷调研中涉及具体变量测量的问题通常来源于构建良好的量表。这些量表需要将研究问题转化为一系列的具体变量,并恰当地进行测量,以准确判断变量之间的关系。量表可以来源于已有的量表或新开发的量表,但新开发的量表需要有充分的检验与支持。第五,问卷调研的目的在于获取信息。第六,基于调研目标的差异,问卷调研需要有目的地选择受访者。

问卷调研中通常分为横向研究(Crows-sectional Approach)与纵向研究(Longitudinal Approach)。横向研究指在同一个时间段内,对研究的所有变量收集大样本的数据,这些样本通常跨越部门、企业甚至国家和地区。纵向研究则是指对确定的样本和变量,在不同的时间段内收集数据,可以相隔几个月、几年甚至几十年。如果一个研究中的变量不涉及时间维度,而且没有任何隐含的因果关系假设,那么横向研究法应该是比较合适的选择,反之,应该选择纵向研究法。问卷调研经常用于描述性或解释性研究。研究者以多种方式(电话调研、实地调研、信件调研、在线调研等)向受访者询问,或在该过程中向受访者提问,然后记录答案。研究者不会操作任何情境或条件,受访者也只是单纯地回答问题。在问卷调研中,研究者可以在短时间内向大量受访者提出很多问题。研究者对于调研的结果应有相对明确的预估计。

问卷调研的应用非常广泛,它之所以普及,是因为其具有其他数据研究方法不可比拟的实用性。第一,研究者可以根据特定的研究问题进行问卷设计,以获得满足研究需要的一手数据。第二,问卷调研有标准化的问题。第三,问卷调研能在分布广泛的地区,针对大量的调查对象调研。如果实施得当,可以最为快速以及有效地完成数据收集任务。第四,问卷调研对受访者的干扰较小,受访者的压力也比较低,因而比较容易得到受访组织及员工的支持,可行性高。第五,问卷调研的时间和金钱成本相对较低,是实地研究中最经济的数据收集方法。

当然,问卷调研也存在相应的缺陷。第一,问卷回复率低。第二,问卷存在不适合的部分受访者,如读写能力较弱者、视力障碍者、儿童等。第三,主观性过高,问卷措辞对受访者的回答有重大影响,很难避免误解。第四,存在同源偏差问题。第五,存在潜在的因果与逆因果问题。

3.2 测　　量

3.2.1 概述

问卷调研有先要明确测量。管理学说的测量往往是对构念的测量。构念是将复杂的管理现象用最简单的词协助概括出来,其往往是"抽象的、潜在的,而不是具体的、可观察的"。然而,对于这些构念的测量必须是"明确的、清晰的",因此,通过一些方法收集看得见的资料为一个构念所代表的属性指派数字时,就是对这个构念的测量。

测量需要根据一定的预先规定的规则,将数字或其他符号分配到目标特征上。这种对应性有三个要点。第一,数字和被测量的特征之间的一一对应。第二,分配数字的规则应当标准化与统一规范。第三,规则不会随着对象和时间的变化而变化。

测量对目标特征的描述方式就是尺度。尺度通常有四个特点。第一,描述性。每个值都有对应的唯一标签或描述符。所有量表都有描述性。第二,有序性。可以描述符的相对大小或位置。顺序由描述符表示,例如大于、小于和等于。第三,有距性。距离表示描述符之间的绝对差异是已知的,可以用单位表示。第四,起源。有一个独特的或固定的起点或真正的零点。根据这四个特点,测量中有四种不同的"度量尺度",即定类型(Nominal Scale)、定序型(Ordinal Scale)、定距型(Interval Scale)和定比型(Ratio Scale)。

3.2.2 定类型

定类型数据是指没有内在固定大小或高低顺序,一般以数值、字符、文字表示的分类数据,如性别的"男"和"女"。

定类型数据有如下特征:第一,这些数字仅用作标识和分类对象的标签或标记;第二,当用于标识时,数字和对象之间有严格的一一对应关系;第三,这些数字并没有反映对象所具有的特征量,因而不能比较大小;第四,在名义尺度上,唯一允许的运算是计数;第五,通常只在有限的统计数据下可行,所有这些数据都是基于频率统计的,例如百分比和众数[①]。

3.2.3 定序型

定序型数据具有内在固有大小或高低顺序。这种数据只有排序的分别,如好坏和高低的区别。一般可以用数值或字符表示。如学历变量可以有"中学、本科、研究生"三个取值,分别用"1、2、3"表示;年龄变量可以有"青少年、中年、老年"三个取值,分别用"A、B、C"表示等。这里无论是数值型的"1、2、3"还是字符型的"A、B、C",都有大小或高低顺序,但数据之间是不等距的,因为中学和本科之间的差距与本科和研究生之间的差距是不相等且不可比的,因此可以排序,但不能加减。

定序类数据有如下特征:第一,将数字分配给对象,以表示对象具有某种特征的相对程度;第二,可以确定一个对象是否具有比其他对象或多或少的特征,但不能确定具体的差异程度;第三,任何一系列的数字都可以被分配,以保持对象之间的有序关系;第四,除了名义尺度数据允许的计数操作之外,序数尺度允许使用基于百分数的统计数据,例如百分位数、四分位数、中位数。

3.2.4 定距型

定距型数据是数字型变量,可以求加减平均值等,但不存在基准 0 值,即当变量值为 0 时不是表示没有。以温度变量为例,当温度为 0 时,并不是表示没有温度,因此温度是定距变量,而不是定比变量。在等距尺度中,"1,2,3,4"有相对的差距,也就是"2 减 1"等于"3 减 2"等于"4 减 3"。对于等距的量表来说,理论上可以加减,但是

---

① 众数:众数是在统计分布上具有明显集中趋势点的数值,代表数据的一般水平,是一组数据中出现次数最多的数值。众数可以不存在或多于一个。

不能乘除。

定距型数据有如下特征：第一，数值上相等的距离代表着被测量的特征的相等差异值；第二，允许比较测量对象之间的差异；第三，零点的位置不是固定的，零点和测量单位都是任意的；第四，任何形式的 $y = a + bx$ 的正线性变换将保留该数据的性质；第五，取数据值的比值是没有意义的；第六，可能被使用的统计方式包括所有可以应用于定类和序数数据的统计方式以及在市场研究中常用的算术平均值、标准差和其他统计方式。

3.2.5　定比型

定比型数据就是常说的数值数据，拥有零值且数据间的距离是可定义的，也可以做基本运算，通常指如身高、体重、血压等连续性数据，也包括如人数、商品件数等离散型数据。定比型数据中，"3"代表"1"的三倍，所以加减乘除都可以应于在定比型数据。严格来说，在问卷中所收集的数据应该是定距型数据，但是不能乘除就相当于无法进行大部分的运算，因此一般认为所收集的数据是定比型数据。

定比型数据有如下特征：第一，具有定类、定序和定距数据的所有性质；第二，有一个绝对零值；第三，计算比值是有意义的；第四，只有形式 $y = bx$ 的比例变换，b 是正常数才是允许的；第五，所有的统计方式都可以应用于定比型数据。

3.2.6　四类数据的汇总

综上所述，以某个受访者的便利店购物为例对比这四类数据。具体可见表 3-1。第一列是便利店的名称（带序号），这是定类型数据。第二、第三列是受访者对这 5 家便利店的偏好排名，是定序型数据。定序型数据仅表示顺序，因而数据大小没有意义。例如，第二列中，受访者对 A 便利店的定序是 2，对 B 便利店的定序是 3。而在第三列中，受访者对 A 便利店的定序是 25，对 B 便利店的定序是 33。两者的数字均只有顺序的意义，不作大小区分。第四、第五列是受访者对这 5 家便利店的偏好打分。其中，第四列是 1～7 分（7 分最高），第五列是 11～17 分（17 分最高）。这两组是定距类数据，不仅能代表排序，数据大小的绝对差距也有意义。例如，在第四列中，受访者对 C 便利店的打分是 7，对 D 便利店的打分是 5。而在第五列中，受访者对 C 便利店的打分是 17，对 D 便利店的打分是 15。C 便利店均是最高分，且两者均相差 2 分。第六列是受访者每周在这 5 家便利店花费的金额（单位：元），这是定比型数据。可以看到，虽然受访者对 E 便利店评价最低，但每周均有消费。相比而言，虽然受访者对 B 便利店与 D 便利店评价更高，但没有消费。这代表虽然受访者对一些品牌的便利店有更高的评价,但受制于其他因素(例如地理位置等),受访者也可能去评价更低的便利店购物。

表 3－1　便利店购物中的四类数据

定　类	定　　序	定　　　距		定　比
序号. 便利店名称	偏好排名	偏好打分		每周花费/ 元
		1～7	11～17	
1. A	2　　　　25	6	16	100
2. B	3　　　　33	6	16	0
3. C	1　　　　12	7	17	200
4. D	4　　　　46	5	15	0
5. E	5　　　　58	4	14	100

汇总四类数据的基本特征见表 3－2。

表 3－2　四类数据的基本特征

类　型	基　本　描　述	一　般　示　例	管理学示例
定　类	识别与区分对象	身份证号、足球运动员号码	品牌名称、商店类型
定　序	表示相对位置,但不表示差异大小	奥运会决赛排名、联赛球队排名	app 评分、产品偏好排名
定　距	可比较对象的差异,零点位置不固定	温度(华氏、摄氏)	产品偏好打分、IQ
定　比	零点位置固定,可比较比值	长度、体重	收入、销售额

3.2.7　测量模型

常用的测量模型有三类:经典测量模型、包含误差系统的经典测量模型以及同属测量模型。

1. 经典测量模型

由于在测量的过程中,测量值与真实值之间往往会存在误差,因此能够得到构念的测量值 X 等于真实值 θ 加上误差值 ε,即 $X = \theta + \varepsilon$,这个公式被称为经典测量模型。当运用这个模型时,每一个项目 x_i 都是测量同一个构念,那么计算这 n 个数据的均值,就可以得到 $x = \theta + \dfrac{\sum\limits_{i=1}^{n} \varepsilon_i}{n}$,根据零均值假定,测量出的 x 值就和真实的 θ 相等。

2. 包含系统误差的经典测量模型

在经典测量模型中有一个重要的假设,即所有的误差都是随机误差,但是如果测量本身存在一个固定的误差,经典模型就需要简单的改动:$X = \theta + S + \varepsilon$,这里的 S 是一个常数,表示的是"系统误差"。

3. 同属测量模型

同属测量模型的原理和经典模型相似,但是增加了一个假设,就是每个项目和指标都不同程度反映了真实分数的值,即一些指标比另一些指标更能够反映构念的真实值。用公式表示就是根据每个指标反映真实值的准确程度为它们分别确定一个权重值(用 λ 表示):$X = \lambda\theta + \varepsilon$。每个权重值 λ 范围为 $0 \sim 1$,1 代表能够完全反应构念的真实值,0 表示完全不能反映构念的真实值。

3.2.8　测量指标

测量指标一般分为效果指标与构成指标。

其中,效果指标表示的是每一个指标都在不同程度上反映了同一个构念,即每个测量值都是一个构念的反映和效果。如果运用经典模型测量的假设,由于在调查汇总时只有机会测量一次,因此,在量表中放入多个无偏的效果指标一起来测量同一个构念,可以达到减小随机误差的目的。如果用同属测量模型的假设,那么可以借助结构方程模型把所涉及的权重和方差估计出来,这样就可以根据指标的测量值和共同因子的因子分数来估计真实值了。

而构成指标指题项所提出的内容造成了构念的产生。构成指标构成了被测的概念,因此:$\theta = \lambda_1 y_1 + \lambda_2 y_2 + \varepsilon$,其中 y_1、y_2 是指标,λ_1、λ_2 是指标影响 θ 的权重。在构成指标的测量中,只要有一个指标缺失就会造成对真实值估计的偏差。

3.2.9　多维度测量

多维度测量一般有三种模型:潜因子模型、合并模型、组合模型。

1. 潜因子模型

如果各个维度都是同一个构念的不同表现,这类多维构念被称为"潜因子多维构念(Latent Multidimensional Constructs,LMC)",这个构念可以表示为各个维度背后的一个潜因子(或共同因子)。以对智力情绪的定义作为例子来说明潜因子多维构念的特征,根据定义,情绪治理就是一个潜因子模型构成的多维构念,表现为四个方面的能力,而每一个方面能力也都是一个抽象的概念,所以智力情绪与其他四个维度之间的关系为:

$$感知情绪 = \omega_1 \times \mathrm{EI} + \delta_1$$

$$使用情绪＝\omega_2 \times EI + \delta_2$$
$$理解情绪＝\omega_3 \times EI + \delta_3$$
$$管理情绪＝\omega_4 \times EI + \delta_4$$

其中,ω 是权重,δ 是误差,EI 是智力情绪(Emotional Intelligence)。

之后对每一个维度视为一个单一维度进行测量,最后可以通过两种方式对潜因子多维构念进行测量:第一种是通过指标估计子维度,再用上面的方程用子维度估计多维构念;第二种是假设多维构念是潜因子模型,每一个维度都是由反应型指标测量,那么可以直接由指标估计多维构念。

2. 合并模型

合并型多维构念(Aggregate Multidimensional Constructs,AMC)的各个维度是多维构念的不同组成部分。各个维度之间不一定需要同高同低,它们之间有潜在的彼此替代性。在数学上 AMC 可以定义为其各个维度上的函数:

$$AMC = \sum_{i=1}^{k} \gamma_1 \times 维度_i$$

为了估计这个方程,有两种选择:一是研究者从理论出发,赋值每一个维度的权重,即 γ 的值,然后就可以把维度合并到构念层面;二是对于那些没有足够理论依据赋予各维度权重的,就需要用实证数据来估计维度与整体构念之间的函数关系。

3. 组合模型

组合型多维构念(Profile Multidimensional Constructs,PMC)在描述整个构念时,需要所有维度共同描述,但是又不能把维度简单合并在一起。常用的模式是把每一个维度分为高水平和低水平,然后把各个维度高低水平相组合形成不同的类型,进而解释每一种类型的特征、原因、影响等。因此组合型多维构念常常是以类型的方式出现的,由构念下的子维度共同定义。

3.3　问　卷　设　计

3.3.1　概述

对于问卷而言,好的"问与答"过程,能够提升问卷收集数据的信度和效度。而一个好的问题往往需要具备以下五点:① 所有回答者能够运用与研究者所想要的表达相一致的方法来理解问题;② 问卷需要用一致的方式来进行管理;③ 能够给出需要受访者回答的答案的具体类型,从而使受访者给出研究者想要的、可接受的答案;④ 问题要在受访者的认知范围内,保证受访者能够回答该问题;⑤ 问题能够让受访者愿意提供正确的答案。综上所述,一个好的问题能够引出研究者对所想要描述的事物可靠的、有效的测量。

学习问卷调查法要在明确受访者答题逻辑的基础上,充分熟悉并把握问卷设计的基本流程,了解各步骤的基本内涵:① 确定问卷信息;② 确定问卷调研方式;③ 确定问卷内容;④ 确定问卷可答性;⑤ 确定问题结构;⑥ 确定问卷措辞;⑦ 确定问卷排序;⑧ 确定问卷排版;⑨ 检查打印效果;⑩ 预检验。

3.3.2 受访者答题逻辑

受访者回答问题的逻辑一般为:理解(Comprehension)-回忆(Retrieval)-评估(Judgement)-回答(Reporting)。针对受访者回答问题的每个环节,都有设计题项过程中需要考虑的相应部分。

1. 理解(Comprehension)

在理解方面,包含了对于语法(对每个单词含义的理解)、语义(对于整个选题的理解)、语用(对调查人员真正目的的理解)三方面的内容。对于语法的关注,首先要注重对词语意思的理解,不同的人对词语的认知存在的偏差。例如,研究者想探究"吸烟"的心理动机,"吸烟"可以被认为"完整地吸完一支烟""点燃烟并吸了一两口""吸二手烟",所以对于理解上可能存在偏差的词汇,要尽可能地做好相关的标注,以保证理解上不会存在误差。其次,所应用词语所在的上下文也可能会对受访者理解词语产生影响,比如"先询问对婚姻的满意度再询问对生活的满意度"以及"先询问对生活的满意度再询问对婚姻的满意度",两种情况下,受访者对于生活满意度的答案是有差距的,前者对于生活满意度的评价会受到对婚姻满意度评价的影响。此外,回答问题时环境因素的影响也是不能够忽略的。例如,给不同的受访者分别看健康或者生病的人的图片,再让他们为自己的健康程度打分,受访者的答案也会产生很大的差异。

在语义方面,关注的是一个调查概念如何与受访者个人的思考环境建立连接并引导他们回答需要的答案。例如,对于一个普通的消费者而言,可能没有办法分清楚"家居用品(Household Furniture)"和"家具用品(Furniture)"之间的差别,所以当问卷想要了解"家居用品(Household Furniture)"的消费水平时,对于不了解的人而言就会按照自己购买"家具用品(Furniture)"的情况回答问题,从而造成偏差。在这种情况下,可以通过举例等方式增强受访者对于问题所关注内容的了解。除此之外,也需要注意句子的阅读难度,一些问卷在撰写题项的时候往往喜欢使用长句子或者生僻词,这会增加受访者理解问题的难度,从而导致对于问题所想要测度的行为产生理解上的偏差。

在语用方面,需要尽量避免在问题中包含潜藏的假设。例如,当测量一个人对于成功的评分时,如果采取"−5"到"+5"表示"一点都不成功"到"非常成功"的数值时,受访者往往会将负数和负面联系在一起,所以更不愿意选择"−5"到"0"的选项,而如果用"0"到"10"表示,往往会有比较多的人选择"0"到"5"的选项,即使二者所代表的成功程度是相同的。

为了解决以上问题所带来的理解上的偏误,在设计问题的时候需要注意以下三点:一是给可能存在误解的词语提供明确的定义,在有条件的情况下可以对受访者进行一些简单的培训;二是尽量使用简单的单词和短语保证所有人能够对这些词语有统一的理解;三是避免无意义的设计,以减少可能产生的意外干扰。

2. 回忆(Retrieval)

在理解问题以后,受访者需要回顾问题相关的经历或者评价。由于有一些问题涉及的时间范围比较长,所以受访者的记忆往往会出现混淆,如把一些相似的事件当成所询问的事件、难以确认事情的细节、企图融入一些难忘的记忆,此外还有可能完全忘记某件事情曾发生过。

针对这个问题,可以通过增加一些回忆的线索辅助受访者进行回忆来解决。例如,提供一张超市的消费清单来帮助其回忆超市购物时的事情。通过这种方式,受访者可以有目的性地选取和线索相关的记忆甚至超出这些线索范围的相关记忆。特别提醒的是,有些线索可能会带来错误的记忆,因此在选择线索时需要特别注意。

3. 评估(Judgement)

评估是一个补偿不精确或不完整记忆的过程,这个过程常采用可用性启发(Availability Heuristic)和频率估计(Frequency Estimation)两种方法对受访者的回忆做出评价。

可用性启发是通过检索的难度去推断事情发生的频率或者概率。一般来说,受访者如果无法回忆起太多某件事情相关的例子,那么这件事情一定是比较罕见的。例如,哪种类型的单词有较大的数量,是以"S"开头的单词或第三个字母是"S"的单词吗? 一般来说大多数人都会认为以"S"开头的单词会比较多,这是因为人们对以"S"开头的单词的印象会比第三个字母是"S"的单词更深。

频率估计指人们回忆的内容超过其所愿意投入的程度时,所产生的答案是有误差的。一般而言,如果采用简单的回忆和对某些事情进行计数,则会低估事情的数量(例如遗漏某些事情);如果是基于比例对数据进行估计,往往会高估了事情发生的数量(例如有些事情并没有做但是经推断是做过的);如果是基于印象的估计往往也会出现高估的情况,因为印象和数字之间的转换往往是有差异的,在进行数字化的转换时,一般是不会低于零的,但是这个数字的上限却是无限的,所以往往会有高估的情况。

4. 回答(Reporting)

在回答问题的过程中,受访者会通过映射以及报告的方式将判断结果分配到一个答案类别中。在这个过程中,往往会出现无法准确表达自己对于某些事情的态度以及受访者的回答和答案不匹配的情况(在封闭式问卷回答问题的情况下)。因此,研究者在设计问卷的时候,需要尽可能地提供多个选项,让受访者将判断转换成一个数字。

3.3.3　问卷信息

第一步,确定问卷信息。研究者设计这套问卷的目的是想得到什么样的信息。

这部分要求:第一,要有明确清晰与聚焦的目标;第二,所获取的信息要能清楚地包含所有想了解的内容,以便于解决问题;第三,审查问题的组成部分和方法,特别是研究问题、假设和所需信息的说明;第四,让目标受访者有一个清晰的概念;第五,准备一组虚拟表,对达成要求的内容进行核对。

3.3.4　问卷调研方式

第二步,确定问卷调研方式。为了达成具体的研究目标,需要选择特定的问卷采集方式。常用的问卷调研方式包括电话调研、实地调研、信件调研、在线调研等。

1. 电话调研

电话调研是比较传统的调研方式。多用于市场调研与客户回访等情况。由于媒介是电话,受访者的耐心相对较低,因而电话调研对调研问卷有相当高的限制,一般不宜超过5个问题,且问题答案须简单明了。因而多采用 Likert 5 点法、7 点法等便于受访者理解与记住的问题。由于现代生活节奏等问题,除了客户回访外,电话调研的回复率较低。

2. 实地调研

实地调研是比较传统的调研方式,也是最有用的调研方式。实地调研要求研究者与受访者面对面完成问卷。由于是现场填写,受访者一般有较好的耐心,但问卷一般也不宜过长,通常以 15～20 分钟为宜。问卷问题类型可以选取所有问题方式,对于少见的调研内容,研究者可给予受访者相应的指导。因为是面对面填写,实地调研可以降低受访者对问卷可能存在的错误理解。同时,在受访者填写问卷时,研究者常常可以对想要解决的问题进行具体的访谈。由于访谈对象一般是高层领导(董事长、总经理等),时间有限,高效的访谈比较具有挑战性。实地调研的限制在于受访者是否愿意填写问卷,因而需要一些前期的工作。例如,对一家公司研发部分员工的实地调研需先与受访公司领导层有充分的沟通。正是由于这些事先沟通工作,正式开始的实地调研回复率较高。同时,为了提高问卷的准确性,当面填写纸质版问卷的实地调研也是研究者的首选。

3. 信件调研

信件调研是以纸质信件为载体的调研方式,是比较传统且正式的调研方式。由于是纸质信件,问卷回答用时不宜过长,一般以 10 分钟内为宜。问卷问题类型可以选取大多数问题方式,仅需避免要直接指导才能回答即可。虽然因为调研方式比较正式,信件调研的回复率相对较高,但随着纸质信件在现实生活中应用得越来越少,采用信件调研模式也越来越少见。因为邮寄时间等原因,信件调研的最大问题在于时限性。例如,如果有一份关于 2010 年上海世博会的问卷,需受访者于 2010 年 4 月 1 日前寄回调研单位。但由于各种原因,符合要求的信件晚于时限寄回,就不能用于具体的研究。

4. 在线调研

在线调研是比较新兴的调研方式,通常分为两类:电子邮件调研与在线问卷调研。电子邮件调研指的是信件调研的电子版本,通过电子邮件调研。由于载体不同,在必要的时候,电子邮件调研的问卷可以采用更多的问题,但不宜超过 20 分钟。与传统的纸质信件调研相比,电子邮件调研的正式程度大大减弱,因而回复率大大降低。除非事前有过具体的沟通,否则电子邮件调研的可行性较低。在线问卷调研指的是以网络问卷媒介为载体的新型调研方式。问卷长度比较自由,取决于问题内容,但一般以不超过 20 分钟为宜。问卷问题类型受限于网络问卷媒介,仅可采用对应网络问卷媒介上可用的问题类型。在线问卷调研的优势在于,在现代网络高度发达的背景下传播力最高,更容易找到受访者,因而广受欢迎。而其缺陷也在于需要与受访者进行充分的前期沟通,否则回复率较低。同时,还应考察受访者是否为研究问题的目标对象。例如,一份关于大学生外卖需求的问卷的受访者不应该由高中生或者大学生家长等填写。由于在线问卷调研的传播力较强,研究者应该充分保证问卷由目标群体填写。

3.3.5　问卷内容

第三步,确定问卷内容。研究者需要明确问卷涉及的所有内容是否合适。

具体的标准取决于问题的必要性与准确性。第一,问题的必要性。对于所有调研问题需要逐一确定这个问题是否有必要。如果一个问题与调研目标无关或相关度比较低,或研究者基于这个问题从受访者获得的反馈数据在最终数据检验时效果不佳,那么这个问题应该删除。第二,问题的准确性。对于所有调研问题需要逐一确定这个问题是否能够被准确描述,通过这一问题能否准确获取需要的相关信息。如果一个问题缺乏足够的明确性,可以将该问题替代或拆分。如果一个问题可以拆分成两个及以上的问题来描述,这类问题称为双管问题。例如,如果在某品牌可乐市场调研的问卷中有这样一个问题:“你认为该品牌可乐是一种美味提神的饮料吗?”因为美味和提神是两个概念,所以这就是一个典型的双管问题。为了获得所需的信息,应该将其拆分成两个不同的问题:“你认为该品牌可乐是一种美味的饮料吗?”与“你认为该品牌可乐是一种提神的饮料吗?”。

3.3.6　问卷可答性

第四步,确定问卷可答性。研究者设计问卷时需要克服受访者不能与不愿意回答的情况。

受访者不能回答的问题,通常分为三类。第一,受访者不知情。在一些情况下,并不是所有的受访者都能准确回复研究者想知道的所有问题。例如,研究者想知道被调研公司研发战略相关的问题,但请财务总监填写相应的问卷不一定能获得满意反馈,因为财务总监可能仅仅对公司大体的研发框架有所了解。所以在研究者请受访者填写有关话题的问卷之前,应该先了解受访者在相关话题领域的经验,明确受访者对相关话题的熟悉度。有时候,在问卷中增加一个“不知道”的选项可以减少受访者不知情的情况而不降低问卷的回复率。第二,受访并不记得。有时没有描述清楚的问题可能会使受访者错估问题,过于细致的问题也可能导致受访者无法准确回答,甚至导致受访者出现遗漏或者自造答案的情况。例如,在某品牌可乐市场调研的问卷中,可能出现“你在过去一月中喝了多少升的软饮料?”,这种需要明确到具体数字的问题可能导致受访者难以回忆,而且一个月的周期也过于漫长。因此,相关调研问题可修正为“你一周通常多久喝一次软饮料?”受访者可选择回答“① 每周少于一次;② 每周 1~3 次;③ 每周 4~6 次;④ 每周 7 次及以上”。如果还想明确具体的量,可以增加平均每次约多少毫升(并给出范围选项)。第三,受访者不能准确描述。有些问题受访者可能无法具体描述,例如公司的文化、研发机构的氛围。这类的问题需要给出明确的主观问卷。还有一些问题不借助工具很难解释,这时应该为受访者提供一些帮助(如图片、地图和相关描述等),从而能够让受访者清楚地表达自己的回答。例如,在便利店新址选址的市场调研中,研究者可能会询问周围写字楼的员工附近常去的便利店的分布,这时可以通过提供地图协助受访者回答。

受访者不愿意回答的问题,通常也分为三类。第一,需要受访者花很多精力的问题。大多数受访者不愿意花太多精力来提供信息,研究者应尽量减少受访者的工作量。例如,大型商超的市场调研中如果请受访者列出最近一周所有购买的商品,可能导致受访者因为需要太多的时间回忆而不愿意回答。这时,研究者可提供一份商品类型的清单(清单的种类与多少取决于想调研的范围与意图)请受访者勾选,这能显著提升受访者的回复率。此外,受访者在回答的时候为了节省思考,往往对问题有一致的应对套路:顺从地同意所有的陈述,无论内容如何、不管同意或不同意,都只选择最极端的选项或者偏向于选择中间的选项表示中立态度,这些行为往往也会使得结果出现偏差。第二,调研内容存在问题。如果前提背景不合适,受访者通常不愿意回答相关的问题。例如,行业调研中,受访企业高层领导通常不会愿意回答利润率相关的问题。第三,涉及敏感信息的问题。受访者通常不愿透露敏感的信息(至少是准确地透露),因为这可能会导致尴尬或威胁到受访者的声望或自我形象。例如,行业调研中,受访高层领导通常对离婚、跳槽等话题比较敏感。此外,当问题涉及一些敏感内容的时候,受访者倾向于用更容易被社会接受的状态来表达自己,所以他们会尽可能表现出自己的积极属性。

对于受访者而言,能够通过直接感受到的情感或体验到的事物往往比间接感受的内容更为强烈,并且由于间接信息的不完整,往往会出现理解与表达上的差异,因此在设计问题时,需要尽量设置能够让受访者提供第一手知识和经验的信息。同时也需要尽量避免询问假设性的问题,因为假设性问题往往带有猜测的性质,一般人往往很难在毫无经验的情况下精确地预测个人行为,从而影响问题的效度。因为存在上述问题,研究者也采取了很多手段克服受访者不能与不愿意回答的情况。第一,增强问卷的正当性。解释为什么需要数据,让受访者相信研究者对相关信息的要求是恰当的,并增强受访者的回答意愿。例如,日常生活中询问受访者"你每天去多少次洗手间"可能会导致受访者窘迫而不愿回答。但如果是医生询问受访者同样的问题,受访者通常愿意回答。第二,尽量减少受访者的工作量。第三,控制回答的直观性和顺序,将敏感问题放在问卷最后。第四,把此类问题隐藏在受访者愿意回答的问题中。第五,对于敏感的问题考虑一定的自我修饰的程度并在后期的分析中对这部分的数据进行调整。第六,提供回答的选项,而非询问具体数字。

3.3.7 问题结构

第五步,确定问题结构。研究者在确定问卷问题的结构时,首先要明确问卷问题的类型。问卷问题通常有两种类型:非结构化问题与结构化问题。

非结构化问题是开放式问题,需要受访者用自己的语言回答。例如,你的职业是什么? 你的爱好是什么? 你最喜欢的演员是谁? 非结构化问题通常用于访谈或者问卷的开篇与尾篇。开放式问题在探索性研究中很有用。

结构化问题有标准的回答形式,因而在问卷中被广泛使用。结构化问题的回答形式可以是多项选择、二分问题或者量表。第一,多项选择。多项选择即多项选择题。研究者提供了多个答案选项,受访者被要求选择一个或多个备选答案。在多项选择中,选项应包括所有可能的选择,并应互斥。第二,二分问题。二分问题即 0、1选项的题型。通常只有两种答案:是或否,同意或不同意等。但为了避免受访者不清楚、不愿意回答的情况,或者其他特殊情况,研究者通常也可以增加一个中立的选项,如"不知道""两者""没有"等。在二分问题中,如果有相当大比例的受访者可以被认为是中立的,那么就加一个中立的选项。第三,量表。量表是问卷中最常用的模式,如 Likert 5 点量表、语义差异量表等。此外,研究者应注意用分选投票技术(同一问题的不同措辞)以减少多项选择和二分问题的顺序偏差。如果答案选项很多,可以考虑使用多个问题来减少受访者的信息处理需求。

3.3.8 问卷措辞

第六步,决定问卷措辞。问卷措辞的细微差异会导致问题含义的天差地别。研究者在设计具体问卷时,需要充分考虑每个问题的具体措辞。好的问题措辞能够让所有受访者拥有一致的理解。首要保证用词精确,词义清晰明了,如果出现费解的词语,需要提供相应的定义与解释。对于时间、空间等可能会对问卷结果产生影响的限定范围,需要做出明确的界定,特别是有关情感或者行为的问题,一定要有期限的约束(长期和短期的答案可能会存在着较大的差异)。通常可以从以下八个角度展开。

1. "6W"原则

研究者在设计问卷的具体问题时,首先要定义一个清晰的情境,这就需要考虑问题是否满足了"6W"原则,即谁(Who)、什么(What)、何时(When)、何地(Where)、原因(Why)和方式(Way)。其中,谁(Who)、什么(What)、何时(When)、何地(Where)格外重要。例如,在某品牌洗发水的市场调研中有这样一个问题:"你们用哪种牌子的洗发水?"这种问题或许在日常口语中很常见,但就问卷而言,是典型的错误问法。可以把这个问题修改为:"在上周,你个人在家里使用哪种牌子的洗发水?如果超过一个品牌,请列出所有的品牌。"修正前后的问卷描述具体可见表 3-3。事实上,因为问卷具有连贯性,只有问题比较少的问卷问题才会这么烦琐。对于逻辑比较清晰的问卷,问卷的背景与上文已经出现的问题可能已经限制了"6W"原则的多个方面。以超市为例,简单列举"6W"原则下可能出现的错误,具体见表 3-4。

表 3-3 某品牌洗发水问卷可能出现的"6W"错误

修正前原则	修 正 前 描 述
谁(Who)	"你们" 指代谁?受访者全家?与受访者一起接受调研的人
什么(What)	"哪种牌子的洗发水" 存在歧义,受访者可能用多种牌子的洗发水
何时(When)	时间缺失 受访者可以理解成今天早上用的洗发水,这个星期甚至是上个月或去年
何地(Where)	地点缺失 受访者在家、公司、健身房可能用的是不同的洗发水
修正后原则	修 正 后 描 述
谁(Who)	"你个人"
什么(What)	哪种牌子的洗发水? 如果超过一个品牌,请列出所有的品牌
何时(When)	上周
何地(Where)	在家

表 3-4 超市问卷可能出现的"6W"因素

原 则	涉 及 概 念
谁(Who)	顾客、男性、女性、带孩子的父母、情侣等
什么(What)	购买产品、产品包装、产品价格、生活必需品、零食、孩子提出需求等
何时(When)	哪个小时、哪一天、上午、下午、调研期间内等

原　　则	涉　及　概　念
何地（Where）	超市的冷冻专柜、收银台等
原因（Why）	品牌、促销等
方式（Way）	伪装成收银员或超市服务员等

2. 使用常用的词汇

研究者在设计问卷时应该注意避免采用专业性过强的词汇。以医学为例,"绝对不应期"指在组织兴奋后的最初一段时期内,不论再受到多大的刺激,都不能再引起兴奋,这段时间内的兴奋阈值无限大,兴奋性降低到0。这种词汇专业性过强,除非是有意向地调研相关领域的专业人员,否则研究者不能默认大多数受访者能够理解专业词汇的意义。再如,在超市的市场调研中:"你认为本超市的软饮料分布合理吗?"这种问法就属于专业性过强。"分布合理"对大多数受访者而言是难以理解的,因为他们缺少对"什么是分布合理"这一概念的准确认知。对于一般受访者,这个问题可以修正为"想在本超市买软饮料的时候,你马上能找到吗?"。因而,研究者设计问卷应注意常用词的选用。

3. 避免模棱两可的用词

研究者在设计问卷时应该注意避免采用不清晰的用词,这可能会产生歧义。例如,在早期超市的市场调研中,有这样一个问题:"你每月在本超市购物频率高吗?"。受访者可选择回答"① 从不（Never）；② 偶尔（Occasionally）；③ 有时（Sometimes）；④ 经常（Often）"。这是一类典型的错误答案选项。每个个体对于时间的感知是不同的,可能甲觉得每周喝一次可口可乐就已经是"经常（Often）"了,但乙认为天天喝可口可乐才称得上"经常（Often）"。因此,这种过于主观的答案选项太模棱两可了。对于这个问题,答案选项可修正为受访者可选择回答"① 少于一次；② 1～2 次；③ 3～4 次；④ 每周 1 次以上"。研究者应重点避免使用"通常""经常""经常性""偶尔""有时"等可能会产生歧义的词。

4. 避免引导性的问题

研究者在设计问卷时要注意避免刻意预设前提,因为引导性的问题会影响受访者的回答。经典讽刺英剧《是,大臣》（Yes,Minister）有一个经典桥段充分证明了引导性问题的作用。对同一个问题,不同方向的引导可以得出完全不同的结论,具体问题见表 3-5。引导性问题会让受访者知道答案应该是什么（或者说研究者想让受访者回答的答案是什么），在正式调研中需要着重注意。

表 3-5　《是,大臣》(*Yes,Minister*)中的引导性问题

序号	引导问题序列 1	引导的答案
1	您担心青少年的犯罪率上升吗？ Are you worried about rising crime among teenagers?	Yes
2	您觉得学校里缺乏纪律吗？ Do you think our schools lack discipline?	Yes
3	您认为年轻人欢迎权威与领导吗？ Do you think young people welcome authority and leadership?	Yes
4	您认为他们喜欢挑战吗？ Do you think they like a challenge?	Yes
5	您支持恢复兵役吗？ Would you be in favor of national service?	Yes
序号	引导问题序列 2	引导的答案
1	您担心战争吗？ Are you worried about war?	Yes
2	您担心军备竞赛吗？ Are you worried about the arms race?	Yes
3	您觉得年轻人学持枪杀人是否危险？ Is it dangerous giving young people guns and teaching them how to kill?	Yes
4	您不同意强迫人们拿起武器吧？ Is it wrong to force people to take up arms against their will?	Yes
5	您反对恢复兵役吗？ Would you oppose national service?	Yes

5. 避免隐藏选项

　　研究者在设计问卷时要注意避免隐藏选项,隐藏选项的存在会导致受访者无法选择从而不能提供符合研究者预期的反馈,造成结果偏差。一般而言,在选项中应该明确却没有明确列出的答案都是隐藏选项。例如,在汽车租赁公司的市场调研中有这样一个问题:"短途旅行时,你倾向于搭乘飞机吗?"即使在问卷下文中有大量关于汽车旅行与汽车租赁的问题,这个问题也欠佳。因为如果受访者回答"是,倾向于搭乘飞机",那么这和汽车租赁有什么直接联系吗? 实际上,这个问题可以修正为"短途旅行时,你倾向于搭乘飞机还是开车?"。这样的问题能与问卷更紧密结合。研究者在问卷中要明确所有选项的意义。

6. 避免隐藏前提与假定

研究者在设计问卷时应该注意：如果问卷存在明确的前提与假定，一定要列出，否则会影响受访者的答案。这一点与本节提到的"避免引导性的问题"并非互斥。明确的前提与假定并非用于刻意引导，而是调研的"现实背景"。在不同的背景下，受访者的答案显然会有明确的不同。正如第四点中提到的英国是否应该恢复服兵役，如果青少年的犯罪率问题与校园纪律问题已成为社会共识，那么这就应该是前提与假定，而不是"引导性问题"。研究者应该把握两者的差异。

7. 避免泛泛而谈

研究者在设计问卷时需要准确描述，特别是寻求需要受访者准确计算的信息避免泛泛而谈。这点在本章已经探讨，如果需要受访者计算，受访者可能因为记不清或者需要花费太多精力而不能或不愿意准确回答研究者的问题。例如，在超市的市场调研中有这样一个问题"你全家每年的日常生活开销是多少?"这个问题就过于宽泛，跨度太长，也难以计算。可以修正为"你全家每月的食品开支是多少?"以及"你全家有多少名成员?"。明确的问题能帮助受访者更好理解问题的内容，这会显著减少反馈的偏差。

8. 同时使用正面与负面的描述

研究者在设计问卷时可以对部分问题采用双重陈述，即同时存在正面与负面的陈述。这可以确保受访者认真填写问卷。例如，在《是，大臣》(*Yes，Minister*)的例子中，"您支持恢复兵役吗?"与"您反对恢复兵役吗?"就是对同一问题的正向陈述与负向陈述。如果研究者在一系列正向陈述的问题中加入一条负向陈述的问题，假设受访者没有认真写问卷，这条负向陈述的问题就会被当作正向陈述的问题回答，从而出现显而易见的逻辑偏差。这类问卷应该被判定无效。但是，不建议研究者加入过多问题的负向描述。负向描述会造成受访者的答题逻辑中断，影响填写问卷的效率。

3.3.9 问卷排序

第七步，决定问卷排序。研究者在设计问卷时，还应充分注意问卷中问题的排序。

调查问卷要让调研人员和受访者尽可能轻松地完成阅读问题、遵循指示、记录答案等任务。在实地调研中，若希望受访者尽量减少跳答、乱答等情况，就需要在设计问卷的过程中，尽量减少不相关的阅读指令，并让受访者明晰自己在问卷中回答正确答案是有益的，从而减少以上情况出现。一般而言，问卷开头的问题应该是有趣、简单和不具任何威胁性的。对于问卷的信息获取流程设计,通常顺序为:首先是基本的信息,其次是分类别的信息,最后是细致的信息。困难、敏感、复杂以及晦涩类型的问题应该安排在问卷的最后部分。

研究者在具体的问题设计时应该注意采用漏斗法,即一般的问题应该先于具体的问题。例如,在超市选址的市场调研中,问题 1 是"在选择超市时,什么对你来说很重要?"(开放性的非结构化问题),问题 2 是"在选择超市时,方便的地点有多重要?"(受访者可用 Likert 5 点法回答)。这就是一个合理的、循序渐进的问法。如果先是问题 2 后是问题 1,可能会引发部分已回答"方便地点很重要"的受访者思绪混乱。这种以广泛或一般问题到狭窄或具体问题的问题设计模式有重要的参考价值。

研究者还应注意分支问题的设计。分支问题强调逻辑顺序,一般应遵循两个准则:一是分支问题(被受访者所选择的)的位置应尽可能接近引起分支的问题;二是分支问题应该通过排序让受访者无法预料需要什么额外的信息。例如,在中秋节食品类商品的市场调研中有这样一组问题。问题 1"你喜欢甜月饼还是咸月饼?"就是一个分支问题。如果受访者喜欢甜月饼,就会请受访者回答问题 2 - 1"你喜欢鲜花月饼还是水果月饼?";如果受访者喜欢咸月饼,就会请受访者回答问题 2 - 2"你喜欢鲜肉月饼还是云腿月饼?"。分支问题应该考虑所有的可能。

此外,问题的选项也要注意排列方式。如果是和程度大小有关的话,选项需要按照从小到大的顺序依次排列,并且各个选项中间的位置需要保持一致,否则会对结果产生影响。如果是很多选项进行排序或者选择的题目,也需要注意问题的排序。相同的问题,排在靠前位置的选项可能与排在靠后位置的选项在被选择概率上存在偏差,因此,要关注问项排序对于最终回答结果的影响。

3.3.10　问卷排版

第八步,决定问卷排版。在研究者汇总各类问题,进行问卷总体排版时,需要注意以下几点:第一,把问卷分成几个部分。每个部分放置不同类型或不同调研意图的问题。第二,每个部分的问题都应该独立编号,特别是使用分支问题时。第三,所有问题应该全部被预先编码,有单独的编号。第四,问卷的所有问题应该是连续编号的。在符合这些准则的基础上,研究者需要编码核对所有问题,并撰写与问卷所有问题对应的编码本。

3.3.11　打印问卷

第九步,检查打印效果。研究者在问卷初步设计完成后,打印纸质问卷时,要检查具体的纸质效果。粗制滥造的问卷会降低受访者的心理预期，减少对问卷填写的重视程度，从而影响问卷的效果。特别对于实地调研问卷，这点极其重要。

研究者应重点检查以下内容：第一，问卷外观的专业性。问卷应在高质量的纸张上进行打印，并有专业的外观。对于较长的调研问卷，应该以小册子的形式，而不是简单装订在一起。第二，问题的完整性。每个问题都应该在一个单页上完成，不要换页。第三，问题答案的对应性。每个问题的答案选项应有独立、对应的位置。第四，网格的选用。当有许多相似的相关问题时，网格能发挥不小的作用。第五，不要刻意节约空间，一味压缩问卷长度。尤其是"将问题挤在一起，使问卷看起来更短"这种情况应该避免。第六，提示位置。如果部分问题有提示，需要尽量靠近问题。

3.3.12 预检验

第十步，预检验。问卷完成后，研究者需要通过足够的预检验。预检验是对一个小样本的调查问卷进行测试，以确定和消除潜在的问题。

研究者需要注意以下内容：第一，问卷如果没有足够的预检验，就不应该在实际调研中使用。第二，问卷的所有方面都要经过测试，包括问题内容、措辞、顺序、形式、布局、难度和说明等。第三，参加预检验和实际调研的受访者应当从同一目标群体中抽取，群体特征也应该类似（例如，预检验的受访者全部为男性，实际调研的受访者全部为女性就不可取）。但是，预检验与实际调研的受访者不能有重叠。第四，预检验的调研方式应与实际调研一致。但即使实际调研是通过电话调研、信件调研或在线调研等方式进行，最好的预检验方式是实地调研。因为调研人员可以观察受访者的反应和态度。并行的访谈也是可行的。第五，在做出必要的修改后，如果在实际调研中采用新的调研方法，新的预检验也可以采用。第六，需要预先准备较多的调研人员，且经过充分的培训，确保了解问卷的调研意图。第七，每次预检验的样本量可以控制在 15～30。第八，预检验需要记录分析和后期报告。第九，对预检验的结果应进行编码和分析。第十，在每次对问卷进行重大修订后，还应使用不同的受访者样本进行另一次预检验。第十一，预检验可以反复进行，以确定问卷是否能充分体现研究者的意图。

3.4　问卷量表设计

在明确了问卷题项描述的思路以及设计的一般原则以后，就需要具体进行量表设计。量表的设计大致可以划分为四个步骤：① 明确测量构念；② 构建量表数据库;③ 确定问题与答题格式;④ 加入确认项。

3.4.1　明确测量构念

虽然在设计量表的过程中,有很多需要注意的内容,但是最不能忽视的是与要测量现象有关的理论基础的重要性。因此,在设计测量问题之前,首先需要对量表所涉及的相关社会科学理论进行明确的讨论,最终形成一个明确的能够了解量表设计的理论模型。在对模型进行定义的过程中,要充分思考所需要测量的模型构建与现有的模型之间的关系,是探索现有研究的前因、结果,还是和现有研究具有相关性。其次考虑现有建构的研究范围是针对某一个特殊领域的特定人群,还是一个通用型的概念的测度。明确所构建的模型是对一个概念的整体进行测量还是对一个构建的一个多维度模型进行分维度测量。

在模型构建以后,需要明确在模型中所需要进行测量的概念以及所对应的现象。在这一阶段的重点是对提出的概念做好定义并和现有相似的概念做好区分。例如,在对焦虑进行测量的量表中,可能包含了"社会焦虑"和"试验焦虑",如果需要精确地测量某一类焦虑类型,就需要对焦虑本身的概念做好约束,不然就可能出现结果和假设不匹配的情况。除此之外,还需要注意一些概念之间潜在的相似之处,在一些情况下,会出现量表衡量的某一特定现象却同时涵盖了另外一种完全不相关的现象。例如,在对于抑郁症的测量中使用了一个题项测量"出门的意愿"来判断受访者是否有抑郁倾向,但是一个拥有关节炎或其他身体疾病的患者在"出门的意愿"这一选项上的选择可能会和抑郁症患者一致,导致研究出现误差。因此在进行问题设定的时候,要充分考虑可能会混淆的情况,并基于可能造成混淆的原因做好区分。

3.4.2　构建量表数据库

在明确量表的测量目的以后,就需要构建一个庞大的项目库用以储存未来量表中的备选项目。在构建问题库的过程中,首先需要保证所有的问题能够准确地反映研究的目的和需求。这个过程往往受到问卷测量目的的引导,要保证构成同质量表的所有项目都应反映出它们所依据的潜在变量,每一个问题都能够测试其所代表的潜在变量某一个方面的强度。一般而言,多个问题能够比单一问题更好地衡量某一个变量,但是需要保证设置的多个问题都能够得到准确的数据,从而对变量进行测度。

从理论上来说,一组好的问题是从众多的对所测试的概念进行测度的问题中随机挑选的,但是由于问题可以是无限多的,因此难以准确识别所需要的某一类问题并从中随机选择,但是在撰写新的问题的时候可以以此为目标,创造性地思考所需要测量的结构,从不同的角度去思考该构念可能涵盖的角度,从而使项目能够准确地反映需要阐释的概念。

此外,在构建问题库的过程中需要注意所选择的问题是对所构建的概念进行测度而不是对一系列概念所组成的种类进行测度,因为对于一个种类测度的问题无法保证能够很好地衡量该种类下的潜在变量。态度、遵守规则的障碍等常常都是对于一个概念种类的定义而不是一个概念本身,因此一个单一维度的问题就不能够对其进行准确的衡量。例如,"态度"可以被细化为对公共场合抽烟这一行为的态度,人们对这一行为的态度往往是反对、不满,但是对于其他一些公共场合的好的行为如为他人让座等,人们的态度是正面的,如果用相同的问题去衡量对这两种行为的态度,就很可能出现完全相反的情况,因此,把二者同时混合在"态度"这一个种类下进行衡量是存在问题的。

在建立量表数据库时所需要的问题的数量需要基于该研究能够接受多大的误差。对于部分调研问题而言,问题越多往往能够带来更高的精度,甚至设计一些"多余累赘"的问题能够更好地测量某一个潜在变量。但是由于在最终的测量中,并不能让受访者填写一份具有特别多问题的问卷(这会影响受访者填写问卷的认真程度从而导致偏误),为此,在设定最终问卷的时候,往往针对一个维度有四五个问题,以保证测试的精度,而数据库数量往往是所设定的最终问卷问题数量的两倍。

3.4.3 确定问题与答题格式

对于一个能够准确衡量所需要测量变量的强度,大多数的问题选项可以被区分为两种类型:一种是一个问题下设相关的答案让受访者进行匹配;另外一种是让受访者基于自己的认识对问题进行评价(如选择程度、分数等)。在问题衡量方面,有很多格式可以使用。

1. Thurstone 量表

Thurston 量表的作用是构建一系列能够反映不同问题属性水平的问题,通过开发代表不同程度的问题,观察受访者回答这些问题的答案就可以判断受访者对于某个行为的认同程度。但是,构建一个 Thurstone 量表比描述一个量表要难得多,找到与现象的特定水平相一致的项目也是相当困难的。除非研究者有令人信服的理由想要得到其所提供的校准类型,否则该方法存在的不足往往超过了优点。

2. Guttman 量表

Guttman 量表是由一系列对于某一个属性的渐进式高层次的测试问题的组合。

Guttman 量表可以很好地用于客观信息或情况,在这种情况下,对某一层次的积极反应意味着满足该层次所有较低层次的标准。但是 Guttman 量表的适用性也相当有限,因为其很难精确地构建这一系列的问题。

3. Likert 量表

Likert 量表是最常用的量表之一。在使用 Likert 量表对某个变量进行测量的时候,问题被设计为一个陈述性的句子,受访者阅读完该句子以后选择同意或者支持该表述的程度的选项。每一个回答选项需要按照相同的程度间隔进行排列,这意味着每一个选项和相邻的其他问题之间的差距是相同的。在进行调查的过程中,选项的数量奇偶会对受访者产生一定的引导:如果选项是偶数,那么意味着这个问题不存在中立的情况,因此能够迫使受访者选择某一个方向(同意/反对);如果是奇数,就给受访者提供了一个中立的重点,如"既不同意也不反对",就给真正持中立态度的人表达他们的观点的机会,但是也可能会造成受访者不思考直接选择中立项,从而带来中间反应偏差。一般情况下,在使用 Likert 量表时会选 5 点或者 7 点的量表,如果超过七个选项并不能提高问卷的可靠性。在设计 Likert 量表时,应该充分考虑上文提及的各种问题。

4. 语义差异量表

语义差异量表的测量设计有一个或者多个刺激物,受访者需要对这个刺激物进行评价。每一个评价的选项两端往往是一组形容词,中间是 7 或 9 条独立的短线,代表有形容词所定义的连续体上的点。在受访者了解题项了以后,受访者基于自己的判断在线上不同的位置进行标记。这种测量方式的优势在于对态度变化的反应十分敏感,一点点微小的变动都能够被准确地识别出来。此外,由于是在一条直线上进行标记,受访者往往较难记清楚自己在选择时所做出的选择。而且存在着这样一个问题:受访者对于物理距离和价值之间的转换标准是不同的。因此,这种方法往往会被用于同一个体的重复测量,这样既能够避免不同受访者之间的个体差异,又能够保证受访者每一次所做出的回答都是基于当下的认知和反应。

5. Stapel 量表

Stapel 量表通常是一种单极等级的量表,有 10 个类别,从 -5 到 $+5$,没有中性点(0),通常是垂直呈现的(也就是不允许中立)。Stapel 量表的数据可以用与语义差异量表相同的方法进行分析。

6. 二元量表

二元量表会给出对衡量某一个变量的问题或行为进行的一系列评价,让受访者表达他们自己的态度,在每一次评价中,受访者都表示出对于潜在变量的态度,综合起来这些单一的得分并进行结合就能够衡量所构建的概念。二元量表往往是比较容易回答的,因此在设计这类问卷的时候可以放入更多的问题提升测量的精度。

3.4.4 加入确认项

在问题库中加入有助于分析问卷的确认项能够帮助发现问卷回答过程中存在的问题。例如反向问题、绝对性问题等。

3.5 调查问卷的评估

在问卷设计完成后,需要对问卷的有效性进行评估。通常分为预评估、量表有效性评估与量表引用来源确认三个部分。

3.5.1 预评估

预评估从认知和互动的视角来评估调查问题,可以分为以下三种:

(1) 专题小组评估。在构建好最初的问卷以后,需要找一组在相应知识领域的专家对问卷进行审核。首先,要请专家确认定义是否正确。可以要求专家小组对每个项目与问卷测量内容的相关程度进行评分,这一点在对某一概念进行多维度测量时特别有用,往往能够帮助研究者确认测试内容的假设。此外,还可以要求专家在审核问题的时候,对于每个问题与所需要测量的行为间的相关度打分,评价与提出修改建议,以获取更多有利的信息。对于问题的审核还应包括问题的清晰度和简洁性,在审阅过程中需要对一些具有奇怪表达或表意不清的问题进行标记。专家审核的内容是找出研究者可能忽视的内容和现象,对问卷的完整性进行补充。

(2) 深度个人访谈。深度个人访谈的目的主要是发现受访者如何理解问题以及如何完成问答任务,往往需要研究者对受访者的行为进行观察和记录。进行深度个人访谈时,访谈人需要清晰地了解研究目标和个别问题的目标,以便能够对受访者回答问题的过程进行正确的引导,收集回答问题过程中可能存在的问题并获悉受访者在回答问题过程中的真实想法。

(3) 预调研。在进行正式测试前,需要对问卷进行预先的测试。这部分内容在本章已有部分阐述。在进行预调研的时候需要保证样本与实际调研的样本同质(例如,如果要考察 A 地的样本,就不能够到 B 地进行预调研)。在抽样的过程中要尽量提高抽样的差异性,试点中要包含能够代表实际研究中会涉及的人群(例如,性别、年龄、教育背景等）。

根据预调研的可操作性经验，预调研可以分为两种情况：

（1）小样本的随机抽样，即在大样本中随机选取一个小样本再从小样本中抽取一定的受访者进行预调研。例如需要对某个县进行调查，那么就可以在县所属的村中随机选取一个并抽取一定数量的样本进行预调查。但是这种方法需要建立在对于样本的充分了解之上，实施起来较为困难。

（2）方便抽样及反复调查。在每次预调查的时候抽取十个左右的样本，然后进行多轮调查。例如，在一项针对农户的调查中，第一轮根据村委会或者农业部门选择的典型农户进行预调研，通常选取 8～10 户作为第一轮调查，收回问卷后立即对数据进行处理并有针对性地修改问卷，之后基于第一轮的修改重新抽取 8～10 户进行第二轮调研，再进行修改，然后进行第三轮……直到问卷达到标准后方可结束修改。

预调研的调查步骤具体如下：一是设计问卷并明确每个题目的用途。例如，在询问收入的时候明确收入的用途，是否需要受访者提供具体精确的收入数据；在询问家庭成员的时候明确家庭成员指的是居住在一起的人还是具有一定血缘关系的人。二是选择目标地区。由于预调查的目标在于修改问卷，因此可以根据预算和调研的可能性，采取随机抽样或者方便抽样的方法。三是次数。通常需要进行 2～3 次预调研，将问卷的长短以及问题进行修改，直至没有问题为止。四是小组讨论会。通过小组讨论会确定最终的问卷形式，在讨论会中，最好能够邀请相关专家进行分析和讨论。一般来说需要组织两次讨论会，预调查前组织一次，初步对一些可能存在的问题进行修改，预调查后再组织一次，根据收回问卷的情况细化讨论最终确定问卷。五是绘制调研样本分布地图。在地图中需要涵盖调研所涉及的范围、样本的数量、各类样本的比重以及如何安排受访问卷的进程等。六是联系相关的联系人。如果是需要对企业、社区、乡镇等进行调研，需要提前与当地的联系人和负责人做好确认。

在进行预调研的过程中，需要关注以下几点：一是问卷回答是否完整；二是回答的答案是否准确，这一步是需要关注受访者对于题目的理解是否和设计者相一致；三是关注是否有问题需要长时间的计算、推测，或者难以直接回答；四是否涉及让受访人敏感的问题；五是关注受访者是否对回答问卷有抵触情绪。

所以在预调研的时候，尽可能对受访者进行观察。在观察的过程中，注意观察受访者回答时间较长的问题并做好记录，有条件的话可以在问卷后对受访者进行短暂的访谈。对于无法直接观察受访者反应的问卷（如线上问卷、电子邮件等），可以在问卷最后询问问卷是否让受访者感到困惑、难以回答或者是否存在其他原因导致的有缺陷的问题。

3.5.2 量表有效性评估

研究者一般从以下两点评估量表的有效性。

1. 问题评估

问题评估应充分考虑项目间的关联性、项目总数相关以及系数检验。第一个是项目间的关联性。对项目性能的初步检查是寻求问题与潜在变量的真实分数高度相关。因为无法直接测量问题和变量之间的相关性，一般能了解任何两个项目之间的相关性等于任何一个项目与真实分数之间的相关性的平方。这个平方值就是每个项目的可靠性。因此，可以从项目之间的相关性中了解与真实分数的关系。项目之间的相关性越高，单个项目的可靠性就越高（即与真实分数的关系越密切）。单个项目越可靠，组成的量表就越可靠（假设有一个共同的潜在变量）。因此，在一组量表项目中寻求的第一个质量是有高度的相互关联性，确定项目的相互关联性的方法是检查相关矩阵。在进行相关性计算时，要特别注意对反向问题真实分数的转换，以保证相关系数的计算是正确的。

第二个是项目总数相关。如果想得到一组高度相互关联的项目，那么每个单独的项目应该与其余项目的集合有显著的相关性，可以通过计算每个项目的相关度来检查这个属性。一般采用使用校正的"项目-总数"相关（总数不包括项目本身）来对这一项进行衡量。一般来说校正项总相关系数大于 0.6 就能够说明该项目的效度基本没有问题。

第三个是系数检验。最后对问题的检验是计算单独每一个问题的 Cronbach's α 系数[①]来判断每一个问题的信度。一般来说，Cronbach's α 系数介于 0.65～0.7 是可以被接受的，0.7～0.8 是可信的，0.8～0.9 是较好，大于 0.9 是很好。

2. 维度/融合效度

在涉及多维度的量表设计时，还需要对量表的维度区分度进行检验。在对于量表维度/融合效度检验的过程中，一般是运用探索性因子分析（Exploratory Factor Analysis，EFA）和验证性因子分析（Confirmatory Factor Analysis，CFA）相结合的方式对问卷的有效性进行评估。

探索性因子分析主要用于确定量表的最佳结构，判断量表所包含的问题与相应概念的相符性。分析时采用主成分分析法，提取因子并进行正交旋转。探索性因子分析的结果要求每个因子下的子维度的因子载荷大于 0.6，累积方差贡献率达到 50%

---

① Cronbach's α 系数：指量表所有可能的项目划分方法得到的折半信度系数的平均值。最先被美国教育学家 Le Cronbach 在 1951 年命名。

为可接受的结果,达到 70% 以上则是优秀的结果。在探索性因子分析后,可以对问卷内因子载荷较低的题项进行删除,但是要尽量保证每个子维度的题目在三题以上且各自维度的题目数量差异不大。

验证性因子分析的作用是衡量研究者从理论上划分的因子与所设计的题项之间的对应关系。常用指标包括卡方自由度比,GFI(Goodness-of-fit Index,拟合优度指数)、RMSEA(Root Mean Square Error of Approximation,近似误差均方根)、RMR(Root Mean Square Residual,均方根残差)、CFI(Comparative Fit Index,比较拟合指数)、NNFI(Non-normed Fit Index,非规范拟合系数)等。其他指标通常使用较少,结合实际情况进行选择使用即可。卡方和自由度主要用于比较多个模型,卡方值越小越好。自由度反映了模型的复杂程度,模型越简单,自由度越多。反之,模型越复杂,自由度越少。GFI 主要是运用判定系数和回归标准差,检验模型对样本测值的拟合程度,其值在 0~1,越接近 0 表示拟合越差。一般情况下,RMSEA 在 0.1 以下(越小越好)。RMR 通过测量预测相关和实际观察相关的平均残差,衡量模型的拟合程度,如果 RMR<0.1,则认为模型拟合较好。CFI 在对假设模型和独立模型比较时,其值在 0~1,越接近 0 表示拟合越差,越接近 1 表示拟合越好。CFI 大于 0.9,认为模型拟合较好。NNFI 越大越好,所拟合的模型表现较好。

3.5.3　量表来源引用

由于自行开发量表难度大且不一定能够保证量表的信效度,因此在研究中往往选择引用现有量表对所需要的构念进行测量。引用量表主要有两种方式,一种是直接引用已有量表;另一种是研究者根据具体需要修订编制已有量表。

在量表引用上,有以下几个方面需要注意:

第一,该量表测量的对象是否与目标研究对象相同,如果研究对象不同则不可直接引用。需要关注量表是否能够符合目标研究的研究情景。

第二,量表编制的年代与使用年代的差距。一般要求在三年之内。由于社会的更新迭代非常迅速,三年前编制的量表在当前的适用度有待考量,直接引用的量表编制年代与使用年代相差年代越久可能造成的偏差就越大。

第三,该量表的题目是否合适,描述是否清楚,能否准确地反映所需要测量的变量。

第四,量表的信效度是否良好。

第五,量表编制的理论基础如何,是否有相关的理论或者经验法则支持等。

除此之外,对于一些国外的量表也需要注意在翻译的过程中需要适应本国的语言和环境。由于社会环境、经济发展、语言表述方面,中国和西方国家还是存在着很大的差异,因此在进行量表翻译时除了遵循"信雅达"之外,更多的是需要满足表述的逻辑性、语义的适当性、同时要符合中文的表述习惯,这样才能避免在调查过程中对信效度产生影响。现有对问卷量表翻译的流程大多数采取"双译+回译"的方式,选取两组人员分别对问卷进行独立翻译,之后由研究者与两组人员进行共同讨论,确定第一版量表。之后邀请两组具有专业英语水平的研究者在不了解量表具体内容的情况下,分别对初版量表进行回译,之后研究者与两组回译者共同研究确定回译版问卷。然后还需要经过专家组成的量表修订小组的评定,将汉化的量表进行文化调试即内容效度评定。最后接受预调研受访者的意见和建议,形成最终量表。

3.6 调研数据收集

3.6.1 目标取样与样本数量的确定

对于问卷调查而言,最终的目的是通过收集具有代表性样本的数据,在随机误差允许的范围内将基于抽取样本的结果推广到总体。因此,在问卷调查中,取样设计是数据收集过程中一个重要的步骤。

在取样的过程中,通常需要重点关注两个问题:第一,如何才能选择具有充分代表性的样本;第二,需要多大的样本才可以稳健地得出统计结论。

针对样本代表性的问题,在战略管理领域,往往采用"单一行业研究"的方式,通过限定取样范围和制订一系列的详细取样规则来保证样本的代表性,这样的规则有助于保证所调查的企业与具体研究问题的直接关联性,有利于控制环境中无关因素对变量间关系的干扰,但同时这样的方法往往牺牲了外部效度以保证研究的内部效度。

在问卷调研中,可以通过显著性检验的方式得出关键变量之间的关系,以从小样本中得到的信息去推断样本总体的情况。从显著性检验的角度,统计显著性的结果不仅与变量之间的关系强弱有关,也与统计检验时的样本数量有关。因此,在确定样本数量时,要进行细致的权衡。这要求研究者对样本总体的特征参数进行一些评估,有时还需要在数据收集的过程中不断地调整这些参数。一般而言,样本数的估计需要考虑诸如对准确性的期望、对误差的容忍度、数据形态(例如连续型变量或类别变量)、应答率、统计方法选择等因素。针对连续型变量最低样本量的确定,最低样本量

基于可接受的误差幅度、α 水平、样本总量总体标准差的估计,可以基于以下公式进行计算:

$$n_0 = \frac{t^2 \times s^2}{d^2}$$

其中,t 是 α 水平对应的 t 值,s 是样本总体标准差的估计,d 是可接受的误差幅度的估计。

在组织管理领域中,通常接受 0.05 和 0.01 的 α 水平,具体的选择需要依照出现错误会对结果产生影响的大小为标准进行选择。

样本总体标准差难以被衡量,但是有多种方法可以对其进行估计。首先,研究者在进行问卷收集的时候可以进行两阶段取样,即在第一阶段取样完成后计算观测到的方差,进而估算第二阶段所需的额外样本;其次,如果先前有研究使用了同样或者近似的样本总体,那么可以将其作为参考来确定标准差。如果以上两种方法都无法确定,还可以根据样本总体的结构进行一些数学和逻辑上的推测,得出样本总体标准差的估计量 s。

可接受的误差幅度 d 和 α 水平都是针对统计误差的估计,接受误差幅度是指研究者愿意接受的出现误差的风险水平。对于连续型变量,研究者通常认为 3% 是可以接受的误差幅度水平。

需要注意的是,不能简单依靠最低样本量来决定取样目标,因为在取样过程中常会遇到无应答、缺失、无效作答等情况,因此在确定样本数量时往往需要大于最大样本量。

对于样本有效回收率的确定,也可以参照确定最低样本量的方法进行估计,即采用两段式抽样,用第一阶段的回收率来决定还需要收集多少额外样本,或者根据先前类似研究的回收率进行估计。一般建议在收集问卷的时候能够至少比最低样本量多收集 50% 的样本。

此外,在进行多元回归分析的时候,还需要考虑自变量数量和样本数量之间的关系,先前的研究表明二者之间的关系是 1:10,即一个自变量应该至少有 10 个样本,才能得到比较保守和稳健的估计。

3.6.2　数据收集质量的评估

在收集数据的过程中,会面临各种各样的误差,这些误差会影响数据收集的质量,干扰对变量间关系的判断,因此,需要在研究中注意以下三个问题:

1. 应答率

从统计角度而言,高的应答率可以增大样本数据量,提高统计功效,并且可以降低统计检验的置信区间;而从结果应用的角度,较高的应答率可以提高调查结果的可信度。因而在所有质量指标中,应答率是研究者普遍关注的一个指标。

2. 问卷完成质量

在评估数据收集质量时,不仅需要评价应答的数量,还要评价应答的质量。可以通过完成率、回答充足率以及设计反向问题等方式进行评判。

3. 回答多样性

衡量数据质量的另一个重要指标是受访者回答的多样性。在问卷调查中,受访者大多数回答集中于某一点上,只是在可选择空间中选择很窄的区间,这样就会出现"没有区分的回答"的情况,这种情况下,尽管受访者问卷回答完整,但是并没有花费精力去思考其中的问题。

3.7 问卷数据的信度与效度分析

对于量表而言,量表确实测量了所需度量的构念以及量表是否稳定可靠,这两方面分别被称为"信度"和"效度"。信度和效度都与测量时的误差有关:如果有随机的测量误差,那么量表被称为缺乏信度;如果有系统误差,那么量表被称为缺乏效度。

3.7.1 信度

信度是量表的另一个准确性维度,体现了测量的一致性和可重复性。信度是效度的必要条件但不是充分条件。信度被定义为一个测量工具免于随机误差影响的程度。对于一个测量值而言,随机误差越大,距离真实值就越远。信度是一个介于 $0\sim1$ 的值,信度等于零时,误差无限大;信度等于 1 时,完全没有误差,计算方式为:

$$信度系数 = 真实值方差/观测值方差$$

用符号可以表示为: $$r_{xx} = \frac{\sigma_t^2}{\sigma_x^2}$$

信度通常分为内部一致性、平行测试、重测信度以及观察者一致性。

1. 内部一致性

管理学中常用的信度是内部一致性,主要用来评估量表内部指标之间的同质性。

可以知道,量表的信度和长度之间是相关的:

$$r_{yy} = \frac{kr_{xx}}{1 + (k-1)\,r_{xx}}$$

其中,r_{xx} 是原来测量的信度,r_{yy} 是当测量的项目增加 k 倍后的信度。

当拥有一个 10 项目量表,能够从中抽取两个题项,这两道题可以作为两个平行副本,因此可以计算这两个平行副本的相关,由于这个缩短了的量表只有原来量表的十分之一,因此平行副本的相关需要通过上述公式进行修正,把 10 个题项进行随机抽样,就可以求取平均值作为量表的信度估计,用这个方法估计出来的信度就是 α 系数:

$$\alpha = \frac{n}{n-1}\left(\frac{\sigma_t^2 - \sum\limits_{i=1}^{n}\sigma_i^2}{\sigma_i^2}\right) = \frac{n}{n-1}\,\frac{\sum\limits_{j \neq k}\sigma_{jk}}{\sigma_i^2}$$

其中,n 表示测验所包含的指标数,σ_t^2 表示每个受访者的总分之间的方差,σ_i^2 表示第 i 个条目上所有受访者分数的方差,σ_{jk} 表示项目之间的协方差。

内部一致性信度(α 系数)一般都会在 0.8 以上,如果是 0.7~0.8 则表明信度偏低,如果低于 0.7,该量表的信度就存在问题。

2. 平行测试

由于难以得知真实的方差,因此测量中提出了一种估计的方法。研究者认为对于同一个构念,可以用两个不同的平行的方法来测量,而两个测量方法几乎在所有的地方都相似,只是随机误差不一样而已,那么理论上它们的相关系数就可以作为信度的表示。严格的平行测量指两个量表由内容和形式一一对应的项目构成,不同的仅仅是表达形式和措辞。严格来说,对于不同的受访者,两个平行测量的副本应该测量相同的构念,对于不同的受访者具有一样的真实值、有相同的平均值、有相同的方差、有一个正态分布相同的随机误差。在平行测量项目的条件下,两个副本测量结果之间的相关,就等价于一个副本的测量结果与它自身向管理。因此,副本间的相关系数越高,可以认为量表越稳定,这样的信度称之为"复本信度"。

如果有两个测量的副本 x_1 和 x_2,那么基于经典测量模型理论,相关系数的估计值为:$r_{xx} = r_{x_1 x_2}$。

3. 重测信度

在两个不同时间点使用同一个量表对同一组受访者进行测试,如果构念的数值在这个时间内没有改变的话,两次测量的不同就纯粹是随机误差了,两次所得结果之间的相关系数成为"重测信度"。重测信度考察一个测量在不同时间的稳定性,较为适合在测量一些稳定特质的量表时使用,如人格特质量表。重测信度的数学推导与复本信度完全一致:$r_{xx} = r_{t_1 t_2}$。

4. 观察者一致性

观察者一致性强调两名及以上观察员或评价者之间的一致性。如果评估结果相关系数较高,则说明观察者一致性较好。观察者一致性用以降低人为误差的干扰,确保数据不被观察者的主观判断所影响。

此外,由于信度检验通常是基于经典测量模型假设的,因而追求项目间的一致性。但是对于同属测量模型而言,一般用"组合信度"和"平均方差析出量"来表示信度。

组合信度:
$$r_{xx} = \frac{\left(\sum_k \lambda_k\right)^2}{\left(\sum_k \lambda_k\right)^2 + \sum_k \mathrm{Var}(\varepsilon_k)}$$

平均抽取的方差:
$$r_{xx} = \frac{\sum_k \lambda_k^2}{\sum_k \lambda_k^2 + \sum_k \mathrm{Var}(\varepsilon_k)}$$

3.7.2 效度

问卷中的每一道题作为一个"项目",或者是所反映的构念的一个"指标",这个由"项目"所构成的量表是否可以度量这个构念,就称为效度。效度通常分为构念效度、内部效度、外部效度以及统计推断效度。

1. 构念效度

构念效度的证据主要包含三方面内容:① 所测量的内容是否充分并准确地覆盖了想要测量的目标构念,即是否完全覆盖构念所涵盖的所有信息;② 检验信息是否具有代表性,分配是否反映了所研究的构念中各个成分的重要比例;③ 问卷的形式和措辞对于受访者是否妥当,是否符合受访者的文化背景和习惯用语。构念效度又可细分为四部分:内容效度、效标关联效度、收敛效度、区分效度。其中,内容效度主要衡量内容的适当性和相符性;效标关联效度主要衡量与其他构念的相关度;收敛效度主要衡量与该构念的其他测量的相关程度;区分效度主要衡量与其他构念的测量无关程度。检验构念效度涉及逻辑分析法、专家判断法或者实证验证法。一般做法是,给受访者一组构念的定义和所有测量指标,请这些受访者根据自己的理解把每一个指标放入其对应的构念中,最后计算多少人的分类是和研究者一致的。在检测效度时,一个常用的方法就是采用另外一个构念"已知"测量作为参考工具,另外一个构念可以是要检验的构念的结果,也可以是一个与要检验的构念类似的构念,即效标效度。效标效度的概念和逻辑很简单:已有理论告知 A 和 B 之间有很大的相关,或者 A 能够在很大程度上预测 B,那么如果构念 A 的测量是有效的,就可以看到 A 和 B 的关系符合理论上的关系;反之,如果看不到 A 和 B 的关系,就需要怀疑 A 的测量可能是不准确的。

逻辑关系网认为一个构念 A 的测量如果是好的,那么实际观察到的数据中 A 与其他变量之间的关系应该与理论上它们之间的关系相符。这里的其他变量包括 A 的前因标量、后果变量和高相关变量。换句话说,如果观察结果与理论符合的话,就是测量有效度的一个证据,可以将数据检验出来的变量间的关系图与理论的关系图相比较,以此作为效度的证据之一。也可以采用"多质多法矩阵"来验证构念测量工具的效度。在多质多法检测中,需要用不同的方法(如自评或他评、问卷或观察)对两个或两个以上的特质进行测量,这样就可以得到一个用多种方法测量多个特质的相关矩阵,根据理论,在这个矩阵中,用不同方法测量同一个特质的相关系数应该比较高,这称为"聚合效度",而用不同的方法测量不同特质的相关系数应该比较低,这称为"区分效度"。

"多质多法矩阵"就是用多于一个方法来测量多于一个的质。表 3-6 即多质多法矩阵,用两组质,分别是情商和大五人格特质,表中四个区域,左上角方形区域是"自评的情商"与"自评的人格"的相关,称为"异质同法",左下角方形区域是"自评的情商"和"他评的人格"的相关,是不同的特质用不同的方法来测量,称为"异质异法",右下角区域是"他评的情商"和"他评的人格"相关,是"同法异质",表中对角线是相同的特质用相同的方法来测量,称为"同法同质"。多余多质多法检测,要求"同法同质"(信度)一定是最大的,"同质异法"是聚合效度很高,"同质异法"(聚合效度)一定大于"异质异法"(区分效度)。

2. 内部效度

内部效度指的是测量工具所得到的数据结构是否与对构念的预期结构相一致。数据结构指的是数据是一维还是多维,包含哪些维度、哪些指标,测量哪些维度,等等。因子分析是判别内部效度的一个重要工具,因子分析可以帮助确定一组测量项目的背后有多少潜在的因素,并确定哪一个项目属于哪一个因素。因子分析时,如果不知道项目背后的结构,采用探索性因子分析;如果知道项目背后的结构,希望验证一下数据是否如预期时,采用验证性因子分析。内部效度要求强大的统计有效性、强大的理论、强大的控制、有效的测量、合适的样本、明确的因果关系推理以及没有设计产生的问题。

表 3-6　多质多法矩阵

特质	自己评分						父母评分					
	EI	N	E	O	A	C	EI	N	E	O	A	C
自己评分 EI	(0.78)											
N	−0.39	(0.77)										
E	0.15	−0.08	(0.80)									
O	0.30	−0.12	0.45	(0.82)								
A	0.26	−0.36	0.29	0.14	(0.83)							
C	0.55	−0.46	0.10	0.27	0.47	(0.86)						
父母评分 EI	0.28	−0.12	0.00	0.01	0.02	0.22	(0.81)					
N	−0.18	0.34	0.04	−0.02	−0.18	−0.20	−0.30	(0.79)				
E	0.06	−0.02	0.37	0.21	0.02	−0.02	0.00	0.08	(0.83)			
O	0.15	−0.04	0.14	0.32	−0.10	0.08	0.15	0.08	0.55	(0.85)		
A	0.07	−0.14	0.01	−0.02	0.20	0.14	0.16	−0.16	0.28	0.09	(0.85)	
C	0.17	−0.11	0.13	−0.02	0.05	0.34	0.42	−0.21	0.11	0.24	0.58	(0.90)

3. 外部效度

外部效度是指将研究结论推广到其他群体、时间和情境时的可信程度。通常情况下研究结果往往是基于一个样本、一个时间点得到的。如果研究者使用的研究样本、测量手段等有较大的特殊性，研究结果很有可能无法在其他的情境中得以复现。研究在不同的背景、不同的时间以及不同的样本中可以复现时，就需要考虑外部效度。例如，以大学生为目标的市场调研研究，可能无法推广到金领职工。由于外部效度考虑的是研究结论在其他情境中的可重复程度，所以对于应用性的实证研究而言是一个非常重要的评价指标。当样本可以较好地代表总体时，从样本得到的结论就更容易在总体内得到重复。如果研究包括在不同总体间证实研究假设，可以通过在多个总体内分别抽样的方式，来检验研究结论的外部效度。外部效度还应该考虑研究样本的代表性、相关样本的可达性以及多样本验证。

4. 统计推断效度

统计结论效度指在对假设关系进行统计推论时，采用的统计检验手段及所做出的统计决策是否正确。实证研究中,统计检验的本质是通过抽样的方式对变量间的关系做出泛化的推论。一般统计决策存在着四种可能性:接受正确的零假设、拒绝错误的零假设、拒绝正确的零假设和接受错误的零假设。前两种情况属于正确的结论,后两种情况属于研究者做出的错误决策,会直接影响到研究的统计结论效度。第三种情况是"存伪",可称之为一类错误(Type Ⅰ Error),即两个变量间并没有联系,却根据统计结果拒绝了零假设,得出显著性关系的结论。第四种情况属于"去真",可称之为二类错误(Type Ⅱ Error),即两个变量间存在显著性关系,却接受了零假设,认为两者并不相关。无论是拒绝原本正确的零假设,或是接受原本错误的零假设,都会降低统计结论的可信程度。导致这两类统计决策错误的因素有很多,如样本太小造成统计检测力的缺乏;忽视了统计检验的基本假设,造成统计方法运用的错误;测验问卷和实验操作信度的缺乏;被试样本的差异度太大等。这两类错误中,实证研究中更为关注一类错误,即一直避免错误地接受一个并不存在的因果关系,进而影响后续的研究和管理实践。一个突出的例子就是共同方法偏差(Common Method Variance),其夸大了变量间的联系,可能产生一类错误。尽管拒绝含有共同方法偏差的研究结论有可能犯二类错误,但为了避免一类错误,现在主流管理学期刊已很难接受含有共同方法偏差的论文。

3.8　示　　例

3.8.1　示例 1

本示例分为论文基本信息、研究问题、研究设计、数据收集、数据分析与检验、研究结果六个部分。

1. 论文基本信息

该示例是 2021 年王雁飞,郑立勋,郭子生与朱瑜在《管理世界》发表的论文《领导-下属关系图式一致性、信任与行为绩效——基于中国情境的实证研究》。

2. 研究问题

基于社会交换理论,该案例探讨了下属对领导的认知信任和情感信任在领导-下属关系图式一致性与下属行为绩效关系中的中介作用。

3. 研究设计

关系图示是个体关于社会生活中人际交往模式的知识结构,在很大程度上能够影响人际交往的质量。在上下级关系中,下级对于与领导关系质量的感知会影响其工作态度和表现,现有研究表明,互动双方的交往质量是信任产生的关键,因此当下属-领导在关系图示上的匹配能够通过建立良好的人际关系催生信任。此外上下级之间经验和阅历的差异也会导致其关系图示的差异,根据社会交换理论,当领导与下属的关系图示匹配时,下属和领导能够更好地相互理解,从而触发双方的预期行为。因此该论文提出关系图示在领导-下属关系构建中能够发挥重要作用,并能够通过构建人际信任对员工的行为绩效产生影响,同时采用实证的方法对这个问题做出验证。

4. 数据收集

该论文的数据来源的样本选自华南地区的企业员工。首先,研究者通过以下方式来选择领导者(管理者):① 利用校友录随机抽取某高校商学院已经毕业的 MBA 学员;② 随机抽取当前在读的 MBA 在职学员;③ 利用企业培训和咨询的机会接触并获得样本。其次,研究者向这些领导者(管理者)说明了此次研究的目标和过程,向他们保证该研究收集的个人信息和调查结果仅用于学术研究并严格保密,在获得他们同意之后请求他们提供其直接下属名单,研究者按照随机数字表,随机抽取其中数位下属作为抽样对象,并请求领导者(管理者)提供这些下属的联系方式。对于被试下属,研究者也向他们说明了此次调研的目的、流程和注意事项,并在征得他们同意后才开展正式调查。基于上述过程,研究者获得了 72 个团队的领导者和对应下属的联系方式并整理形成信息列表,具体包括公司名称、部门、领导者的姓名、联系电话和邮箱及其下属的邮箱。为了降低同源偏差的可能性,研究采用多阶段追踪多来源问卷调查法,将调查过程分为三个阶段进行,每个阶段之间间隔 3 个月:① 第一阶段(T1),研究者邮件联系上述 72 个团队的所有成员,邀请这些领导者与下属分别自评各自的关系图示,同时收集他们的人口统计学信息,并请他们使用同样的邮箱回复答卷;② 第二阶段(T2),研究者邮件联系被试下属,请他们评价对其直接领导的认知信任和情感信任;③ 第三阶段(T3),研究者邮件联系被试领导者,请领导者评价其直接下属的任务绩效和创新行为。

5. 数据分析与检验

该论文对于每个变量的具体衡量如下:

在选择测量变量的工具时,为了保证测量工具的质量,研究选择了在国际主流重要期刊上所发表的,有效性已经得到验证的成熟量表,严格按照标准的"翻译-回译"程序将所有量表翻译为中文,所有量表均采用 Likert 五点计分,从"1=完全不符合"到"5=完全不符合",具体量表题项见表 3-7。

表 3 - 7 示例 1 问卷题项

变 量	题 项
情感性关系图示	领导与下属的关系应该是情感相依的
	主管与下属应该分享他们的感受,不管是快乐还是悲伤
	领导与下属应该像亲密的伙伴一样工作,分享一切
	领导与下属应该是相互帮助、相互信任的好朋友
	领导与下属应该自由分享他们的想法和感受
工具性关系图示	下属对领导的忠诚取决于领导满足下属经济需求的能力
	下属和领导之间的关系无非是一种经济交换
	除非领导提供额外的好处,否则下属不应付出额外的努力
	只有当下属获得实际利益时,下属才愿意听从上司的指示
	下属在工作中的努力程度,取决于他们的领导愿意提供多少奖励
认知信任	我相信我的领导履行能够他/她的职责
	我可以依靠我的领导在工作中做最好的事情
	我的直接领导遵守他/她做出的承诺
	鉴于我对领导的了解,我认为没有理由怀疑他/她的能力
	我对我的领导有信心,因为他/她以专业精神对待工作
情感信任	我相信我的领导会一直关心我在工作中的个人需求
	如果我与我的领导分享我的问题,我知道他/她会关心地回应
	我有信心能与我的领导分享我的工作困难
	我确信我可以与直接领导坦诚地交流我的感受
	我对我的领导有安全感,因为他/她很真诚
任务绩效	该员工履行了他/她的工作描述中规定的职责
	该员工完成了一部分期望的工作职责
	该员工达到了预期绩效目标
	该员工能够充分完成自己的职责

变　　量	题　　项
创新行为	该员工善于寻找新的技术、工艺、技术和/或产品创意
	该员工会提出有创造性的想法
	该员工会向他人宣传和推广想法
	该员工能够调查和确保实施新想法所需的资金
	该员工能够为新想法的实施制订适当的计划和时间表
	该员工是一个创新的人

关系图式：研究采用 Tsai 等(2017)开发的十题项量表来测量关系图式，该量表包括情感性关系图式和工具性关系图式两个维度。其中 5 个题项测量情感性关系图式，另外 5 个题项用于测量工具性关系图式。其中，人际信任变量研究沿用 Yang 等(2009)的十题项量表来测量下属对领导的人际信任，该量表包括对领导的认知信任和情感信任两个维度，各由 5 个题项测量。任务绩效变量研究采用 Van Dyne 与 LePine(1998)开发的四题项量表来测量。创新行为变量研究采用 Scott 与 Bruce(1994)开发的六题项量表来测量。

为了确保测量的有效性，研究对问卷的信效度也做了评估。首先，论文衡量了每个变量设计题项的内部一致性，其中下属的情感性和工具性关系图式的内部一致性系数分别为 0.74 和 0.73，而领导的情感性和工具性关系图式的内部一致性系数分别为 0.71 和 0.76；认知信任量表的内部一致性系数为 0.81，情感信任量表的内部一致性系数为 0.74；任务绩效量表的内部一致性系数为 0.80；创新行为量表的内部一致性系数为 0.87。量表所涉及的所有内部一致性系数均大于 0.70，表明量表具有良好的信度。在效度方面，论文进行了验证性因子分析(见表 3-8)。从表 3-8 中可以看出，论文假设的八因子模型与其他 7 个竞争模型相比，拟合效果最好，说明论文核心变量含义明确，差异明显并且具有较高的独立性，即具有良好的区分效度。

由于在问卷收集的过程中，领导和下属都评价了 4 个变量，可能存在共同方法偏差问题。为了降低共同方法偏差，研究采用了 Harman 单因素检验和加入非可测方法因子的方法来检验共同方法偏差，从统计结果上看，共同方法偏差在一定程度上受到了有效控制。

表 3-8　示例 1 验证性因子分析

模型名称	要　素	χ^2	df	$\Delta\chi^2$ (Δdf)	RMSEA	CFI	TLI	SRMR
八因子模型	假设模型	1 040	712	—	0.05	0.91	0.9	0.07
七因子模型	领导的 IRS,领导的 ERS,下属的 IRS,下属的 ERS,对领导的信任,任务绩效,创新行为	1 358.61	719	318.61 (7)	0.06	0.82	0.8	0.08
六因子模型	领导的关系图式,下属的关系图式,对领导的认知信任,对领导的情感信任,任务绩效,创新行为	1 652.21	725	612.21 (13)	0.08	0.73	0.71	0.09
五因子模型	领导的关系图式＋下属的关系图式,对领导的认知信任,对领导的情感信任,任务绩效,创新行为	1 961.14	730	921.14 (18)	0.09	0.65	0.62	0.1
四因子模型	领导的关系图式,下属的关系图式,对领导的信任,任务绩效＋创新行为	2 164.79	734	1 124.79 (22)	0.09	0.58	0.56	0.1
三因子模型	领导的关系图式＋下属的关系图式,对领导的信任,任务绩效＋创新行为	2 338.83	737	1 298.83 (25)	0.1	0.53	0.51	0.11
二因子模型	领导的关系图式＋下属的关系图式＋对领导的信任,任务绩效＋创新行为	2 556.01	739	1 516.01 (27)	0.11	0.47	0.44	0.11
单因子模型	所有变量归为一个因子	2 958.46	740	1 918.46 (28)	0.12	0.35	0.32	0.12

6. 研究结果

该论文最后整合了跨层次多项式回归分析及结构方程模型,通过建立一个被中介的响应面模型验证本研究的理论模型。分析结果表明:① 领导-下属的关系图式越一致(即差距越小),下属对领导的认知和情感信任水平越高;② 在一致情况下,与"低-低"一致相比,领导-下属情感性关系图式在"高-高"一致时,下属对领导的认知和情感信任水平更高;③ 在一致情况下,与"高-高"一致相比,领导-下属工具性关系图式在"低-低"一致时,下属对领导的认知和情感信任水平更高;④ 在不一致情况下,与"高-低"相比,下属对领导的认知信任和情感信任在"领导情感性关系图式低-

下属情感性关系图式高"时更高;⑤ 领导-下属关系图式一致性通过下属对领导的认知信任影响任务绩效并通过情感信任影响创新行为。其中,该研究关于领导-下属工具性关系图式的不一致情况的假设没有得到数据结果的支持,说明在不一致情况下,领导-下属工具性关系图式的"高-低"和"低-高"相比,对下属人际信任的影响没有显著差异。这可能是因为不论领导-下属工具性关系图式是"高-低"还是"低-高",领导的行为表现都难以满足下属对经济交换关系的预期,因此对下属人际信任的负面影响程度相当。

3.8.2　示例 2

本示例分为论文基本信息、研究问题、研究设计、数据收集、数据分析与检验、研究结果这个部分。

1. 论文基本信息

该示例是 2005 年 Ferris, Treadway, Kolodinsky, Hochwarter, Kacmar, Douglas 与 Frink 在 *Journal of Management* 发表的论文 Development and validation of the political skill inventor。

2. 研究问题

该研究阐述了如何对一个特定概念进行问卷设计以及有效性的评估。多年来,学者和从业者都承认组织中政治的存在和重要性,但是现有研究对人们在政治行为方面中那些能够使人获得成功的特征了解较少,仅有一个简单的、单维度的政治技能测量问卷对该变量进行测度。因此,该论文作者报告了三项旨在开发多维政治技能量表(Political Skill Inventory,PSI)的研究结果,其项目内容更广泛、更有代表性地取材于该建构的全部领域。此外,研究还更全面的概念化了该建构的维度,对该因子结构的确认性验证以及与标准相关的有效性的证据。

3. 研究设计

将政治技能定义为"在工作中有效地理解他人,并利用这些知识来影响他人的行为,以提高个人和/或组织部目标的能力"。拥有高政治技能的人能够根据不同和不断变化的形势改变自己的社会敏锐性,让自己更加自信,同时由于其具有更强的自觉性倾向,因此能够对自己和他人的责任有更准确的衡量。可以认为,政治技能高的人不仅知道在工作中不同的社会情况下应该做什么,而且知道如何做。对政治技能量表的开发和有效性测度分为三个步骤。

第一步,政治技能的内容有效性和维度评估。论文首先对问卷所涉及的各维度的内涵进行了定义,基于组织政治学文献,特别是与政治技巧有关的部分(即使没有明确提及该术语），表明有几个重要的方面应该包括在任何有代表性的政治技巧构造的测量中。这些方面或维度是社会敏锐度、人际影响、网络能力和明显的真诚。其中，社会敏锐度指的是对他人有敏锐的观察力，并能敏锐地适应不同的社会环境，该能力使得个人能理解社会互动，准确地解释自己和他人在社会环境中的行为；人际影响指的是具有政治技巧的人所具有的有说服力的个人风格，能够对周围的人产生强大的影响，同时也具有较强的自我修正能力，能够根据不同对象调整自己的行为；网络能力则是个人善于发展和利用不同的人际网络，从而帮助其创造和利用机会；明显的真诚指的是拥有高水平的诚信、真实、真诚和真挚，至少看起来是诚实和直率的，该能力能够激发周围人的信任，从而获取影响力。

第二步，收敛效度和判别效度的评估。收敛效度和判别效度分别反映了一个测量指标与类似的建构体的关系程度以及不与和其不同的构建相关。根据以往研究，论文提出了与政治技能应该和不应该相关的构建的假设。在相关的构建方面，政治技能应该与自我监控、自觉性、政治素养、情绪智力明显正相关。在政治技能的四个子维度上，社会敏锐性与自我监控、自觉性和政治敏锐性的正相关关系最强；人际影响与向上呼吁和联盟影响策略明显正相关，但与自信的相关性不明显；网络能力与向上诉求、联盟和自信策略表现出最强的正相关关系。在不应该相关的构建方面，政治技能总分与特质焦虑呈现明显的负相关；政治技能总分和各维度与一般心理能力的相关性为零；在单一维度上，人际影响与特质焦虑表现出最强的负相关关系。

第三步，校标效度的评估。论文首先认为政治技能会表现出显著的预测能力，尤其是对于那些由他人（如主管、同僚等）主观评估的工作绩效标准。此外，预计社会敏锐性与主管对工作的评价关系最密切。因此采用政治技能总分对工作表现的评价有明显的积极预测作用。并且，在政治技能的所有维度中，社会敏锐度对工作表现的预测是最强的两个假设验证校标效度。

4. 数据收集

为了验证量表构建的有效性，论文获取了两个样本。在第一个样本中，美国南部一所大型高校的 226 名本科生在上课时完成了调查。所有当天在课堂上的学生都参与了数据收集。这个样本中受访者的平均年龄是 22.61 岁，50% 的样本是女性，大多数是兼职工作者。在第二个样本中，美国东南部一所大型高校的人力资源部门提供了一份包含 220 名被归类为"管理或行政"的雇员的名单。调查表分发给雇员后，再通过邮件返回给研究人员。总共有 124 名员工完成了调查，回复率为 56%。在第二个样本中，受访者的平均年龄为 39.54 岁，近 70% 为女性，平均组织任期为 9.47 年。特别是在规模发展中，更大的样本是必要的，以帮助确保获得的结果有更大的稳定性,所以将两个数据集合并($N=350$)。

5. 数据分析与验证

论文对量表的构建和有效性验证的步骤如下所示:

第一步,问项池构建。政治技能问项库总共产生了 40 个项目,以代表评估政治技能构架,特别是反映被认为构成政治技能的四个维度。在此过程中,论文借鉴并扩展了作者等人在政治技能测量方面的早期工作,将六个原始问项纳入问项目库,并对组织政治方面的文献进行了系统回顾,特别是关于有效利用政治的技能。在此过程中,作者编写了一些问项,以代表反映被确定为最能体现政治技能构架特征的关键领域。

第二步,问项分析。问项分析阶段只保留最能代表政治技能建构的问项,同时以最简明的方式测量这一建构。首先,论文进行了问项分析,保留了那些与总数的相关性在 0.40 以上的问项;接下来,检查了政治技能问项与社会期望量表总分的相关性,并删除了在 $p < 0.05$ 时有统计学意义的问项;最后,为了研究在多大程度上可能有剩余的问项在因素上表现出有问题的高交叉负荷,从而妨碍了明确的解释,论文进行了初步的主成分分析和斜向旋转。因子载荷模式显示,有 7 个问项在两个或多个因子上的载荷大于 0.35,其中最高的载荷不在预定的因子上,因此,这 7 个问项被剔除。经过这三个步骤,产生了 18 个符合问项保留标准的问项,这些问项将被用于主轴因子化,以评估政治技能的因子结构。这 18 个问项的问项与总分的关联度在 0.42 到 0.71 之间。此外,这 18 个问项的总分与社会期望量表的总分没有明显的相关性。

第三步,维度划分。为了确定 18 个项目所述的政治技能的子维度,论文对 18 个项目进行了因子分析,使用了主轴法和斜向、直接遗忘因子旋转。因子分析的限制,各因子特征值从 1.19 到 6.98 不等,总方差的 63% 被解释,满足因子分析的要求。

第四步,信度和相关性。各维度的内部一致性指数显示,修改后的 18 项量表所包含的维度的可靠性估计值从 0.78(人际影响)到 0.87(网络能力)。这些数值都高于建议的 0.70。此外,研究还报告了政治技能维度的相互关系,其大小从 0.36 到 0.57 不等,反映出只有适度的关系。

第五步,拟合统计和替代模型。该研究进行了验证性因子分析来检验四个维度构成了政治技能结构。该研究使用了几个推荐的总体拟合度测量方法,包括比较拟合指数(CFI)、非规范拟合指数(NNFI)、均方根误差(RMSEA)、相对于自由度的卡方比($\chi^2 / \mathrm{d}f$)等。研究用建议的四因素模型进行了拟合测试,并与一、二、三因素模型的拟合指数进行了比较。结论显示四因素解决方案优于其他三个模型。

第六步,收敛效度和判别效度评估。在收敛效度和区分效度的评估上,论文基于前面的分析,判断了政治技能及其各维度与特定变量的相关性。初步结果为政治技能构架的收敛性和判别有效性提供了证据。正如预期,整个政治技能构架与自我监控显著正相关;社会敏锐性与自我监控和自觉性的关系最强;政治技巧与向上呼吁和联盟影响策略有最强的正向关系;网络能力维度与自信有明显的正相关关系。此外,在政治技能的人际影响维度上获得高分而产生的控制感和个人安全感与焦虑的减少有关,从而表现出任何政治技能维度中最强的负相关。

为了更进一步确认因子分析、收敛效度和判别效度评估,论文选取了新样本对上述结论进行了验证,新样本扩大了研究的范围,结论同上。

最后,为了测量校标效度,论文从两个组织中收集样本,涉及不同的职业群体,以评估政治技能对工作表现和效率评价的预测程度。在这两个样本中,员工完成了包括政治技能在内的问卷测量,而工作表现或效率评级则出自其他来源(即这些员工的下属或主管)。其中样本一是从位于美国中西部的一个公立学区的学校行政人员那里收集的。调查通过部门间邮件分发给 35 名行政人员,收到 26 份调查表,回复率为 74.3%,其参与都出于自愿。受访者均为白种人,男性居多(62%),大多数人拥有硕士或更高学位(73.1%)。受访者平均年龄为 48 岁,平均任期为 7.1 年。样本二的问卷和程序调查邮寄给全国 474 个金融服务公司的分公司经理。调查还包含了研究团队的咨询信,解释了调查的目的,并确保他们的参与是自愿和保密的。在分发的 474 份调查中,共获得 148 份回应(回应率为 31.2%)。受访者主要是女性(80.7%)和白种人(64.8%),还有代表性的非裔美国人(22.8%)和西班牙裔(7.8%)受访者。受访者的平均年龄为 37 岁,与现任主管的平均组织任期为 2.53 年,平均任期为 1.41 年。经过回归分析,论文发现政治技巧和校标变量的关系符合假设,因此问卷校标效度满足要求。

6. 研究结果

完整展示了一系列完善变量多维度问卷以及有效性评估的过程,通过三项研究和七个不同样本的确认证据建立了政治技能的基本四因素维度,并从构建的视角发现了政治技能反映了充分的心理测量特性。研究发现,首先,政治技能与人格和其他人际导向的建构(如自我监控、政治智慧和情绪智力)呈正相关,但没有高到表明建构冗余的程度;其次,政治技能与特质焦虑明显负相关,支持了前人的研究观点;最后,政治技能与一般心理能力没有关联,是一个独立的概念。该研究为如何构建一个合适的量表提供了参考范本,也推动了后续对政治技能的量化研究。

3.8.3　示例 3

本示例分为论文基本信息、研究问题、研究设计、数据收集、数据分析与检验、研究结果六个部分。

1. 论文基本信息

该示例是 2020 年 Ali，Wang 和 Johnson 发表在 *Journal of Organizational Behavior* 上的论文 Empirical analysis of shared leadership promotion and team creativity：An adaptive leadership perspective。

2. 研究问题

该研究将社会学习理论和优势互补视角的观点与团队领导和创造力文献相结合，探讨正式与参与式领导通过促进共享领导间接提高团队创造力的促进作用。

3. 研究设计

共享领导作用通常和正式分级的领导相一致，这催生出一个问题，即什么样的正式领导能够催生共享领导的产生。参与式领导正是一种能够催生共享领导的正式领导风格，这类领导善于将权力下放给下属，并让他们参与领导活动，以解决和实现团队目标。这种行为有助于团队内形成认可，从而催生出共享领导。尽管领导者可以通过参与行为为团队提供展示共享领导力的机会，但是否实现共享领导力取决于团队特征。在一些团队中，成员倾向于发表意见，提出建议，并鼓励其他成员参与影响团队绩效的问题中，这反映了较高的团队建言行为。建言率高的团队提供了一个互补的环境，在这个环境中，成员对参与的机会持开放态度，当他们得到这些机会时，他们将更有可能接受和承认自己和他人的领导角色。此外，团队要利用其共享领导力来增强团队创造力，就需要团队对创造性追求具有较高的效率，也就是说，需要团队的特征（创造效能）与环境（创造任务需求）相辅相成，为此，一个拥有高团队创造力效能的团队能够具备更强的产出知识和技能的能力，以帮助他们将共享领导的影响引导到团队的创造性目标。

4. 数据收集

该研究的数据收集自中国信息技术组织的团队成员和团队领导，每个样本团队都涉及一个特定的功能，例如销售、人力资源和产品开发。在这些团队中，每个团队都有一个正式的领导，他/她为团队提供一般的指导和支持，并负责团队的整体表现（例如，人力资源经理监督招聘团队和人力资源运营团队），虽然正式的领导不直接参与团队任务，但他/她有机会让团队参与决策，并模仿领导分享和授予行为。该研究在 2017—2018 年期间的 6 个月内进行了两次滞后调查。在第一阶段，研究者邀请来自 102 个团队的 510 名成员。来自 89 个团队的 439 名成员报告了其领导的参与行为、团队内的建言行为和团队创造效能。在此阶段，研究者还收集了团队成员的人口统计数据。在第二阶段，也就是 6 个月后，所有 439 名受访者再次被邀请完成第二次调查。在此阶段,403 名团队成员报告了他们团队中的共享领导,此外,89 名团队领导者被要求对他们团队的创造力进行评级。只有那些回复率至少为 80％的团队被纳入,这是在进行网络分析时推荐的回复率,最终的样本包括来自 382 名团队成员(回复率＝75％)和 73 名团队领导(回复率＝72％)的回复。该研究测量了无反应偏差的可能性,随机选择的前 40％和后 60％的模型变量和样本数据中的人口统计数据的双尾 t 检验结果没有显示出任何系统性差异,这表明无反应偏差似乎不是一个突出的问题。

5. 数据分析与检验

调查的参与者对所有调查项目都采用 Likert 量表,具体变量测量的参照标准如下所述。具体量表题项见表 3-9。

表 3-9　示例 3 问卷题项

变　　量	题　　　　项
参与式领导	我能鼓励工作小组成员表达想法/建议
	我能倾听我的工作小组的想法和建议
	我会利用我的工作小组的建议来做出影响我们的决定
	我能给予所有工作小组成员发表意见的机会
	当工作小组内的员工不同意我的想法时,我会考虑他/她的意见
	我只根据自己的想法做出决定
共享领导力	你的团队在多大程度上依赖这个人的领导
团队建言	我的团队成员就影响这个工作小组的问题制订并提出建议
	我的团队成员敢于直言不讳,并鼓励组内其他人参与影响本组的问题中
	我的团队成员将他/她对工作问题的意见传达给组内其他人,即使他/她的意见与组内其他人不同
	我的团队成员对他/她的意见对这个工作小组有用的问题保持充分了解
	我的团队成员参与影响工作生活质量的问题中
	我的团队成员在团队中提出关于新项目或流程更改的想法
团队创造力效能	我的团队认为我们在进一步发展其他团队的想法方面有诀窍
	我们的团队认为我们擅长产生新颖的想法
	我的团队认为我们能够创造性地完成不同任务

变　　量	题　　项
团队创造力	我的团队成员想出了解决问题的创造性方案
	我的团队成员提出了新的和实用的想法来提高业绩
	我的团队成员寻找新的技术、工艺、技术和/或产品的想法
	我的团队成员在有机会的情况下在工作中表现出创造性
	我的团队成员不害怕承担新想法带来的风险
	我的团队成员经常提出执行工作任务的新方法

参与式领导：采用 Arnold 等(2000)开发的 6 项量表衡量参与式领导，团队成员对他们的团队领导的参与性领导行为进行评价。参与式领导是由多个团队成员对其进行评价的领导层次结构。

共享领导力：遵循了 Mathieu 等(2015)使用领导网络的网络密度来测量共享领导力的实践，其中密度越高表明团队中的共享领导力水平越高。每个团队成员都被要求回答"你的团队在多大程度上依赖这个人的领导？"遵循 Wasserman 和 Faust (1994)提倡的、Carson 等(2007)验证的方法来计算领导密度。在这个过程中，将所有的值相加(该研究中，是团队成员对彼此领导能力的评分)，然后将这个总和除以团队成员之间可能的联系(或关系)总数。

团队建言：采用了 Van Dyne 和 LePine (1998)开发的 6 项量表来衡量团队内的建言行为。由于项目的参考对象被修改为团队级别，研究进行了验证性因素分析，以验证所有语音项目加载在一个单一因素上。调整后的团队建言项目均加载于同一因子的模型拟合良好。

团队创造力效能：为了测量团队创造效能，使用了 Shin 和 Zhou (2007)开发的 3 项量表。团队成员指出每个陈述在多大程度上描述了他们对团队创造性能力的感受。

团队创造力：采用 Shin 等(2016)开发的 6 项量表来衡量团队创造力。每个团队领导都要对他/她的团队在产生有用和新颖想法方面的创造性程度进行评估。

该研究使用了 Hayes (2013)开发的 PROCESS 宏，该宏基于 Preacher 等(2007)的分析概念化，包括测试直接关系、调节关系以及完全调节中介模型。

6.研究结果

该研究探讨了共享领导的重要前因和调节因素。首先，确定了参与式领导是团队共享领导的一个关键先决条件,证明了正式的等级领导和共享领导并不是独立的,相反,前者对于鼓励共享领导和提高团队创造力很重要;第二,当高参与性领导与高团队建言相匹配产生互补性时,共享领导最有可能出现,即领导者-追随者互动中的追随者主动参与,在促进团队中的共享领导力中发挥着关键作用;第三,证实了共享领导力作为集体创造力的先决条件的重要性,共享领导可以通过给予团队成员自主权、控制权和他们的贡献将被重视的感觉,为团队成员提供创造许可;最后,研究认为创造力效能是联系领导力和创造力的一个重要调节条件,创造效能与共享领导对团队创造力的协同效应源于高团队效能与高共享领导的互补性,前者表示成员认为团队有能力,后者表示领导者认为团队及其成员有能力。综上所述,通过强调领导者和团队成员之间的互补性作为团队创造力的促进因素,该研究为共享领导和团队创造力的后续研究做出了新的贡献。

思考题

1. 针对第 2 章以购物为研究背景构建的模型,你是否能明确模型中各变量的变量类型?

2. 针对第 2 章以购物为研究背景构建的模型,对于可以用问卷测量的变量,你是否能准确给出测量问卷?

3. 登录任意公开的问卷调研平台打开一份问卷,你是否能准确评估该问卷的有效性?如果该问卷存在不少错误,你是否能给出优化后的有效问卷?

4. 选择本章一个示例,尝试与同学模拟该示例的问卷收集过程,并确认各收集阶段可能会遇到的问题。

第 4 章
档案数据研究方法

4.1 概　　述

　　档案数据，又称为二手数据(Secondary Data)。二手数据的定义是相对于一手数据(Primary Data)而言的。一手数据一般具有如下特征：① 原始数据是由研究者自身或者研究者委托研究助力(或机构)直接收集的；② 原始数据的收集常用于研究者自己的研究目的；③ 收集数据的过程中研究者通常和调研对象之间会发生直接接触(例如访谈、问卷调研等)；④ 数据一般为研究者所拥有。与一手数据的特征相对应，二手数据一般具有如下特征：① 原始数据是由他人(或者机构)收集的；② 原始数据的收集是为了其他研究目的(例如国家进行的人口普查数据)，而不是为本研究设计；③ 研究者在使用二手数据时，一般不与研究对象发生直接接触；④ 数据一般可以通过公开或其他的渠道获得。

　　档案研究通常也分为横向研究与纵向研究。从事档案数据研究时，研究者先要确定其他研究者、研究机构所收集的信息或信息来源，然后以新的方式重新组织或组合这些信息，来处理研究者自身的研究问题。确定其他研究者、研究机构所收集的信息或信息来源可能花费研究者大量的时间，因此研究者需要仔细思考，确定需要收集的研究数据类型与内容。一般而言，由于现有档案数据资料是其他研究者、研究机构为了其研究目的，而不是研究者自身的研究目的设计、收集与保存的。研究者在开始研究时，并不明确这些二手数据是否能满足其研究需要，因而研究者需要使用不同的统计技术加以重新检验。档案数据研究通常可以用在探索性研究、描述性研究或解释性研究，但最常用于描述性研究。在经济管理研究中，档案数据通常有以下用途：作为基本的数据来源与形式；作为辅助性的数据，旨在增加对实证背景的理解和把握，或用于所选样本数据的可靠性的确认；作为问卷数据的补充信息。例如，通过档案数据获得资产收益率(Return On Assets，ROA)和净资产收益率(Return on Equity，ROE)等客观绩效指标，以此来补充问卷数据中的主观绩效指标。研究者常利用稳健性检验等方式佐证实证结论。

　　档案数据之所以普及，是因为其具有其他数据研究方法不可比拟的实用性。特别在组织理论研究方面，宏观层次的组织管理研究多采用档案数据进行研究。档案数据的价值源于其具有的以下优势：

　　第一，档案数据的样本量通常很大。档案数据的样本量常常可以具有时间跨度从而获得纵向数据。现有很多采用一手数据的研究方法，因为研究者个人资源的有限性(时间、经费和人手)，通常很难做到很大的样本量，跨时段采样可能更为困难。但对于档案数据而言，由于数据收集机构能够长期持续收集数据维护数据库，往往能够较为简单地获取长时间的数据。例如，Wind 数据库主要收录中国上市公司营运即财务状况，数据来源包括公司的财务年报、季报等以及其他有关企业经营活动的公开资料，涵盖企业基础信息、行情、权益、公司治理、交易数据、重大事件、财务数据、指数数据，且能够涵盖较长的年份；Compustat 数据库主要收录全球 80 多个国家和地区中的五万多家上市公司及北美地区公司的资料，其中包括七千多家亚洲的上市公司的营运情况，数据来源包括公司财务年报、季报、公司按要求提交给美国证券交易委员会的 10 - K 表[①]，以及其他各种有关企业经营活动的公开资料。经过系统收集、清理和整合，Compustat 数据库具有信息丰富、覆盖面广、数据系统干净客观等优势。综上，通过运用数据库经过系统化的清理和整合的数据，能够为研究者提供覆盖多年份的纵向数据，这使得数据分析效率和结果的说服力大大增强。

　　第二，档案数据通常具有较高程度的客观性。一方面，被研究者使用的档案数据通常都是以反应组织特征、企业经营活动情况和客观指标为主。相较于通过问卷、访谈进行收集的一手数据，能够减少因受访者主观臆断所产生的影响，具有较高的可靠性。另一方面，其他主观问卷的信息经过档案数据处理转化后也通常具有较高的客观性。

　　第三，档案数据具有较高程度的可复制性。理论上，对于采用一手数据的论文，除非拥有原始一手数据的研究者愿意分享数据，否则其他研究者很难对该研究的完成复现。但是，对于任何采用档案数据的实证论文，只要该论文将数据的收集、选取和变量设置等过程描述清楚，任何研究者都可以完成重复性研究进行复现。与一手数据相比，档案数据更加"标准"。管理学领域正在推动"可重复性"研究，鼓励研究者们共享与公开数据，减少重复性的数据收集工作，更好地推动学科知识的积累。

---

　　①　10 - K 表：10 - K 表是美国证券交易委员会要求上市公司必须每年提交的有关其财务表现与公司运营的综合性报告。

第四,档案数据具有可延续性。随着数字技术的不断发展,未来会有更多的二手数据可供研究。大数据驱动已经成为未来发展的核心话题,越来越多机构、企业开始收集数据并进行结构化处理,因此在当前情境下,会有越来越多类型的二手数据可以被提供并用于研究。档案数据拥有一手数据所缺乏的延续性,通过运用档案数据,研究可以实现与历史的研究对比、交叉验证(Triangulation),这会对推动研究发展带来好处。

第五,档案数据的成本相对较低。相较于因特定的研究目的收集的一手数据,可以被多种其他研究目的广泛、重复利用的档案数据相对成本较低,能够节省时间和社会成本。

当然,档案数据也存在相应的缺陷。

第一,档案数据的变量和指标的契合性问题。由于研究目的的差异,研究者采用档案数据需要将原始数据的变量和指标转化为自身研究所需要的变量和指标。例如,很多档案数据的收集目的是进行经济社会分析,这类数据往往包含地区、企业等的经济、技术或者地理人文信息。这类数据往往难以符合管理学研究所需要的"战略变量""行为变量",因此研究者不得不退而求其次,寻找一些与理论概念相关联但是并不具有很好契合度的既有指标作为代理指标,放弃与自己理论相契合的变量。为了解决这个问题,很多学者也会基于现有的档案数据,基于以往的研究和分析,手动创建自己所需要的变量。

第二,变量和指标的准确性问题。企业相关的二手数据往往来源于上市公司的报告,这类数据因为没有企业自报机制所以无法保证其系统性、全面性和客观性。对于收集数据的机构而言,尽管会尽可能多地提供变量指标,但是由于这些指标不是为了研究而构建的,因此变量可能缺乏针对性和准确性。

第三,可靠性问题。因为档案数据的收集、变量识别和提取过程中涉及众多的工作人员,档案数据的一致性、准确性和可靠性可能会存在问题。例如,企业在报告数据的时候由于主观或者客观原因发生的误差;专业机构或者数据公司人员在收集和处理数据时所发生的偶然误差和系统误差等。因此,在使用档案数据的时候,研究者需要格外小心,要在样本选取、筛选、验证和矫正方面严格把关,对数据进行严格的验证和清洗,以保证数据的可靠性。

4.2 档案数据的类型

日常可见的公开出版或披露的上市公司数据、专利数据、工业企业普查数据、世界银行提供的国家和城市年鉴数据、联合国跨国公司署提供的各个国家和地区的对外直接投资流入和流出数据等,都属于档案数据。更广泛而言,报纸、期刊都可以成为档案数据的来源。因此,可以根据来源与性质的标准划分档案数据的类型。

4.2.1　按来源分类

档案数据按照来源分类可以分成内部档案数据和外部档案数据。

内部档案数据是指来源于企业或组织基于常规市场研究目的收集的内部数据。内部档案数据一般主要来自市场调研部门与财务部门的内部资料,包括会计账目、销售记录和其他各类报告等。例如,对一家连锁百货公司而言,销售额的内部档案数据可以涉及主要部门销售额(如男装、家居用品)、特定的商店销售额、地域销售额、用现金支付的销售额与用信用卡支付的销售额、特定时间段的销售额,还有以上分类的销售趋势等。

外部档案数据指从公司外部获得的档案数据。外部档案数据一般可以分成三个来源:政府数据、公开数据库以及商业数据库。

政府数据通常是行政数据与普查数据。行政数据是指政府出于行政管理目的收集的数据,例如税务机构采集的税收数据、医疗卫生机构采集的医疗医保数据、海关采集的进出口数据等。普查数据是指政府在人口普查、工业普查、农业普查等普查中采集的数据。中国统计年鉴是典型的政府数据。

公开数据库通常是基于各类原因完全对社会公开的数据库,包括上市公司公开的数据信息、专利数据、工业企业普查数据、世界银行提供的国家和城市的年鉴数据等。此外,一些报纸、期刊、线上图书馆等都可归类为公开数据库。

商用数据库通常指具有高度专业化与商业化,通常需有偿使用的数据库。商用数据库一般包含个人与家庭级别的数据类型以及组织级别的数据类型。标准的商用数据库通常从一般数据库中所获得的外部次级资料。信息供应商把信息卖给多个信息需要者,这样使得每一个需要者获得信息的成本更为合理。Wind 数据库、Compustat 数据库等都是标准的商用数据库。商用数据库在分摊信息的成本的同时,信息需要者也可以非常快速地获得所需的信息,原因在于信息供应商总在不间断地收集有关的营销信息。组织级别的商业数据库更集中于组织运营级别的信息,而个人与家庭级别的商用数据库关注点更微观。例如,在某公司市场调研的个人与家庭数据库包含以下条目:① 人口统计学相关信息,如个人信息(姓名、地址、电子邮件、电话)、性别、婚姻状况、家庭成员的名字、年龄(包括家庭成员年龄)、收入、收入变化趋势、职业、现在的孩子数量、房屋所有权、居住时间、拥有的交通工具数量和款式;② 生活方式的信息,如娱乐方式(对高尔夫、滑雪、阅读等的兴趣)、消费习惯(奢侈品消费、餐厅消费等)、消费需求(婴幼儿用品、交通工具更新频率等)。类似的数据可以帮助企业在市场调研中测量消费者态度以及进行民意调查,确定不同的细分市场,进行长期的市场跟踪。

4.2.2　按性质分类

档案数据按照性质分类可以分成定性档案数据和量化档案数据。

定性档案数据是类似报纸、期刊等以文本格式存在的定性数据,需要研究者进一步加工整理和提炼才能使用,而量化档案数据是像上市公司数据库这类已经以特定形式被整理和准备好的量化数据,便于研究者直接使用。

定性档案数据需要对现有的数据库数据进行挖掘与提炼。定性档案数据的一个例子是 2007 年 Lee 和 James 在 *Strategic Management Journal* 发表的研究。这篇论文研究了企业高层管理者任免公告与股东反应之间的关系。Lee 和 James 特别关注性别因素对这一关系的影响。Lee 和 James 提出了一系列的理论假设,包括:由于高层管理者中女性代表的匮乏及人们对性别角色和工作性质的"刻板效应",女性被任命到 CEO 这一职位上会伴随着更多的负面预期和评价(假设 1),同时会受到更多的媒体关注(假设 2),而这些关注与报道会较多地强调性别因素(假设 3)。相比于女性 CEO 在 CEO 中的比例,女性高层管理者在高层管理者中的比例较高,这就使得女性高层管理者的任命所得到的负面效应要低于女性 CEO 任命的负面效应(假设 4)。因为高层管理者中女性比例较大,所以在这一层面,女性和男性的任命所导致的股票市场反应没有显著差异(假设 5)。同时,由于内部继任者对公司了解和认知的优势,相比外部继任者,女性内部继任者会带来更多积极的股票市场反应(假设 6)。

为了验证上述假设,Lee 和 James 通过对 1990 年 1 月 1 日至 2000 年 12 月 31 日的《华尔街日报》、新闻专线、报纸和其他出版物搜索获得了 3 072 条任职宣告的样本。通过一系列样本筛选程序,最终选择了 1 624 条宣告,其中 529 条是关于 CEO 职位的宣告。基于这些宣告所包含的信息,Lee 和 James 识别了被任命人的性别(1 代表女性,0 代表男性)和被任命人是否是内部继任者(1 代表"是",0 代表"不是")。这是研究的两个自变量。通过对文档资料的阅读、提炼和编码创建了一些控制变量,比如任命原因、行业内人士和经历。就任命原因而言,如果前任是被迫辞职或者绩效很差和公司重组、公司被收购等非常原因离任,则用 1 代表,如果没有这些情况,则用 0 代表。

为了识别和测量媒体报道对 CEO 或高层管理者关注的程度和关注的内容维度,研究者采用了 Centering Resonance Analysis(CRA)的分析方法进行文本分析(Text

Analysis）。CRA 分析是通过 Crawdad 软件完成的，该软件可以对词汇在词汇网络中的相聚性集中度（Betweenness Ccentrality）进行量化，从而可以确定最有影响力和最重要的词汇。研究发现，任命宣告发生后报道平均篇数的统计结果显示男性 CEO 2.41 篇，女性 CEO 2.77 篇，t 检验结果不显著，因此女性被任命为 CEO 并没有受到更多的媒体关注。但是，对报道内容所进行的 CRA 分析显示女性 CEO 报道会较多地强调性别因素。例如，在对女性 CEO 所进行的报道中，反映男性 CEO 报道的 10 个影响性最高的词汇列表中却没有关于性别因素的词汇。对于女性 CEO 和女性高层管理者影响的区别的研究结果支持了作者的假设，即相比于女性 CEO，女性高层管理者的任命所得到的负面效应要低。因为高层管理者中女性比例较大，所以在这个层面，女性和男性的任命所导致的股票市场反应没有显著差异。

这个例子所使用的二手数据的原始形式是文本形式，都需要通过文本分析方法或者结构性内容分析方法（Structured Content Analysis）识别、提取和编码所需的变量信息，这种分析通常是通过识别关键词汇、主题、某种陈述或者故事叙述，然后进行编码转化成量化数据形式的。

量化档案数据以已结构化的定量形式的二手数据占绝大多数，但也需要适当的处理。量化档案数据的一个例子是 2000 年 Anand 与 Khanna 在 *Strategic Management Journal* 发表的论文。该论文在使用 Securities Data Company（SDC）数据库研究企业战略联盟与价值关系时，为了确保数据在合约类型、行业分类和联盟日期等方面的准确性，研究者将 SDC 的数据库与其他的非 SDC 数据来源进行了比对。以如何确保交易日期的准确性为例，研究者指出 SDC 数据在时间日期汇报存在很多误报的情况。研究者尝试收集每笔交易在不同渠道下的时间汇报，包括新闻和网络报道、报纸、期刊及商业出版物等，这些关于确切的交易签署时间汇报的数据通常比报纸提前一天或两天，而报纸通常比期刊等其他来源提前几日。由于能准确确定交易完成的日期非常重要，因此研究者在此项工作上花费了大量的时间。

4.3　档案数据的收集

从广义来说，档案数据的最初采集过程包括一手数据的采集方式。比如上市公司数据，对管理学、经济学、金融学、会计学等的研究者来说，是典型的档案数据。当每家上市公司在根据披露制度按照标准表格填报有关数据和信息时，其过程本质上与这些上市公司的高管填写调研问卷这类一手数据采集过程相一致。

在阅读文献时,可以看到一些论文是以同一套问卷的数据为基础的,这套数据对于其中的某些作者来说是一手数据,而对于某些作者来说则是二手数据(即其他作者的一手数据)。但如前所述,一手数据的数据收集常用于研究者自己的研究项目,档案数据的原始数据的收集是出于其他研究目的(即所用一手数据的研究目的),而并非为该研究设计。由于档案数据通常并不是专门为当前研究而准备的,因此,从广泛、杂乱、非系统的内外部来源中整理并处理该研究所需的数据将耗费研究者大量的成本、时间与精力。一般而言,除了内部的档案数据,外部可获取的档案数据来源包括数据库数据与公开研究数据。

4.3.1 数据库数据

外部的数据库数据通常包含上一节,提及的政府数据、公开数据库以及商业数据库。现有很多档案数据研究都是采用现成的已结构化的定量形式的档案数据,这些数据往往来源于这些公开的信息和数据库网站。

在宏观数据方面,可以通过一些开放的数据库进行获取。

对于世界级的数据,可以从世界银行数据库总站(http://data.worldbank.org)、国际货币基金组织(International Monetary Fund,IMF)数据库总站(http://www.imf.org/external/data.htm)、格罗宁根经济增长和发展中心(Groningen Growth Development Center,GGDC)(https://www.rug.nl/ggdc)等网站进行收集。这些数据库中有部分免费开放的公开资源,能够满足相关研究问题的需要。对于特殊需要的研究,也可付费购买增值的商用数据库服务。

国别数据上可以通过各国和地区的统计局的统计数据进行获取。例如,欧盟统计局(https://ec.europa.eu/eurostat)、美国政府公开数据(https://data.gov)、加拿大统计局(https://www.statcan.gc.ca)等,在这些网站上可以获取国家的相关调研数据。

在国内数据的获取上,从国家统计局(www.stats.gov.cn)、中国政府网(www.gov.cn)等能够获取国家级的宏观数据,此外各省统计局会提供省级的统计年鉴用于查询,省市级也有对应的数据开放平台可以进行数据的检索和查询(例如北京市公共数据开放平台、上海政府数据服务网、深圳市政府数据开放平台、厦门市大数据开放平台等)。除了政府提供的数据之外,其他一些机构也会对国内的数据进行整理和收集,例如,北京大学数据平台提供一些校内研究机构的数据可供下载,国家部委提供的中国宏观环境数据库(www.data.ac.cn)。一些商用数据库也会提供相关的免费与收费项目,例如 Wind 数据库(https://www.wind.com.cn)、国泰安数据库(www.

gtarsc.com)等。

特定需求的数据。某些研究可能需要特殊的数据,也可以通过相应的精确搜索寻找相关的数据库。

在微观数据方面,国内有一系列的社会科学相关的数据库,例如中国社会科学院私营企业主群体研究中心的中国私营企业调查数据(http://finance.sina.com.cn/nz/pr),西南财经大学主持的中国小微企业调查数据(http://chfs.swufe.edu.cn/)等。在国外数据方面,也有一些能够获取的公开的数据库:如美国综合社会调查数据库(General Social Survey,GSS)(http://gss.norc.org),欧洲社会调查数据(European Social Survey,ESS)(https://www.europeansocialsurvey.org)等。

这一类数据具有广泛性和代表性,但是往往缺乏足够的深度和数据生产过程的精确信息,需要研究者进一步地处理和分析。

4.3.2　公开研究数据

除了众多数据库以外,越来越多的学术期刊网站、数据论文和代码分享平台以及研究学者个人公开了自己研究的数据,以供后续研究者的重复验证。

一些国际顶级的经济管理学期刊的论文提供了相关的数据和分析代码。例如,*American Economic Review*(https://www.aeaweb.org/journals/aer/issues)、*Econometrica*(https://onlinelibrary.wiley.com/journal/14680262)、*The Journal of Finance*(https://onlinelibrary.wiley.com/toc/15406261/current)、*The Economic Journal*(https://academic.oup.com/ej)。国内经济管理学学术期刊中,《中国工业经济》(http://ciejournal.ajcass.org/)、《数量经济技术经济研究》(http://www.jqte.net/sljjjsjjyj/ch/index.aspx)等也提供了文献的数据以及代码。

数据和代码分享平台方面,例如,GitHub 是一个世界知名的、面向开源及私有软件项目的托管平台;Wharton Research Data Services(WRDS)(https://wrds-www.wharton.upenn.edu/)是由宾夕法尼亚大学沃顿商学院于 1993 年开发的金融领域的跨库研究工具,整合了 Compustat、CRSP、TFN(THOMSON)、TAQ、IBES 等多个著名数据库产品,同时还是研究人员分享数据和代码的社区;哈佛大学 Dataverse 网站(https://dataverse.harvard.edu)是哈佛大学主办的研究数据、代码的储存和分享网站;Mendeley 平台(https://data.mendeley.com)是一个提供论文数据检索的网站等。

这一类数据可能会存在一定出版误差,这是因为研究结果显著的数据往往比不显著的数据更容易被发表,所以如果只看已发表研究的数据可能会因此出现偏误。

在研究中,需要针对不同问题用不同的方法对数据进行检验。

需要指出的是,利用这种公开研究数据进行档案数据研究,通常可以分为以下三种情况:第一,研究与档案数据来源研究的研究目标相同。这种情况下,新研究的创新点往往在于利用创新的研究方法对现有研究结果进行重复性研究。对这类研究,通常会采用收集大量同研究的二手数据进行元分析(Meta-analysis),这种分析所获得的结论会比单一研究的结论更加具有统计效应。对于这类研究,要求有明确的数据筛选和准入标准,从而保证数据的质量以及分析结论的可复制性,此外要求在元分析前对不同来源的档案数据进行同质化分析,并且在元分析时对不同来源的档案数据赋予合理的权重,这个权重可以由不同研究的数据数量、研究方法、标准误差大小等进行分配。第二,新研究与档案数据来源研究的研究目标相近。在这类研究中,新研究的研究目标可能会比原作的目标更宽泛或者更具体,收集的数据可能是来自不同国家、地区、时间、人群,并进行类似的可比研究。这类研究的重点往往放在对现有研究的比较分析上,研究不同背景研究的不同点、相同点、交集等。第三,新研究与档案数据来源研究的研究目标不同。由于这些数据是为了其他的研究目标进行收集的,因此会存在各种缺陷,数据的结构需要经过适当的调整才能适应新的研究目标。

4.3.3　收集公开档案数据应注意的问题

在收集公开档案数据时,特别是利用网络在线收集公开档案数据时,一般应注意三个问题:数据质量问题、数据口径与范围问题以及数据适用性问题。

1. 数据质量问题

利用网络使用在线方式收集到的档案数据可能会缺乏准确性。有些网上的公开信息因为传播途径与利用等问题,很可能已成为二手数据的派生数据(即三手数据),甚至是经手更多次的数据。这些数据的准确性值得怀疑。因而,研究者在利用这些数据时需要非常谨慎。而避免这种情况的最好方法就是采用一些信誉高的机构提供的信息,或者利用多渠道获取同一数据库并加以对比验证。

2. 数据口径与范围问题

研究者所收集到的档案数据有时虽然在指标名称上和研究者所需要的指标一致,但其实质上统计的口径和范围不相同。这就需要研究者在收集信息时更加谨慎,弄清所收集到的信息是否匹配自身的研究需要,以避免研究结果失真。

3. 数据适用性问题

本章已强调过多次,档案数据的特点之一为数据最初收集并不是为该研究量身打造的,需要研究者有一个去粗取精的过程。同时,在研究者筛选的过程中应注意前人做出的结果并不是一定正确的,研究结果可能有环境适应性与匹配性的问题。因而,研究者在自行验证的范围内可以二次乃至多次验证确保信息的可靠性与适用性。

4.4　定性档案数据的量化处理

如 4.2 节所述,对于定性类型的档案数据,研究者需通过对原始数据进行详尽地分析、提炼和编码,把定性类型的档案数据转化成结构化的量化数据,从而利用不同的统计工具进行数据分析与实证结果验证。

一般而言,基于以下两种原因需要对定性档案数据量化处理:第一,在研究背景中涉及很多的非结构化文本数据。例如审查意见、社会媒体的帖子、新闻、财务报告、文件、电子邮件等。研究者需要通过对这些文本中的某类或某些特定信息进行研究,因此需要将文本中的相关信息提取出来,并按照研究背景将其定义为某个或多个被研究的变量;第二,有些研究问题或者构造不容易被结构化的数据所回答或者衡量。由于可及性、精确性、意愿和意识的限制,有一些问题难以通过数量等可直接量化的数据进行衡量,因此可以通过定性数据的转化来实现对某些变量的衡量。例如,2021年 Momtaz 在 *Strategic Management Journal* 上发表的论文指出,由于情绪的特征很难量化,因而论文采用了 CEO 在照片中的面部肌肉收缩-放松情况来识别消极和积极情绪;2015 年 Zhu 与 Chen 在 *Strategic Management Journal* 上发表的论文利用公司年报上是否存在 CEO 的照片以及年报上 CEO 照片的独占性与大小来衡量CEO 是否有自恋倾向。

通常将定性类型的档案数据转化为量化档案数据的方法称为文本分析法,基于分析工具的不同可以分为手工编码和量化分析两种。

4.4.1　手工编码

手工编码指将所收集或转译的文字资料加以分解、指认现象,将现象概念化,再以适当方式将概念重新抽象、提升和综合为类属(或称为范畴)以及核心类属的操作化过程。而对概念命名的目的,则是让研究者能够将类似的事件、事例、事物等加以群组化,并归类在一个共同的标题或分类之下。

在具体操作中,对文本形式的定性数据进行编码,需要研究者对编码的标准和步骤非常谨慎。首先对构念要有清晰的界定和理论文献支持其构建的合法性。其次,要确定资料来源的可靠性,说明资料来源是否真实可信且具有纵向一致性。再次,建立编码手册,详细记录数据下载的来源、编码的步骤、分类的原则以及实施的时间、参与人员与进度,最后建立统一文档格式。例如,用同一表头的 Excel 文档进行信息统计。在此过程中,数据的下载、录入及分类编码都至少需要两位研究者独立完成,进行对照检验,计算评估者间一致性信度,该指标通常要在论文中汇报。当编码出现不一致时,可以引入第三人进行协调讨论。通常涉及主观判断的分类编码时,会存在一些模糊的地方,故而在正式编码工作开始前,需要对参与编码工作的研究者进行必要的集体培训,等到试编码,待编码中出现的各种疑问都被解决并且大家认识达成一致时,再开展大规模的数据整理和编码。

手工编码通常有三个阶段:开放式编码、主轴编码和选择性编码。

(1) 开放式编码。开放式编码要求按照设定好的主题,将最初的标签分配到资料中,根据时期转变成不同的类别。研究者阅读记录,寻找要求的项目、事件和主题,标上记号。在开放式编码结束以后能够整理出一份按照主题区分的主题名单。开放编码是通过对现象的仔细研究,以便进行命名和分类的分析工作,即通过分析、检视数据并对其进行概念化的归纳、比较的过程。它的目的是从资料中发现概念类属,对类属加以命名,确定类属的特性(Properties)和维度(Dimension),然后对研究的现象加以命名及类属化。特性反映概念的特征,维度是指特性的范围。

(2) 主轴编码。主轴编码是从一组初步主题开始,研究者带着初步编码主题阅读资料,在阅读的过程中获得新的观点、思想或者添加新编码,在分析过程中不断将各种主题组织起来,同时识别作为轴心的关键概念。这种编码着重于发现与建立类别之间的各种联系。这种操作能够使得编码之间形成一个关系网,发现和建立概念类属之间的相互关系,如因果关系、情景关系、功能关系、过程关系、时间先后关系等。

(3) 选择性编码。这一阶段的主要工作是通过整合与凝练,在所有命名的概念类属中,提炼一个"核心类属"(Core Category)。核心类属是浓缩所有分析结果后得到的关键词,这几个关键词足以说明整个研究的内涵,即使条件改变导致所呈现出的现象有所不同,但仍具备解释效力。在选择性编码之后,可以发展出一条"故事线",用前两级编码发展出的类属、关系等提炼一个可扼要说明全部现象的核心,并且可以用资料去验证。

以李圭泉、葛京、席酉民、李磊与刘鹏(2014)发表于《管理学报》的论文为例,为调查失败经历对领导行为的影响,该论文收集了史玉柱的相关资料,包括个人文章、个人演说、采访实录、他人评论以及企业、行业相关资料等 93 份资料,并对其进行编码。在开放性编码阶段,按照"所处阶段""资料顺序""编码次序"对资料进行了初步划分。在主轴编码阶段,对开放式编码进行了聚焦,形成了"没有干预的决策""逐渐民主的决策""民主化的决策"等 27 个主轴编码。最后在选择性编码阶段,再进行进一步的抽象,最终得出基于时序变化的 10 个选择性编码。手工编码的优势在于能够建立深入而准确的理解,帮助研究者深入挖掘变量的内涵,可能获取之前没有发现的洞察。而缺陷在于文本分析的结果可能不太客观,结果的质量取决于研究者的知识储备。此外,这种方法非常耗时,需要处理大量的数据。

4.4.2　量化分析

量化分析是基于算法和机器学习的分析方法。量化分析能够相对客观地对定量数据作出评判,同时效率较高,能够便于对大样本进行处理。但是准确性较低,有时候容易混淆相关概念。量化分析有以下三种常用模式:

1. 基于词频统计的内容分析

词频分析是通过某一类词语数目的多少来判断某类意思在文本中的强调程度,通过将文本数据压缩成词组频数来实现将定性的文本数据转化为定量的频数。词频分析往往应用于语言学特征、情感以及态度的研究中。以袁淳、肖土盛、耿春晓和盛誉(2021)发表于《中国工业经济》的论文为例,该论文用词频分析来衡量一个企业的数字化转型。论文首先构建了一个数字化术语词典,并对企业公开发表的年报基于该词典进行文本分析,统计与企业数字化相关词汇在年报中出现的频率,最终采用企业数字化相关词汇频数总和除以年报中 Management Discussion and Analysis (MD&A)语段长度来衡量微观企业数字化程度。

2. LDA(Latent Dirichlet Allocation)主题模型分析

主题分析能够用于判断文本的主体分布,并挖掘语料里隐藏的信息,在某一个特定主题下进行聚合。例如,可以将"健康""医生""病人""医院"集合成"医疗保健"主题。LDA 实际上是一个文档生成模型,它的应用前提是一篇有多个主题的文档,每个主题对应着不同的词。LDA 的使用是文档生成过程的逆过程,即根据一篇得到的文档,寻找出文档的主题以及主题所对应的词。主题分析往往应用于探索性的研究,构造与内容和主题分布有关的变量以及某类实物相似性或多样性的研究。以 Resch 和 Kock(2021)在 *Research Policy* 发表的论文为例,该论文对从网站获取的评论进行了 LDA 分析。论文首先对数据进行了预处理,得到了一个由 5 317 个独特词组成的词典,之后运用 LDA 算法,确定了总数据集中每个想法的主题,之后排除主题负荷低于 0.1 的主题,最终得到论文所需构念的衡量。

3. 监督学习算法(Supervised learning)

监督学习算法往往运用于任务比较复杂或者是非结构化的时候,当已经有了明确的理论、概念和结构时,能够采用该方法识别需要的信息。该方法在处理验证性研究的时候能够起到很大的作用。以 Kumar，Venugopal，Qiu 和 Kumar（2018）在 *Journal of Management Information Systems* 发表的论文为例，为了探寻垃圾邮件发送者通过发布虚假或欺骗性的评论来利用消费者的信任的行为，论文收集了在 2010 年 7 月至 2014 年 11 月期间用户在第三方评价平台所发表的对餐厅的评价，首先对评价进行手动标记，区分真假评论，并基于平台原有的算法进一步对真假评论进行判别，之后采用几个监督学习方法构建了测试模型，并利用模型验证模型是否能够按照先前标记识别出准确的真假评论。

4.5 档案数据的内生性问题

内生性问题（Endogeneity Issue），是指模型中的一个或多个解释变量与误差项之间存在相关关系。在模型中，有些变量的值是在模型内部决定的，是内生的（Endogenous）；有些变量的值是被模型外界决定的，是外生的（Exogenous）。一般而言，被解释变量应该是内生的，解释变量应该是外生的，解释变量的取值是不能被模型所决定的。误差项是模型内不能被观测到的部分影响到被解释变量的变量集合，是模型的内生变量。当误差项和解释变量相关时，解释变量不是完全外生的，即有了内生性。

对于计量估计而言，内生性会破坏参数估计的"一致性"。参数估计的"一致性"是指当样本量很大时，用样本估计出的参数会无限趋近于总体的真实参数。当用样本估计出的参数缺乏一致性时，这些参数就没有价值了。也就是说，利用统计方式得出模型的结论在统计学上的显著性就没有意义了。因此，如何规避内生性问题是管理学研究中的一个重点问题。

4.5.1 内生性问题产生的原因

产生内生性问题的原因主要有三种：测量误差、遗漏解释变量以及互为因果以简单的单方程线性模型举例说明。

1. 测量误差

测量误差指的是模型使用的解释变量的数值和真实数值有误差。加入解释变量 x 出现了测量误差，测量得到的数据为 x^*，二者之间的误差为

$$x_i^* = x_i + v_i$$

如果真实值 x 和 y 之间的关系为

$$y_i = \alpha + \beta x_i + \varepsilon_i$$

将 x_i^* 替换进上式,可以得到

$$y_i = \alpha + \beta(x_i^* - v_i) + \varepsilon_i$$

$$y_i = \alpha + \beta x_i^* + (-\beta v_i + \varepsilon_i)$$

如果此时对 y 和 x^* 进行回归,则二者之间的误差项为 $(\beta v_i + \varepsilon_i)$,此时解释变量和误差项的协方差为

$$\begin{aligned}
&\mathrm{Cov}(x^*, (-\beta v + \varepsilon)) \\
=&\mathrm{Cov}[(x + v), (-\beta v + \varepsilon)] \\
=&\mathrm{Cov}[x, (-\beta v + \varepsilon)] + \mathrm{Cov}[v, (-\beta v + \varepsilon)] \\
=&\mathrm{Cov}[v, (-\beta v + \varepsilon)] \neq 0
\end{aligned}$$

由此,解释变量和误差项之间存在相关关系,根据定义,该模型存在内生性问题。

2. 遗漏解释变量

通常情况下,研究者面临的研究问题是很复杂的,没有办法找到所有能够影响被解释变量的变量,因此遗漏解释变量是不可避免的问题。但是如果被遗漏的解释变量 x_1 不仅对 y 有影响,还对某个解释变量 x_2 也有影响,就会出现内生性问题。

假设 x_1、x_2、y 三者之间的关系如下

$$y = \alpha + \beta_1 x_1 + \beta_2 x_2 + \varepsilon$$

其中 $\mathrm{Cov}(x_1, \varepsilon)$,$\mathrm{Cov}(x_2, \varepsilon) = 0$,且解释变量之间的关系为

$$x_2 = \gamma x_1 + \epsilon$$

此时,如果在模型中将 x_1 遗漏,则该模型变为

$$y = \alpha + \left(\frac{\beta_1}{\gamma} + \beta_2\right) x_2 + \left(-\frac{\beta_1}{\gamma} \epsilon + \varepsilon\right)$$

此时,对于现有模型而言

$$\mathrm{Cov}(x_2, \varepsilon) = \mathrm{Cov}(\gamma x_1 + \varepsilon, \varepsilon) \neq 0$$

因此,最终解释变量 x_2 将与误差项具有相关性。因此该模型存在内生性问题。

在选择偏误中,选择性偏误(Selection Bias)以及自选择偏误(Self-selection Bias)本质上也是遗漏解释变量问题。如果是采用类似"抽签"的随机方式获得的样本,其估计参数能很好地反映总体的性质。如果所抽取的方法不是随机的,那么无论样本

容量有多大,根据这些样本数据估计的参数都不能准确反映总体的性质。在自选择偏误问题上,以"名校毕业的学生收入更高"这一结论为例,智商、家庭背景等原因会同时影响着学生的学校选择和毕业后的收入,这些变量一般难以被度量。因此,得出该结论的模型必然存在内生性。

3. 互为因果

被解释变量能够反过来影响解释变量的情况被称为互为因果,有时候也被称为反向因果(Reserve Causality)。假设模型如下

$$y_i = \alpha + \beta x_i + \varepsilon_i$$

同时 y 也对 x 产生影响为

$$x_i = \alpha_1 + \beta_1 y_i + \epsilon_i$$

联立以上两个公式可以得到

$$x_i = \frac{\alpha_1 + \alpha\beta_1 + \beta_1\varepsilon_i + \epsilon_i}{1 - \beta\beta_1}$$

从上式可以看出,原模型中解释变量 x 和误差项 ε 之间存在相关性。因此,内生性问题存在。

4.5.2　档案数据的内生性缺陷

在一手数据的收集过程中,往往能够通过设计实验避免或者最小化内生性问题。例如实验室实验、田野试验等。这些方法的优势在于能够通过对实验组或者对照组的干预,对预测变量进行操纵和测量,以减小误差项的干扰,明确变量间的因果关系。对于档案数据而言,研究者只能被动收集已经被公开的数据,往往在样本之间会存在较大的差异,无法对解释变量以外的误差项进行控制,因此面临着更大的遗漏变量的风险。此外,由于档案数据收集的原因往往和研究目标有差异,因此需要通过构造变量来满足研究目标,因而也可能存在测量误差的问题。因此,在进行档案数据的研究时,需要着重对模型的内生性问题进行分析与处理。

4.6　解决内生性问题的常用方法

常用于解决档案数据内生性问题的方法包括工具变量法(Instrumental Variable, IV)、

自然实验法、固定效应模型以及倾向得分匹配模型(Propensity Score Matching, PSM)。

4.6.1　工具变量法

工具变量法可以解决遗漏变量、样本选择、双向因果和测量误差这四种违背经典线性回归假定情况的内生性问题。一般来讲,如果确定研究中存在内生性问题,又无法确定产生原因,可以考虑使用工具变量法。工具变量法的本质是找一个与解释变量有关的外生变量来代替该变量进行回归并得出结论。

工具变量的选择需要满足两个要求。首先要保证工具变量和它替代的解释变量强相关,一般要求有因果关系(相关性)。其次,工具变量与决定因变量的其他不可观测因素(即残差)不相关(无关性)。否则工具变量也成了一个内生变量。工具变量影响因变量的唯一渠道是通过内生变量,也就是说,找到的工具变量只能通过内生变量来传递对因变量的影响,而不能通过其他变量传递,是完全外生的。在很多研究中也会采用自变量的滞后项作为工具变量,该方法要求误差项之间不存在序列相关,并且内生解释变量是平稳的自回归过程。以方颖和赵扬(2011)在《经济研究》发表的论文为例,他们在对产权保护制度影响经济发展的研究中选择了使用 1919 年基督教教会小学的注册学生人数作为制度的工具变量,估计了制度对经济增长的效应。一方面,由于制度及其变迁具有路径依赖,因此当前制度会被历史制度所影响,确保了相关性;另一方面,论文从地理位置、地区经济条件和交通条件、人力资本、宗教因素等角度解释了工具变量不会直接影响人均 GDP(Gross Domestic Product,国内生产总值),而是通过产权制度影响人均 GDP,确保了无关性。

当工具变量和解释变量之间的相关性较弱时,就会产生弱工具变量问题。使用弱工具变量虽然可以得到无偏估计,但由于这个弱工具变量所能提供的信息非常有限,导致在单次估计结果中可能存在很大的偏差。

工具变量法进行的回归成为两阶段最小二乘法(Two Stage Least Square, 2SLS),需要进行两次回归,第一阶段回归是用内生解释变量对工具变量的控制和变量回归,得到拟合值;第二阶段是用被解释变量对第一阶段回归的拟合值和控制变量进行回归。

4.6.2　自然实验法

在运用二档案数据的研究中也可以采用自然实验法来解决内生性问题。自然实验法指的是在研究中,因为某些外部事件使得研究对象被随机分成了实验组和对照组。其关键在于寻找一个影响被解释变量而不影响解释变量的外部事件。自然实验法本质上是一种观察实验,是现场和实验室实验之外的另一种选择。"自然实验法"中的"自然"定义为"研究人员没有有意识地设计要分析的情节,但仍然可以利用其学习因果关系"。简单而言,A 对 B 的影响通过一个外部事件得以识别出来,外部事件使 A 发生了改变,并因此考察 B 的变化。由于是外部事件,因此和影响 B 的其他因素不相关。以 Choudhury 与 Kim(2018)发表在 *Strategic Management Journal* 的论文为例,他们利用了美国技术移民这一外部冲击作为自然区分,由于美国 H‑1B 签证对于某些实体能够免除雇佣拥有该签证群体人数的上限,这种特点使作者能够通过比较有上限和无上限专利受让人的草本专利授权,来研究签证上限的增加对于海外移民草药专利申请的不同影响。

自然实验法通常使用双重差分法进行处理和检验,关注处理组前后变化,控制组前后变化和两个变化之间的差异。在使用双重差分法的时候需要注意进行平行趋势检验,以保证处理组的变化是因为外生处理而产生的。

4.6.3　固定效应模型

固定效应模型在面板数据建模中被广泛使用。固定效应是不随时间或个体变化的因素,是难以观测的。模型中之所以要加入固定效应,是因为这些因素可能与解释变量相关,如果包含在扰动项中则会产生内生性问题。在论文中同时控制时间和个体两个维度的固定效应模型被称为双向固定效应模型。例如,以蔡庆丰、陈熠辉和林焜(2020)在《经济研究》发表的论文为例,他们在文中控制了行业、年份和企业的固定效应。

4.6.4　倾向得分匹配模型

倾向得分匹配模型类似于多元线性回归。不过多元线性回归的无偏估计依赖于函数形式的正确设定,否则会出现函数形式误设(Functional Form Misspecification, FFM)导致估计量有偏。PSM 模型通过匹配可以减少对函数形式的依赖,放松对多元回归模型的线性假设,进而缓解 FFM 问题。

PSM 的本质使用某函数 $f(x_i)$ 将 K 维向量 x_i 的信息压缩到一维,进而根据 $f(x_i)$ 进行匹配。某个体 i 的倾向得分为给定 x_i,个体 i 进入处理组的条件概率 $p(x_i)=p(D_i=1\mid x=x_i)$。这个过程是:① 选择协变量 x_i;② 估计倾向得分;③ 根据倾向得分记性匹配,匹配方式有 K 近邻匹配、卡尺/半径匹配、卡尺内最近邻匹配等;④ 匹配后的处理组和控制组之间的分布均匀,之后便可以进行若干检验。

在使用 PSM 的时候需要注意以下问题:① PSM 方法并没有从根本上解决由选择偏差或遗漏变量导致的内生性问题,更不能代替工具变量等方法用于解决自选择、遗漏变量等问题;② PSM 不能被称为"准实验",也无法模拟实验条件;③ PSM 的外部有效性问题。在共同支撑假设(Common Support)无法满足或很牵强的情况下,PSM 会系统排除缺乏对照组的样本,进而使得样本代表性变差,影响结果的外部有效性。以 Rishika, Kumar, Janakiraman 与 Bezawada(2013)在 *Information Systems Research* 上发表的论文为例,首先为了保证 PSM 过程的准确性,在进行干预之前,先对控制组和实验组的客户特征进行了初步的筛选和控制,之后运用 PSM 把每个参与的客户与另一个没有参与的客户进行匹配,并按照共同支持原则验证 PSM 过程的基本假设是否成立,基于匹配结果,可以认为控制组和实验组的客户样本是没有差异的,因此后续干预所产生的影响是有效的。

4.7　示　　例

4.7.1　示例 1

本示例分为论文基本信息、研究问题、研究设计、数据收集、数据分析与验证、研究结果这六个部分。

1. 论文基本信息

该示例是 2020 年杨俊、张玉利、韩炜和叶文平在《管理世界》发表的论文《高管团队能通过商业模式创新塑造新企业竞争优势吗? ——基于 CPSED Ⅱ 数据库的实证研究》。

2. 研究问题

该论文探讨了在互联网和信息新兴技术诱发商业模式创新的环境下,高管团队能否通过商业模式创新来塑造竞争优势以及该优势是否有助于改善绩效。

3. 研究设计

商业模式是技术进步转化为经济与社会价值创造的中介因素,对于企业而言,商业模式创新是企业间绩效差异的新来源。企业商业模式开始产生根本性变化有两个驱动力,一是商业模式从封闭转向开放,二是从静态逐步转变为动态,然而要保证商业模式创新的成功并且帮助企业获得竞争力则离不开以"关系-结果"为核心的逻辑链条,即企业内部需要配合商业模式一起进行转化,从而达成企业的内容、结构和治理的一致性。进一步,模式创新的竞争优势能够被细化为效率优势和新颖优势,其中效率优势谋求成本最小化,新颖优势则追求价值创新和价值丰富。对于一个良好的商业模式而言,这两个优势是能够兼得的。论文将商业模式创新竞争的边界条件区分为四类(具体见图 4-1),其中区间 1 是商业模式创新竞争尚未触及或尚未全面触及的区域,区间 2、3 和 4 属于商业模式创新竞争区域,企业间的竞争已经从产品和资源层次提升到了商业模式层次,但在不同区间内的主导竞争逻辑存在着差异。基于以上背景,论文的研究目的是通过提炼研究命题来建构和发展理论,提供未来研究进一步检验和发展的理论模型,因此主要借用定性方法的逻辑来指导数据分析过程中采取递进式逻辑开展数据分析和理论推导,在理论和数据之间不断交互来凝练可能的关系结构并抽取可能的理论命题。

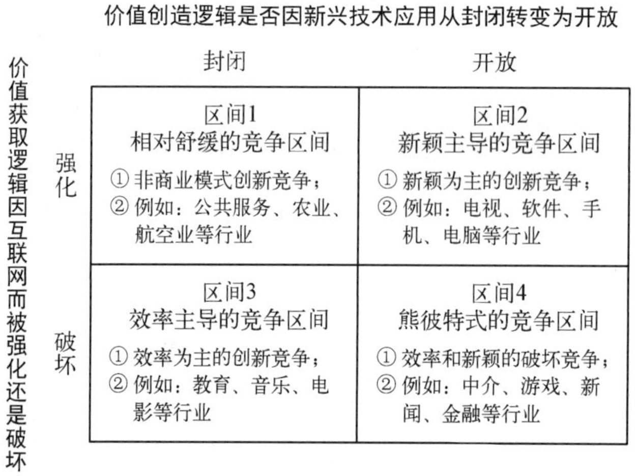

价值创造逻辑是否因新兴技术应用从封闭转变为开放

	封闭	开放
强化	区间1 相对舒缓的竞争区间 ①非商业模式创新竞争; ②例如:公共服务、农业、航空业等行业	区间2 新颖主导的竞争区间 ①新颖为主的创新竞争; ②例如:电视、软件、手机、电脑等行业
破坏	区间3 效率主导的竞争区间 ①效率为主的创新竞争; ②例如:教育、音乐、电影等行业	区间4 熊彼特式的竞争区间 ①效率和新颖的破坏竞争; ②例如:中介、游戏、新闻、金融等行业

（左侧纵轴文字：价值获取逻辑因互联网而被强化还是破坏）

图 4-1　互联网和数据经济时代商业模式创新竞争的边界条件

4. 数据收集

该论文的数据来自南开大学创业研究中心历时 3 年多组织、策划并建设的"中国创业企业成长跟踪数据库",该数据库以 2013 年 1 月 1 日至 2016 年 3 月 31 日期间挂牌并以软件和信息技术(I64)和互联网相关行业(I65)的新三板企业为研究对象,采用文本编码的方法构建了包含 969 家企业的研究数据库。

5. 数据分析与验证

论文对于数据的处理按照以下两个步骤进行:

第一步,文本编码。论文的文本编码数据来源于"全国中小企业股份转让系统(www.neeq.com.cn)"网站提供的截止到 2016 年 3 月 31 日的挂牌企业名单,经过筛选后 969 家企业纳入正式编码。编码的文本内容包括《公开转让说明书》《年度报告》、其他重要的公司公告以及公司网站信息等资料。论文组建了由七位编码人员和一位编码组长构成的编码工作小组,编码人员均是战略与创业方向的年轻教师、博士生和硕士生,具备支撑编码工作的相关理论和商业知识。2016 年 5 月至 2016 年 7 月,编码组长与 CPSED Ⅱ 项目的两位学术指导专家(创业和战略领域的资深学者)反复讨论、修正和设计了编码问卷及编码工作手册,基于这些指导性文件,编码组长对 7 位编码人员进行了编码培训工作,同时针对 10 家样本企业进行探测性编码,核对编码结果和过程,对编码过程中存在的问题进行了充分讨论,并进一步修正了编码手册,包括修订容易产生歧义和误解的题项、修订部分间接提取的客观变量赋值标准等。2016 年 8 月 18 日启动正式编码,2016 年 10 月 27 日完成初始编码,编码数据总共包含 1 246 个变量,涉及基本情况、治理结构、高管特征、财务情况、主营业务与资源情况、商业模式等方面的信息。2016 年 12 月到 2017 年 9 月,进一步对数据库中直接提取或间接提取的客观变量进行复检以确保可信度和可靠性,同时补充更新 969 家企业 2016 年度《年度报告》的文本编码。具体而言,采用逻辑抽检、极端值抽检和随机抽检 3 个步骤对编码问卷各部分逐步开展核查和校验工作:第一步是逻辑抽检,即核查数据信息是否符合常识逻辑(例如,股份比例之和是否等于"1");第二步是极端值抽检,即对题项极大值和极小值样本进行复检,对复检企业进行重新编码和验证;第三步是随机抽检,以编码员为标准,按照 20% 的比例随机抽取样本企业复检,一旦发现随机抽取样本错误率高于 30%,就对该编码员名下的样本企业进行全部复检。

第二步,主要变量描述。该论文所涉及的主要变量包括效率优势和新颖优势、董事会异质性、互补性资产、企业财务绩效等,关于效率优势和新颖优势,研究采用的是 Zott 和 Amit(2007)开发的包括 26 个题项的测量量表,其中,效率优势和新颖优势各包含 13 个题项。遵循 Zott 和 Amit(2007)的测量逻辑、标准和过程开展研究:首先,针对每家编码企业,编码人员仔细阅读《公开招股书》《年度报告》、其他重要的公司公告以及公司网站资料、对标企业公司资料等文本材料,在充分理解题项打分标准基础上,依据打分标准对 26 个题项进行判断打分,力求避免因编码人员主观原因造成的偏差。其次,为了进一步控制并检验这一偏差,分三阶段开展 969 家企业的编码工作,每一阶段遵循相同的流程展开,编码组长随机给每位编码人员分配编码企业名单,在编码小组完成所有企业的编码问卷填写工作后,再开展有关效率优势和新颖优势测量量表打分的配对检验。更为重要的是,针对配对检验,编码组长对编码人员进行随机配对,同时每位编码人员在 3 个阶段的配对检验对象均不相同。这样的设计有助于确保大样本编码的可靠性。配对检验结果显示:效率优势一致性系数为 0.772,新颖优势为 0.730,整体量表为 0.802。信度分析结果显示:效率优势信度系数为 0.902,新颖优势为 0.720,整体量表为 0.883。这些统计检验结果表明测量具有较好的信度和一致性。基于初始编码数据进一步重新赋值,通过算术平均方法计算样本企业在效率优势和新颖优势方面表现水平的分值,这一分值是介于0~1的连续变量,用于反映样本企业在基于商业模式创新的效率优势和新颖优势方面的表现水平,基于附录中所列示的赋值办法,进一步区分了商业模式创新的不同结果:得分在0.25及以下意味着样本企业没有对商业模式做任何改变,在后文分析中概括为不创新;得分在0.25~0.50意味着样本企业开展了商业模式创新活动但并未获取基于创新的竞争优势,分值越高表示越逼近竞争优势获取,后文概括为未获取优势;得分在0.50及以上意味着样本企业获取了基于商业模式创新的竞争优势,分值越高意味着优势越强,后文概括为获取优势。关于高管团队异质性,分别观测了董事会性别、年龄和学历(划分为大专及以下、本科、硕士、博士4类)以及先前相关行业内工作经验等方面的异质性,依据具体变量类型,性别和学历为分类变量采用布劳系数、年龄与先前相关行业内工作经验采用标准差系数来衡量异质性水平。关于互补性资产,以样本企业在挂牌当年的毛利率与知识产权数量(著作权和专利数量的平均值)来衡量。关于企业财务绩效,以挂牌当年年底、挂牌前一年以及挂牌前两年的销售收入(取Lg10)和资产回报率(Return On Assets,ROA)的平均值来衡量,目的是降低单一年份异常值数据所导致的统计偏差。

在对数据进行编码和对变量进行定义以后,该论文主要采用相关分析、方差分析、T检验、卡方检验等描述性统计方法来展开数据分析和统计检验,这些方法有助于在不损失样本与信息的情况下客观判断整体状况以及事物间关联,形成对事物或现象的基本判断。在此基础上,以高阶理论、商业模式研究的认知学派、动态竞争理论、互补性资产等已有理论为基础来解释、推导并建构描述性分析所揭示事实背后的理论逻辑和作用机制。

6. 研究结果

基于分析结果,该研究表明:① 基于商业模式创新的效率优势和新颖优势存在着非对称性互动关系,采取探索式和利用式并行策略来创新商业模式的企业更容易获取竞争优势;② 基于商业模式创新过程的高度不确定性和知识创造/应用逻辑,基于社会属性和知识属性的结构特征,高管团队会影响企业通过商业模式创新来获取竞争优势的可能性;③ 在面临在位企业报复性竞争的情况下,基于商业模式的竞争优势并不必然会转化为绩效优势,甚至有可能会诱发利润亏损,互补性资产有可能会促进基于商业模式创新的竞争优势向绩效优势转化。

4.7.2 示例 2

本示例分为论文基本信息、研究问题、研究设计、数据收集、数据分析与验证、研究结果这六个部分。

1. 论文基本信息

该示例是 2022 年 Moon，Di Benedetto 和 Kim 在 *Journal of Business Research* 发表的论文 The effect of network tie position on a firm's innovation performance。

2. 研究问题

该研究探索了由网络关系的位置所产生的不同程度的新颖和多样化的知识会对焦点企业的突破性创新产生怎样的影响。

3. 研究设计

对于有三个企业的网络而言，基于纽带的强度和强/弱关系的位置（与焦点企业相邻或不相邻），有六种网络配置。网络理论认为弱关系可以提供最大限度的新颖知识，因此可以认为由三个弱关系组成的网络将有利于企业突破性创新的产生。关系理论认为强关系与突破性创新有关，强大的网络创造了企业间的信任和高水平的承诺，因此具有三个强关系的网络更可能产生突破性创新。进一步地，当企业拥有两个相邻的强关系和一个不相邻的弱关系，则既保证了知识的多样性又具有稳固的网络结构，就能产生更多的突破式创新，反之则会产生更少的突破式创新。此外，吸收能力则会对不同网络关系对突破式创新的作用产生影响。吸收能力能够帮助判断所需要吸收的外部信息，从而调节网络联系分布与突破式创新之间的关系。基于以上理论，论文采用实证研究的方法研究了各种三个企业间强/弱关系网络配置对突破性创新的影响以及焦点企业的吸收能力如何调节网络配置对突破性创新的影响。

4. 数据收集

该研究的研究数据主要有三个来源：证券数据公司（SDC）关于联合联盟的数据，国家经济研究局（National Bureau of Economic Research，NBER）1976—2006 年美国专利引用的专利数据以及 COMPUSTAT 的财务数据。论文的初始样本包括 1997 年至 2004 年美国所有涉及跨行业构建三体战略联盟的公司。为了对研究问题进行探究，论文使用了一个滞后结构，在这个结构中，三方联盟活动和公司的具体特征在时间 t，即公司宣布并承诺加入三方联盟时进行测量；突破性创新在时间 $t+1$ 时进行测量；之前的联盟经验和联盟前五年（从 $t-5$ 到 $t-1$）的知识积累被考虑在内。每个观察点需要七年的数据。联盟和创新之间有一年的滞后期，这反映了确定合作和协作活动的结果需要时间的概念。从 1997 年到 2004 年，1 117 家美国公司宣布了 442 个三方联盟，大约有 3.7%。在将这些联盟数据与其他两个来源的数据（专利和财务数据）相结合后，最终的样本包括 158 家公司，在 62 个不同的四位数 SIC 行业中的 186 个三方联盟，总共有 273 个观察值。

5. 数据分析与验证

关于该研究所涉及变量的衡量,突破性创新代表企业开发具有高影响力的新技术的程度,是由重点年份后一年注册的专利数量来衡量的,这些专利属于前 3% 的前向引用,即每项专利的转发引文数量除以基于同一年同一子类别的所有专利的平均值进行排序后,数值大于第 97 百分位的专利数量被认为是焦点企业的突破性创新水平。对于六种强弱关系配置的衡量,该研究使用每对伙伴之间的先前经验作为纽带强度的代理,如果两个伙伴在焦点年之前至少五年内形成联盟并一起工作,则关系纽带被编码为 1,否则编码为 0,每个三方联盟有六组之一:'111','110','101','011','100','010','001'和'000'吸收能力用先前的研发支出程度作为吸收能力的代理,研发强度的平均值是通过将研发支出除以过去五年(从 $t-5$ 到 $t-1$)的总销售额来计算的。该研究采用了负二项式回归对假设进行验证。首先检验了各变量多重共线性,并为了解决单一调节作用在多个子模型构成的完整模型中引起的多重共线性问题而单独测试了各个子模型的多重共线性。随后该研究分层检测了控制变量、六种网络配置对突破性创新的影响以及六种配置和吸收能力对突破性创新的交互影响。最终验证了企业的突破性创新是否取决于三方关系中网络的位置和特征,并且企业的吸收能力可能会显著调节这种关系。

6. 研究结果

研究表明,纽带强度可能会产生成功的公司创新绩效,这取决于网络中发现的某些条件(如与焦点公司相邻或不相邻的强弱纽带的位置),确定了不同类型的纽带所产生的冗余知识和关系风险如何影响突破性创新(例如,焦点企业相邻两个弱关系和不相邻的一个强关系会对突破式创新有负面的影响),此外,研究也表明网络对企业创新结果很重要,也就是说,伙伴企业之间的关系管理可以带来更好的创新绩效。因此,企业应该为伙伴企业提供合理的激励,使其在市场上取得成功。

思考题

1. 针对第 2 章以购物为研究背景构建的模型,对于可以用档案数据测量的变量,你是否能准确给出档案数据的获取渠道?

2. 请以 CEO 为研究背景,登录任意一个官方数据平台获取一组相关的档案数据,并明确该数据测量了哪些 CEO 的什么方面。

3. 选择本章一个示例,尝试与同学模拟该示例档案数据收集过程,并确认各收集阶段可能会遇到的问题。

第5章
实验研究方法

5.1 概 述

实验研究是收集直接数据的一种方法,研究者运用科学实验的原理和方法,选择适当的群体,通过不同手段,控制有关因素,检验群体间反应差别。当研究变量之间的关系具有因果联结的时候,可以用严密控制的实验来研究。实验研究的关键点强调由研究者对实验变量进行操纵与控制,并对变量间的因果关系作出解释。实验研究的主要目的是建立变量之间的因果关系,一般做法是研究者预先提出一种因果关系尝试性假设,然后通过实验操作来检验。实验研究所获得的结果具有较大的可靠性,得到的结论也可以在相同的条件下由其他研究者重复进行,以证明结论。实验研究通常用于探索性研究、描述性研究或解释性研究。

实验研究之所以普及,是因为其具有其他研究方法不可比拟的实用性。① 可以确立因果关系。实验能够把实验变量与其带来的影响分离开来。实验开始时,研究者就可以基于研究被试的某些特征引进实验刺激,如果发现研究被试在实验的过程中没有受到其他的刺激或其他因素的干扰,但在实验之后具有了不同的特征,那么就可以把特征的改变归因于实验刺激,从而在实验刺激和特征改变之间建立起了因果关系。② 控制程度高。与其他的社会科学的研究方法相比,实验研究的研究对象、研究环境、研究条件等其有较高的控制程度,这对于资料的分析和假设的检验来说是非常必要的。实验通过对自变量和实验环境的控制,使得实验结果的可信度显著提高。③ 可重复性。由于实验研究有一定的范围限制,所以只需要相对较少的研究被试,研究者就可以用多个不同的组来重复做一个实验。其他的调查研究方法一般不具备这种可重复性。对于失败的调查研究,要想重复需要花费大量的资源。重复研究对于获得可靠的结论来说也具有十分重要的意义。这也是许多经典的实验经常重复进行的原因。对经典实验重复,有时是在稍微不同的环境中进行的,以保证其结果不是某种特定环境的产物。④ 成本较低。与其他社会科学的研究方法相比,实验研究所需要的费用是比较低。这主要是因为实验研究所需要的研究对象的数量比较少、实验研究持续的时间比较短以及实验研究所研究的问题数量比较少。实验研究需要研究的问题比较单一,而多因素的实验设计比较复杂,实施起来难度较大,准确性也大打折扣,所以实验研究更适合检验确定的因果假设。

当然,实验研究也存在相应的缺陷。① 存在人为操作性。实验研究的环境多是人为设置,这些人为设置的环境增强了研究者对于研究的控制力,有利于确立明确的因果关系。但是,实验的社会过程不能代替现实世界中的社会过程。因而人为设置作为本身特点的同时也是最大的弱点。② 样本的缺陷。实验研究所需要的样本的数量比较少,虽然节省了时间与资源,但是也造成了样本的代表性存在很大的缺陷。这是因为实验研究的目的也是把取得的研究成果推广到更大的总体中,这一点与调查研究是相同的。但是实验研究中所选择的数量较少的研究被试往往缺乏这种广泛的代表性。这就容易造成在实验室中得到的研究结论应用到现实中时会"失灵"。然而制造一个能够反映较大总体的研究样本往往是非常困难的,或者是根本不可能做到的。这便是实验研究法难以克服的弱点,同时也是实验法更多地运用于需要小样本的根本原因。③ 容易受主观因素的影响。研究被试的期望可以导致研究被试向别人所期望的方向改变。在实验研究中,由于研究者可能会有意无意地给研究被试以某种暗示,某些研究被试因此会有意去迎合研究者的期望,因而就有可能出现实验对象的行为受到研究者影响的情况,造成一种虚假的因果关系。

5.2 实验研究的类型

社会科学中常用的实验研究通常有三种方法,分别是实验室研究(Laboratory Experimentation)、准实验研究(Quasi-experiment)以及自然实验研究。

5.2.1 实验室研究

实验室研究又称为"纯实验室研究",为更好地检测自变量和因变量之间的因果关系,实验研究是最常见的选择。实验室研究是能够在实验室情境中严格控制实验过程,获得变量间关系的研究方法。在实验室中,研究者将所有额外变量的变异尽可能地维持在最小限度,从而在未受影响条件下研究变量间的关系,这是此类研究的最大特点。实验室研究能完全控制自变量水平与抽样过程。实验室研究的研究过程完全控制了无关变量,对变量实行有计划、有方向性的操纵,避免了外部复杂环境的干扰。

5.2.2　准实验研究

研究者需要注意的是:很多时候研究涉及的自变量是研究者不可操纵的,例如性别、年龄等。研究者把这种不能直接操纵的自变量,不能对被试在各个实验组间随机分配的实验研究称为准实验研究。准实验研究也称准自然实验,指在无须随机地安排被试时,运用原始群体,在较为自然的情况下进行实验处理的研究方法。研究者对实验过程施加控制,但控制水平明显低于实验室实验。相对于真正的实验室研究而言,准实验研究采用一定的操控程序,利用自然场景,灵活地控制实验对象。而准实验研究与实验室研究的不同之处在于,没有随机分配实验对象到实验组和控制组,严谨性略低,因而所产生的因果结论的效度比真正的实验研究低,但优点在于所要求的条件灵活,在无法控制所有可能影响实验结果的无关变量时,具有广泛的应用性。

5.2.3　自然实验研究

自然实验研究指在真实的自然情境下,不存在任何主试施加控制的情况,来研究自变量对因变量的影响。自然实验对被试的群体划分虽然也需要暴露在自然环境中,但可以是与实验主试和被试无关的第三方导致的。在自然实验设计中,研究者不具备分配实验组和对照组的能力,研究者根据法律、政策、实践上的差异对某一群体进行分析。具体情况往往很复杂,研究者必须确定实验研究的随机性程度以及深入了解那些能够引起偏差的因素。自然实验研究通常有两种模式:观察性研究与田野研究。

1. 观察性研究

观察性研究强调在实验开始或实验开始之前的阶段,收集自然发生的数据,并观察,这对研究者确定实验最关键的因素很有帮助。但是,自然发生的数据可能会受到许多与实验无关的变量的干扰,有时可以通过数据分析排除这些干扰,有时则无法排除,甚至可能会对自变量与因变量的关系造成影响。

2. 田野实验

田野实验是一种在真实田野环境下开展的探究自变量和因变量之间因果关系的实验类型。在该类实验中,从自变量来看,自变量是在真实田野环境下发生的,因而被试没有意识到的各类刺激。从因变量来看,因变量通常涉及实际行为。研究者对实验过程无法干预,对被试无法随机分配。实验设计的控制本身不严密,但外部效度高。实验中通过操纵自变量,来检验自变量的变化在因变量上造成的影响,从而发现两个变量之间的因果关系。研究者操纵自然情境中的一个或多个自变量来确定他们对行为的影响,是田野实验中干预最极端的一种方法。田野实验更加接近真实世界,具体而言,相对于实验室研究的研究被试来说,田野实验的被试更具针对性和广泛性。此外,实验设计所嵌入的真实情境也是田野实验现实性的重要体现。这里的真实情境不是封闭的实验室,而大多是日常生活中的场景和环境。同一批研究被试在嵌入真实情境的田野实验与抽象的实验室实验中,可能会表现出不同的行为偏好。田野实验的另一个重要特点是科学性,主要体现在相对其他实证分析方法而言,能更为直接和便利地对变量之间的因果关系做出检验。检验变量之间的因果关系是所有科学研究的基本目标之一。对因果关系的推断必须是基于反事实框架的,即一个影响变量或者干预对个体的因果效应,应该是个体在控制组和干预组这两个可能的结果状态间的差异。田野实验解决这一问题的办法是通过随机分配将实验被试分成实验处理组(即干预组)和控制组,以实现"其他相关因素都无显著差异"的条件,从而通过比较两组被试的表现,就能最终确定干预对被试表现的因果效应。

5.3 实验研究设计的基本原则

实验研究设计通常有四条基本原则,即科学性原则、重复原则、控制原则以及随机性原则。

1. 科学性原则

科学性原则指实验的原理要符合科学原则,实验结果的预期要有科学依据,实验的各个环节都不能偏离管理学基本知识和基本原理以及其他学科领域的基本原则。科学性原则强调必须保证实验的设计不出现科学性错误以及实验设计要具有科学思想和科学方法的因素。

2. 重复原则

任何实验必须有足够的实验次数,才能避免结果的偶然性,使得出准确的结论。

重复原则要求在同样处理的情况下,独立重复实验能够得到类似甚至相同的结果。能够得到这样实验结果的实验被认为是有较高可信度的实验。这里要注意的是,重复测量只是从测量的角度来考虑如何提高精准度,而重复实验是指重新测量整个实验从头到尾研究被试受到的影响。对同一测试者进行多次分别测试属于重复测量,对于同一年龄的不同测试者分别测试属于重复实验。

3. 控制原则

控制原则可使实验中的复杂关系简单化,使结果更准确。控制原则要求不论一个实验有几个实验变量,都应做到一个实验变量对应观测一个反应变量;控制原则强调要严格地操纵自变量,以获取因变量;控制原则要求严格均衡无关变量,以消除额外变量干扰,尽量消除实验误差,以取得较为精确的结果。通常研究者可采用对照组的方法。

4. 随机化原则

随机化指研究被试等实验材料在各个实验组之间的分配,研究被试的实验顺序等都是随机产生的。研究者可以利用各种统计软件来实现随机分配这一步骤。随机化目的是控制偏差,为统计检验的有效性奠定了基础。

5.4　实验研究的质量标准

遵循科学研究的法则,实验研究也需要遵循信度与效度的标准。实验研究中的问卷调研部分涉及的信度与效度在上一节中已有详细说明。本节专门介绍实验研究中需要关注的影响信度和效度的因素。其中,效度主要考虑影响内部效度和外部效度的因素。

5.4.1　影响信度的因素

实验研究中影响信度的因素很多。误差变异尤其应该得到控制。误差变异越大,信度越低。实验人员、研究被试、实验内容和实验情境这四个方面是会引起随机误差并降低信度的关键因素。

1. 实验人员

包括不按规定实施实验,制造紧张气氛,给予额外协助,评分主观等因素。如果实验人员缺乏前期严格训练,在实验过程中很可能对研究被试产生的影响差异较大,这会影响实验的标准化实施。此外,为了降低实验人员的影响,通常要求不能让实验人员了解实验所要检验的假设。也就是说,研究者本身不能参与具体的实验操作。

2. 研究被试

研究被试存在两类问题：第一类是研究被试自身的状态,包括身心健康状况、动机、注意力、持久性、求胜心、作答态度等因素。如果研究被试在某方面的状态是异常的,则实验产生的结果就缺乏可靠性。第二类是研究被试群体的状态,一是团体的异质性,信度系数受分数分布范围的影响,分数范围与被试群体的异质程度有关,被试群体越是异质,分数范围越大,信度系数就越高；二是被试群体的平均水平。对于不同水平的被试群体,题目具有不同的难度,每个题目在难度上的微小差异累积起来便会影响信度。

3. 实验内容

实验内容主要存在以下四类问题：① 问题取样,包括实验问题取样不当,内部一致性低,容易降低信度；② 问题模糊,如果问题内容不清晰,研究被试作出的反应根本没有参考的价值,结论更谈不上可信；③ 实验长度,增加实验的长度可以扩大分数范围,当其他条件不变时,在一个实验中增加越多同质的题目,即实验长度越长,信度越高；④ 实验难度,实验难度对信度估计没有直接影响,但是若实验对被试群体太难,研究被试对许多题目只能做随机反应(即猜测),测验分数的差别就主要取决于随机分布的测量误差,信度系数趋近于 0。与之相反,如果实验太容易,研究被试对许多问题的反应都正确,测验分数就相当接近,分数分布范围变得狭窄,从而使信度降低。这表明要使信度达到最高,能产生最广分数分布的难度水平方为合适。

4. 实验情境

包括测验现场条件,如温度、湿度、光线、通风、噪声、实验器具损坏、空间阔窄等因素。实验情景差异较大或者有其他干扰情况出现,则实验结果出现的差异不能够确定是个体本身的因素还是外界的因素导致实验结果缺乏价值。

5.4.2　影响内部效度的因素

实验研究中影响内部效度的因素很多。关联实验、全程参与、统计方式这三个方面是会引起随机误差并降低效度的关键因素。

1. 关联实验

在实验后测之前进行与实验内容相关度较高的前测实验会使研究被试对实验更加熟悉和敏感,导致成绩比预期高,加入对照组可以消除这方面的影响。

2. 全程参与

一些研究被试可能会由于某些原因突然退出实验或不能完整参与实验,这时研究者难以分析与追溯真正的原因是否与实验有关，也难以判断这类研究被试退出实验后是否会对实验结果产生影响。研究者可以通过多种激励方式确保研究被试的全程参与。

3. 统计方式

实验中应该尽可能避免研究极端组。属于极端组的研究被试在后续几次实验中通常很有可能向均值靠近，这类相对巨大的变化会影响实验的效度。如果确实出现这样的问题，应该加入对照组。

5.4.3　影响外部效度的因素

实验研究中影响外部效度的因素很多。样本选取与观察者效应这两个方面是会引起随机误差并降低效度的关键因素。

1. 样本选取

如果实验被试无法准确代表研究对象总体，那么实验本身缺乏足够的说服力，从而降低了效度。研究者应该谨慎选取研究被试，充分确保有足够的代表性。

2. 观察者效应

观察者效应指由于实验人员或实验本身的存在，研究被试明确自己正在参与实验，因而产生的不可控反应。主要包括以下两类情况：第一类是霍桑效应。这一效应取自经典的"霍桑实验"。在实验进行的过程中，由于被观察或其他原因，研究被试的表现可能与平时不同。对于这一问题，添加对照组是很好的解决方案。第二类是被试额外行为。很多研究被试在参与实验过程中会不自觉地猜测实验目的。如果研究被试发现实验目的，可能会故意迎合或破坏。但无论是研究被试的迎合或破坏都会影响实验的效度。因而实验设计应该尽可能的缜密，以避免研究被试的额外行为。

5.5　实验设计方法

实验的具体设计在很大程度上取决于研究者的假设。研究者首先需要明确定义如何测量研究中涉及的各类变量。按照可观察、可测量、可操作的特征来界定这些变量。有了明确且可具体操作的定义，研究者才能相对容易地重复某个实验。而研究的自变量个数与每个自变量的水平数对应着不同的实验设计方法。如果研究者的假设只有一个自变量，那么该实验就是组间设计（Between-subjects Design）或者组内设计（Within-subjects Design）。在设计实验时研究者需要考虑如何把研究被试分配到不同水平的实验组中,即如何做到研究被试的随机分配。通常有两种方式:第一种是将不同研究被试直接分配到不同可能值;第二种是让所有研究被试接受所有可能值。组间设计是采用第一种方式的实验设计,而组内设计是采用第二种方式的实验设计。如果研究者的假设有至少两个自变量,那么该实验就是因子设计(Factorial Design)。因子设计可以是组间设计、组内设计或者混合设计。

(1)组间设计。在组间设计中,参与不同实验组的研究被试是不同的。由于不同研究被试之间必然存在个体差异,实验人员在分组时需要尽可能做到对研究被试进行随机分配,从而尽可能减少实验组的差异。一般而言,在资源充沛和条件允许的情况下,研究者会选择组间设计。组间设计既不存在实验组之间会互相污染的情况,还规避了令研究者担心的被试额外行为的出现。原因是被试在经过多次实验后,出现额外行为的可能性会大大增加,从而影响实验结果的可靠性。

(2)组内设计。在组内设计中,所有研究被试都参与自变量变化的所有情况。组内设计不需要进行随机分配,这样也可以忽略研究被试的个体差异。组内设计有自身的优点,在能够很好地控制内部和外部影响因素的情况下,由于不存在研究被试的组间差异,组内设计的实验更容易有显著的效果。

(3)因子设计。在同一实验中,如果需要操作至少两个自变量,研究者就可能需要采用因子设计。同时加入两个自变量,考虑两者的组合是如何对因变量产生影响的效应是交互效应。如果研究者预测实验会有交互效应,那么就应该采用因子设计。如果研究者不关注交互效应,采用单变量设计的组间设计或组内设计也是可行的。

研究者选取组间设计、组内设计、因子设计或者混合设计不是随意决定的,这取决于具体研究的假设和实验条件。研究者要充分考虑各项因素,将实验设计得尽可能完善、缜密与有效。

5.6 示 例

5.6.1 示例 1

本示例分为论文基本信息、研究问题、研究设计、数据分析与检验、研究结果这五个部分。

1. 论文基本信息

该示例是 2022 年何青、王军辉和甘犁在《管理世界》发表的论文《为贫困生教育赋能——一项随机对照田野实验研究》。

2. 研究问题

随着我国扶贫政策的日渐推进,贫困群体教育正面临着从如何提高入学率到如何提高教育质量的转变。该研究通过设计一个针对贫困地区小学生的现金激励的随机对照实验,探究经济激励对贫困地区学生学业表现的影响效果及其影响机制。激励方案同时考虑了学习结果和学习过程,针对学习成绩优秀、取得较快进步和平时作业完成情况较好学生分别给予现金奖励。学习优秀奖主要针对学习结果,作业完成奖主要针对学习过程,学习进步奖则同时涉及学习结果和学习过程。

3. 研究设计

实验在四川省某典型少数民族自治县开展。实验对象是小学四年级和五年级的学生。实验从 2016 年 9 月秋季学期正式开始,至 2017 年秋季学期期末考试后结束,共计 3 个学期。研究者团队首先将规模最大和平均成绩最好的这一所学校单独作为一组,在组内选取实验班级和参照班级。具体操作方式为:将该校四年级和五年级的班级编号为奇数的班级选为实验班,班级编号为偶数的班级选为参照班。在对县内规模最大和教学质量最高的学校单独选取实验班和参照班后,研究者团队将同时存在中心校和村完全小学的小学视同两个学校和剩余的其他 27 所学校混在一起,随机抽取剩余的实验组学校和参照组学校各 4 所。对实验组班级,研究者团队设计的激励方案包括 3 个现金奖励项目(详细奖励方案见表 5 - 2):学习优秀奖、学习进步奖、作业完成奖。其中,学习优秀奖是对班级内期末成绩排名前 12% 的学生进行奖励,奖励标准为 150～300 元。学习进步奖针对期末总成绩进步幅度排名前 10% 的学生,奖励金额为 150 元。作业优秀奖针对平时作业完成得优秀比例排名前 20% 的学生,奖励金额为 50 元。表 5 - 1 展示了具体激励方案。这些奖项不重复领取。有资格获得一项以上的学生给予较高奖励项。

表 5 - 1　示例 1 激励方案设计

激励项目	奖 励 条 件	奖励标准
学习优秀奖	本学期,学习成绩排名班级前 4%(含)	300 元/人/学期
	本学期,学习成绩排名班级前 4%(不含)～8%(含)	200 元/人/学期
	本学期,学习成绩排名班级前 8%(不含)～12%(含)	150 元/人/学期
学习进步奖	本学期,学习进步最大的前 10% 的同学	150 元/人/学期
作业优秀奖	本学期,作业完成最好的前 20%	50 元/人/学期

在学期初,以集中开会的方式,向实验组学生、教师及家长告知奖励规则。对参照组学校的学生及老师则不告知任何奖励相关的信息。在学期中,老师对学生平时每次作业完成情况进行登记评价,每学期统计得"优"比例;在学期期末,对实验组和参照组学校组织统一的语文和数学测试。期末测试后,根据测试成绩和作业完成情况统计,按照奖励规则计算获奖名单,并在下一学期开学后,以表彰大会的形式对达到相应学习目标的学生公开发放奖励。第一次奖励金发放采取全县表彰大会的形式,后期奖励金发放均在学校层面自行组织,但需要将奖励现场照片存档并发给项目组。实验的 3 个学期中,分别于 2017 年 3 月、2017 年 9 月和 2018 年 3 月发放 3 次奖励金共 167 800 元,其中 497 名学生获学习优秀奖,220 名学生获学习进步奖(第一个学期未发放学习进步奖),514 名学生获作业优秀奖。2017 年 6 月进行回访,了解实验开展一学年后家庭对子女教育投入变化、关注程度变化和学生学习行为变化。本项目在 2018 年 1 月(即 2017 年的秋季学期)结束。实验结束后继续收集了 3 个学期的成绩情况。表 5-2 展示了实验组与参照组的人口特征与基期成绩比较。

表 5-2 实验组与参照组的人口特征与基期成绩比较

变量	参照组		实验组		参照组-实验组
	观测值	均值	观测值	均值	
女性	1 624	0.485	1 379	0.461	0.023
少数民族	1 618	0.630	1 363	0.707	−0.077***
年龄	1 612	10.614	1 375	10.614	0.000
总成绩	1 659	107.917	1 326	107.935	−0.018
语文	1 659	55.284	1 326	52.382	2.902***
数学	1 659	55.633	1 326	55.553	−2.920***

注: *** $p < 0.01$。

4. 数据分析与检验

实验进行了 3 个学期。表 5-3 报告了前三期的平均处理效应,表 5-4 报告了按基期成绩分组和动态时间上的激励效果差异。

随后该实验进行了控制更多个人特征和家庭特征、不含成绩最好的学校、不含学校内部同时存在实验组和参照组的学校、不含改变组别的学生和不含大班小班的稳健性检验。以及探讨了另外三个问题。

表 5‑3　实验前三期的平均处理效应

变　量	总成绩	语　文	数　学
	(1)	(2)	(3)
实验组	0.099*** (0.026)	0.077*** (0.026)	0.093*** (0.033)
基期总成绩	0.880*** (0.009)		
基期语文		0.853*** (0.011)	
基期数学			0.801*** (0.012)
年　龄	-0.018*** (0.006)	-0.012** (0.006)	-0.021*** (0.008)
女　性	0.058*** (0.010)	0.140*** (0.012)	0.015 (0.011)
少数民族	0.033** (0.016)	0.050*** (0.017)	-0.010 (0.020)
学校平均成绩	0.126*** (0.034)	0.151*** (0.035)	0.242*** (0.047)
常数项	-0.483*** (0.169)	-0.698*** (0.180)	-0.920*** (0.225)
学　期	Y	Y	Y
N	8 339	8 339	8 339
adj. R^2	0.847	0.813	0.774

注：① 括号内为"班级＋学期"层面聚类调整的标准误差；② *** $p < 0.01$，** $p < 0.05$，* $p < 0.1$。

表 5‑4　按基期成绩分组和动态上的激励效果差异

变　量	总成绩	语文	数学	总成绩	语文	数学
	(1)	(2)	(3)	(4)	(5)	(6)
实验组	0.089*** (0.031)	0.032 (0.035)	0.103** (0.042)			
实验组 ×最高20%	-0.005 (0.037)	0.004 (0.044)	0.001 (0.050)			

变　　量	总成绩	语文	数学	总成绩	语文	数学
	(1)	(2)	(3)	(4)	(5)	(6)
实验组 ×中上 20％	−0.038 (0.032)	−0.001 (0.039)	−0.053 (0.046)			
实验组 ×中等 20％	0.044 (0.028)	0.067* (0.034)	0.025 (0.040)			
实验组 ×中下 20％	0.043* (0.024)	0.102*** (0.029)	−0.009 (0.031)			
实验组 ×第 1 期				0.058 (0.041)	0.046 (0.038)	0.056 (0.054)
实验组 ×第 2 期				0.122** (0.050)	0.097** (0.049)	0.116* (0.059)
实验组 ×第 3 期				0.119*** (0.045)	0.091** (0.045)	0.107* (0.061)
基期成绩	Y	Y	Y	Y	Y	Y
控制变量	Y	Y	Y	Y	Y	Y
学　　期	Y	Y	Y	Y	Y	Y
N	8 339	8 339	8 339	8 339	8 339	8 339
adj. R^2	0.847	0.817	0.776	0.847	0.813	0.774

注：① 括号内为"班级＋学期"层面聚类调整的标准误差；② *** $p<0.01$，** $p<0.05$，* $p<0.1$；③ 常数项略去，控制变量包括年龄、性别、民族、学校平均成绩。

第一个是激励效应是否存在异质性。在人力资本和反贫困的研究中，性别平等、民族、家庭社会经济条件都是非常重要的议题。研究者团队实验的样本点处于国家级贫困县，该地少数民族家庭的收入整体低于汉族家庭，贫困发生率较高，人力资本是切断贫困代际传递最有效的手段。因此，研究进一步从性别、民族、父母受教育程度和家庭收入的角度考察了现金激励效应的差异。父母低教育是指当父母的学历都低于初中则为 1，否则为 0。结果表明激励性干预对低收入家庭有很强的效果，但对于收入最低的这部分家庭，仅有激励措施可能不够，需要更多的辅助措施。

第二个是激励效应是否在中低成绩群体更明显。研究样本的成绩差异极大，因此需要考察激励干预方案是否能对中低成绩学校学生有更大的效果。采用了将好学校和较差学校分为两组考察激励效果差异和采用分位数回归的方法，估计激励方案对学生成绩分位数的影响。结果表明,本激励性干预方案对整体较差的学校激励效果更为明显,成绩提升主要体现在提升了中下、中等学生成绩。

第三个是家长和学生行为的机制。这里考虑到,在给予现金激励后,学生的成绩虽然有了提高,但是该提高究竟是由于家长的教育投入提高还是学生自己更努力学习。经过调查发现,有了现金奖励后,母亲对孩子生活的关心程度下降了,但父母对孩子学习的关心程度出现显著上升。学生积极性和学习投入都有了显著上升。虽然基期成绩较差的学生学习投入不如学习成绩好的学生,但学习成绩进步却更明显。

激励效应在试验结束后虽然仍持续,但是这种持续没有普遍性,优秀学生和作业奖学生持续性更强,进步奖学生持续性相对较弱。

5. 研究结果

该研究运用随机田野实验的方法,探究了外部激励对贫困地区学生学习成绩的影响效果及其动态变化。研究发现,兼顾学习结果和学习过程的综合性激励方案,显著提升了学生学习成绩,虽然效果在实验的第一个学期不显著,但在实验的第二、第三个学期显著且持续稳定。异质性分析发现,激励效应在女生、少数民族学生、父母受教育程度低、中低收入家庭学生、期初成绩较差的学生以及较差学校的学生等相对弱势群体更大。机制分析发现,经济激励提高了家长对孩子教育的关注程度、时间和资金投入,也促进了学生提升学习积极性和增加学习时间。对实验结束学生成绩变化的分析发现,激励效应在实验结束后得到一定程度持续。研究表明,设计得当的现金激励方案可有助于提升中下游学生的学习积极性,进而提升其学习质量。在贫困地区设计教育资助政策时,要给予外部经济激励一定的空间。学习本身具有较强的累积性,前期的学习质量对后期的学习有至关重要的影响。外在经济激励本身是对学习成绩有积极影响。在基础教育阶段打下良好基础有助于后期的进一步学习,具有较大的正外部性。在有些深度贫困地区,基础教育质量与其他地区相比差距较大,较差的基础教育会对后期教育和培训产生难以弥补的后果,因此有必要采取激励手段来保证基础教育质量达到一定的水准。

5.6.2　示例 2

本示例分为论文基本信息、研究问题、研究设计、数据分析与检验、研究结果这五个部分。

1. 论文基本信息

该示例是 2019 年 Koessler, Torgler, Feld 和 Frey 在 *European Economic Review* 发表的论文 Commitment to pay taxes:Results from field and laboratory experiments.

2. 研究问题

人们对如何增强积极的纳税人承诺知之甚少。该研究试图考察税务合规承诺对促进纳税人承诺的影响。首先,在田野实验中,研究者团队调查了当纳税人正式承诺按时纳税并通过抽奖获得财务或非财务(实物)奖励来奖励遵守承诺时,税收遵从性是否会发生变化。然后通过一个实验室实验来补充这一分析,在该实验中,研究者团队测量了承诺在不同的税务诚信合规领域中的效果,并将单纯承诺支付和承诺与奖励提供配对的方案的效果进行了对比。

3. 研究设计

首先是田野实验部分,该部分评估了瑞士特里姆巴赫市(Trimbach)2 000 多名纳税人在 2013 财年税前支付行为的变化。特里姆巴赫市的税前支付是强制性的。研究者团队给所有纳税人写了一封信,提醒他们三个税前分期付款的到期日。这封信规定,在实验组中,那些按时缴纳税前税款的人将获得奖励。样本包括 2 201 名纳税人,他们被随机分配到四个实验组和一个对照组。到实验结束时,又有 244 名纳税人因为移民或公民身份的改变而被排除在外。在收到本年度的税收发票前不久,所有私人纳税人都收到了一封信,这封信不仅提醒他们支付的截止日期,还介绍了对实验团体的激励措施。研究团队引入了一种道德承诺,要求纳税人向税务当局返还一张预付的明信片,自愿承诺按时支付所有分期付款。这一承诺是进入抽奖的先决条件,以赢得 1 000 瑞士法郎的现金奖价值(Cash+Promise Treatment, CASH PRO)或 1000 瑞士法郎的两人健康周末(WELLNESS PRO)的抽奖机会。在另外两组(CASH 和 WELLNESS)中,为遵守支付规定的纳税人提供相同的奖励,但没有任何事先的承诺要求。在实验组中,只有遵守承诺的纳税人才有资格在年底参与抽奖。

此外,研究者团队还补充了实验室实验。该实验于 2018 年 1 月在德国 Osnabrück 大学的 LaER 实验室进行,涉及 260 名参与者,其中大多数是学生,平均年龄为 23.7 岁。在人类实验交互平台 SoPHIE 的帮助下,这些实验在 13 组中随机进行,对照组和承诺方案有 40 个样本,纯奖励方案有 30 个样本。为了模拟纳税设置,研究者团队设计了一个实验,在该实验中,受试者可以通过计算矩阵中的零的数量获得收入。在五轮测试中,受试者可以积累收入,不过他们必须在每轮测试结束时申报收入。税率是 20%。收入报告被框定为一个税务申报设置,使用术语收入、收入申报和税收。在实验结束时,每个受试者的前几轮收入申报将有 5% 的概率被检查。如果发现申报不实,将以实际税后所得总额为标准进行支付,并处以逃税金额的罚款。

实验室实验测试了三种独立的方案:奖励方案、承诺方案和两者的结合。在奖励方案中,当被审计对象被发现合规时,可以获得奖励。这个奖励要么是现金奖励(CASH,额外的 10 欧元),要么是实物奖励(INKIND,在实际收入中添加同等金额的电影院优惠券)。另一方面,承诺方案不同于之前承诺签名,因为这要求自愿性或强制性的道德承诺。在这次承诺中,受试者可以或必须在实验开始时承诺在这个实验中提供关于他们收入的真实信息。第三个方案结合了之前的选项:自愿承诺遵守诺言的受试者遵守诺言并经过验证后,可以获得现金(CASH PRO)或实物奖励(INKIND PRO)。

4. 数据分析与检验

图 5-1 显示了实验前几年(2008—2012 年)和实验当年(2013 年)实验组的平均纳税遵从率。比较实验年(2013 年)的支付行为发现,对照组和各自实验组之间的平均纳税遵从率在统计上没有显著差异,这表明平均而言,干预措施并没有显著改善支付行为。

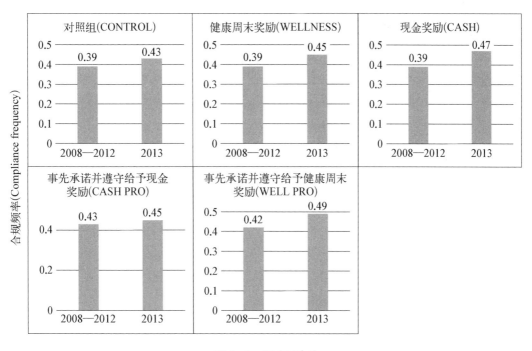

图 5-1 组 间 对 比

其后,研究者团队测量对做出遵守承诺的纳税人的处理效果,承诺处理组中的纳税人比非承诺处理组中的纳税人更有可能遵守并按时支付所有三项税金。由图 5-2 可知,过去按时缴税的纳税人更有可能承诺将来遵守(选择效应)。

通过进行额外的多变量分析(具体见表 5-5),研究者团队进一步控制了个体差异和 2013 年的规则,同时也测试了纯粹的潜在奖励效应,并指出承诺具有明显的选择效应和承诺效应以及承诺的效果取决于遵守承诺可获得的奖励。

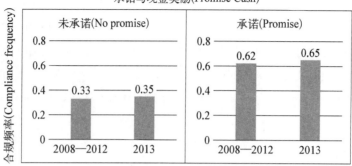

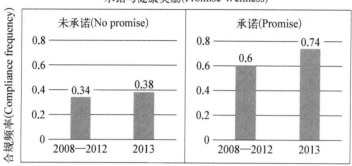

图 5-2 承 诺 对 比

表 5-5 田野实验回归结果 1

	(1)	(2)	(3)	(4)	(5)
	2013 年的税收依从性 (Compliance 2013)			2008—2013 年的税收 依从性(Compliance 2008-2013)	
	承诺组 (Promise) 汇总 (Pooled)	承诺组对 比控制组 (Promise vs. Control) 汇总 (Pooled)	承诺组对 比控制组 (Promise vs. Control) 单独 (Individual)	承诺组对 比控制组 (Promise vs. Control) 单独 (Individual)	承诺组比 对控制组 (Promise vs. Control) 单独 (Individual)
承诺者(Promisors)	0.334*** (0.04)	0.263*** (0.04)			
未承诺者(Nonpromisors)		−0.070** (0.03)			
给予现金承诺奖励的承诺者 (Promisors CASH PRO)			0.214*** (0.05)	−0.010 (0.05)	−0.023 (0.05)

续　表

	(1)	(2)	(3)	(4)	(5)
	2013 年的税收依从性（Compliance 2013）			2008—2013 年的税收依从性（Compliance 2008-2013）	
	承诺组（Promise）汇总（Pooled）	承诺组对比控制组（Promise vs. Control）汇总（Pooled）	承诺组对比控制组（Promise vs. Control）单独（Individual）	承诺组对比控制组（Promise vs. Control）单独（Individual）	承诺组比对控制组（Promise vs. Control）单独（Individual）
给予健康承诺奖励的承诺者（Promisors WELL PRO）			0.315*** (0.05)	0.108** (0.05)	0.108** (0.05)
给予现金承诺奖励的未承诺者（Nonpromisors CASH PRO）			−0.087** (0.04)	−0.016 (0.04)	0.023 (0.04)
给予健康承诺奖励的未承诺者（Nonpromisors WELL PRO）			−0.055 (0.04)	0.001 (0.04)	−0.000 1 (0.04)
2013				0.043** (0..02)	0.072*** (0.02)
2013 年以前给予现金承诺奖励的承诺者［Promisors CASH PRO (past)］				0.221*** (0.04)	0.190*** (0.04)
2013 年以前给予健康承诺奖励的承诺者［Promisors WELL PRO (past)］				0.201*** (0.04)	0.181*** (0.04)
2013 年以前给予现金承诺奖励的未承诺者［Nonpromisors CASH PRO(past)］				−0.070** (0.03)	−0.082** (0.04)
2013 年以前给予健康承诺奖励的承诺者［Nonpromisors WELL PRO(past)］				−0.055* (0.03)	−0.066** (0.03)
人口特征（Demographics）	no	no	no	no	yes
样本量	836	1 305	1 305	6 698	5 734
稳健标准误基于个人层面聚类	no	no	no	no	yes

注：该表报告了边际效应，括号中有标准误差。模型对人口统计的控制包括性别；婚姻状况；子女；年龄（65＋哑变量）；纳税人在该市居住了多少年，注册纳税人是否在该市拥有财产，是否注册为三个当地教堂之一的教堂成员，是否持有瑞士公民身份（哑变量）作为解释变量。

*** $p < 0.01$，** $p < 0.05$，* $p < 0.1$。

为了更详细地研究这种奖励依赖的差异,并控制纯奖励的激励效应,研究者团队只使用纯奖励实验组进行了额外的分析(见表5-6),并指出将遵从承诺与非财务奖励结合起来,可以改善支付行为。在经济奖励下,只有选择效应存在,支付行为没有发生变化。

表5-6 田野实验回归结果2

	(6)	(7)	(8)	(9)	(10)	(11)
	2013 年的税收依从性 (Compliance 2013)			2008—2013 年的税收依从性 (Compliance 2008 - 2013)		
	现金承诺奖对比现金奖励(Cash Pro vs. Cash)		健康承诺奖励对比健康奖励(Well Pro vs. Wellness)		实验组对比控制组(Treatment vs. Control)	
现金承诺奖励(CASH PRO)	−0.023 (0.03)					
给予现金承诺奖励的承诺者 (Promisors CASH PRO)		0.172*** (0.05)			−0.010 (0.05)	−0.023 (0.05)
给予现金承诺奖励的未承诺者 (Nonpromisors CASH PRO)		−0.121*** (0.04)			−0.016 (0.04)	0.024 (0.04)
现金奖励(CASH)					0.034 (0.03)	0.025 (0.03)
健康承诺奖励(WELL PRO)			0.045 (0.03)			
给予健康承诺奖励的承诺者 (Promisors WELL PRO)				0.289*** (0.005)	0.108** (0.05)	0.109* (0.05)
给予健康承诺奖励的未承诺者 (Nonpromisors WELL PRO)				−0.064* (0.04)	0.001 (0.04)	0.000 1 (0.04)
健康奖励(WELLNESS)					0.016 (0.03)	0.025 (0.03)
2013					0.042** (0.02)	0.073*** (0.02)
2013 年以前给予现金承诺奖励的承诺者[Promisors CASH PRO(past)]					0.220*** (0.04)	0.182*** (0.04)
2013 年以前给予现金承诺奖励的未承诺者[Nonpromisors CASH PRO(past)]					−0.070** (0.03)	−0.081** (0.04)

续　表

	(6)	(7)	(8)	(9)	(10)	(11)
	2013 年的税收依从性 (Compliance 2013)				2008—2013 年的税收依从性 (Compliance 2008 - 2013)	
	现金承诺奖对比现金奖励(Cash Pro vs. Cash)		健康承诺奖励对比健康奖励(Well Pro vs. Wellness)		实验组对比控制组(Treatment vs. Control)	
2013 年以前给予现金奖励 [CASH(past)]					0.002 (0.03)	−0.005 (0.03)
2013 年以前给予健康承诺奖励的承诺者[Promisors WELL PRO(past)]					0.201*** (0.04)	0.175*** (0.04)
2013 年以前给予健康承诺奖励的承诺者[Nonpromisors WELL PRO(past)]					−0.054* (0.03)	−0.066** (0.03)
2013 年以前给予健康奖励 [WELLNESS(past)]					−0.004 (0.03)	−0.015 (0.03)
人口特征(Demographics)	no	no	no	no	no	yes
样本量	852	852	880	880	11 382	9 832
稳健标准误基于个人层面聚类	no	no	no	no	yes	yes

注：该表报告了边际效应，括号中有标准误差。模型对人口统计的控制包括性别；婚姻状况；子女；年龄(65＋哑变量)；纳税人在该市居住了多少年，注册纳税人是否在该市拥有财产，是否注册为三个当地教堂之一的教堂成员，是否持有瑞士公民身份(哑变量)作为解释变量。

*** $p < 0.01$，** $p < 0.05$，* $p < 0.1$。

在田野实验中得出了两个观察结果：一是存在强烈的选择效应，合规纳税人更有可能做出承诺；二是奖励类型对承诺如何影响后续行为的影响，实物奖励比财务奖励更有可能产生积极的承诺效应。尽管如此，分析税务合规承诺的潜在影响的方法受到一定的限制。比如无法控制纳税人的对话，因此不能排除他们之间讨论干预措施的方面，同时，税务机关和市政委员会都拒绝实施一种"只承诺"的待遇，这阻止了研究者团队对承诺的纯粹承诺效应得出结论。因此，为了解决这一缺陷，研究者团队进行了额外的实验室实验，不仅复制了现场实验中的实验方案，而且将其扩展到一个强制性和自愿的承诺实验组，他们没有因为遵守承诺而获得额外奖励。因而，研究者团队指出做出自愿承诺的研究被试，即使没有得到回报，也比对照组的被试表现得更纳税遵从，这可以归因于历史上纳税遵从的选择效应。

为了分析不同组的行为效应,研究者团队采用了多变量回归(见表5-7),并指出单独的纳税遵从承诺并不能显著提高平均纳税遵从性,而为纳税遵守承诺提供奖励会加强纳税遵从性。虽然做出承诺的参与者更加纳税遵从,但在三种不同的自愿承诺方案中,承诺人之间没有观察到差异。

表 5-7　实验室实验回归结果

	(1)	(2)	(3)		(4)	(5)	(6)
	整体依从性(Total compliance)						
	意向处理效果 (Intention to treat effect)				对处理和未处理的影响(Effect on treated and nontreated)		
自愿承诺 (VOL PRO)	0.180 (0.124)	0.193 (0.126)	0.203 (0.130)	未承诺者 (Nonpro- misor)	−0.224 (0.172)	−0.222 (0.176)	−0.219 (0.184)
现金承诺奖励 (CASH PRO)	0.216* (0.122)	0.218* (0.124)	0.281** (0.128)		−0.378 (0.233)	−0.420* (0.246)	−0.357 (0.254)
实物承诺奖励 (INKIND PRO)	0.207* (0.124)	0.209* (0.126)	0.272** (0.131)		−0.256 (0.269)	−0.200 (0.266)	−0.116 (0.260)
遵守承诺 (COM PRO)	0.072 (0.116)	0.095 (0.119)	0.034 (0.122)	承诺者 (Promisor)	0.069 (0.116)	0.103 (0.119)	0.045 (0.122)
承诺者×自愿 承诺(Promisor ×VOL PRO)					0.507*** (0.155)	0.521*** (0.157)	0.508*** (0.159)
承诺者×现金 承诺奖励 (Promisor× CASH PRO)					0.410*** (0.136)	0.436*** (0.140)	0.484*** (0.143)
承诺者×实物 承诺奖励 (Promisor× INKIND PRO)					0.302** (0.132)	0.310** (0.135)	0.374*** (0.141)
现金奖励 (CASH)	0.087 (0.136)	0.111 (0.139)	0.120 (0.142)		0.083 (0.136)	0.121 (0.141)	0.127 (0.144)
实物奖励 (INKIND)	0.468*** (0.139)	0.456*** (0.142)	0.484*** (0.148)		0.460** (0.139)	0.457*** (0.142)	0.481*** (0.147)
女性(Female)		0.111 (0.071)	0.056 (0.076)			0.108 (0.075)	0.046 (0.080)

	(1)	(2)	(3)		(4)	(5)	(6)
			整体依从性(Total compliance)				
		意向处理效果 (Intention to treat effect)			对处理和未处理的影响(Effect on treated and nontreated)		
年龄(Age)		0.009 (0.009)	0.001 (0.010)			0.016 (0.010)	0.008 (0.010)
学生(Student)		0.375** (0.164)	0.362** (0.170)			0.398** (0.172)	0.371** (0.178)
经济学专业 (Economics major)		−0.040 (0.079)	−0.009 (0.081)			−0.010 (0.084)	0.024 (0.086)
生产率 (Productivity)		0.006 (0.015)	0.010 (0.016)			0.009 (0.016)	0.012 (0.017)
税收道德 (Tax morale)			0.145*** (0.051)				0.123** (0.056)
愿意承担风险的程度(Willingness to take risk)			−0.085*** (0.027)				−0.089*** (0.028)
样本量	260	260	260		260	260	260

注：该表报告了边际效应，括号内有标准误差。

综上，研究者团队的实验结果表明，愿意做出正式承诺的个体，即使在没有奖励的情况下，也会表现出更高的纳税遵从，但当提供了这样的奖励时，愿意做出承诺的个体会更多。然而，承诺＋奖励的组合方案是否能有效促进纳税遵从，取决于奖励的类型。也就是说，在实验中，尽管单纯的经济奖励造成了未申报收入的最高比例，而将其与正式承诺相结合似乎抵消了这种负面影响，但这种结合既没有提高总体的纳税遵从，也没有提高相对于未获得奖励的承诺人的纳税遵从。将正式承诺与对参与者极具吸引力的实物奖励联系起来会削弱后者的正向激励效应。

5. 研究结果

该研究的第一个关键观察结果是一个强烈的选择效应：顺从的纳税人或具有高税收的纳税人更有可能做出正式的承诺。第二个关键的观察结果是，在剔除任何选择效应后，仅靠承诺并不会导致行为的改变。这与其他研究的结果相矛盾，因为这些研究认为承诺可以加强亲社会行为，但在研究者团队的实验中，个体不能使用承诺作为战略工具来影响他人的行为。第三个关键观察结果是，奖励的类型会影响给定承诺的影响,在实验室和田野实验中,获得非经济(实物)奖励的机会比提供经济奖励(现金)更有可能产生积极的承诺效应。有一种解释是,尽管实物奖励被理解为承认,并可能支持所做的承诺,但财务激励触发了交换关系的感知。因此,实物奖励的激励效果取决于对目标群体的吸引力,这反而又决定了这种类型的奖励是单独的、纯粹的承诺,因此还是两者的结合最能成功地促进纳税遵从。然而田野实验的结果说明,除了表面选择效应的存在之外,提供实物奖励确实可以激励纳税人增加纳税遵从。

思考题

1. 针对第 2 章以购物为研究背景构建的模型,对于可以用实验研究测量的变量,你是否能准确给出实验设计?

2. 如果实验研究缺乏对照组,可能出现哪些问题?

3. 选择本章一个示例,尝试与同学模拟该示例实验数据收集过程,并确认各收集阶段可能会遇到的问题。

第6章
定性研究方法

6.1 概　　述

与定量研究相对,定性研究也是社会科学领域的重要范式与研究方法。定性研究的目的在于识别现实生活中社会现象的基本特征,诸如组织学习、技术开发、战略模式等。一般而言,基于定性研究的方法,研究者通过厘清某一现象出现某些特征的根源来清晰地认识该现象,即理解这一现象的本质和特征。

相对而言,定量研究强调对变量之间而非过程之间的因果关系进行度量和分析。而定性研究强调现实的社会建构性质和调查的价值特征。定性研究寻求有关问题的答案,这些问题强调社会经验是如何创造和赋予意义的。定性研究有多种类型,例如,案例研究、民族志研究、实地研究、过程研究、历史比较研究、深度访谈、叙事分析、参与者观察等。其中,案例研究是应用最广的定性研究模式。定性研究通常用于探索性研究、描述性研究或解释性研究。

定性研究之所以普及,是因为其具有其他研究方法不可比拟的实用性:① 通过沉浸于一种文化或环境中并与参与者直接互动,为研究者提供研究参与者的观点;② 开发灵活的方式来执行数据收集和后续分析,并对收集到的信息作合理解释;③ 提供有关正在调查的现象的整体视野;④ 适应当地情况、条件和参与者的需求;⑤ 以研究者自己的语言和术语与研究对象进行互动;⑥ 根据主要的非结构化数据创建描述性功能。

当然,定性研究也存在相应的缺陷:① 根据研究者的个人特征,很难通过相同的信息得出不同的结论;② 无法调查不同研究现象之间的因果关系;③ 难以解释从不同受访者那里所获信息的质量和数量的差异;④ 数据收集和分析通常很耗时且成本很高;⑤ 需要研究者的丰富经验才能从受访者那里获得有针对性的信息;⑥ 无法生成大量数据,且难以直接分析。

6.2 扎 根 理 论

6.2.1 定义

扎根理论(Grounded Theory)是定性研究中广泛使用的一种方法,使用一系列系统化的过程来建构关于某一现象的归纳性起源理论。

扎根理论是一套逻辑一致的发现理论的资料收集和分析程序,是能够捕捉和概念化社会环境中潜在模式的一种研究路径。扎根理论的要义可总结为:研究的目的是生成理论,而理论必须来自经验资料。研究是一个针对现象系统地收集和分析资料,从资料中发现、发展和检验理论的过程。研究结果是对现实的理论呈现,通过系统的资料收集和分析程序而发现理论。扎根理论的研究者喜欢分析胜过描述,喜欢新鲜的概念类别(即在一个更抽象层次上组合起来的概念群)胜过预先设定的观点,喜欢系统聚焦、连续收集的资料胜过大量同时收集的资料。

扎根理论的目的就是要建立一种忠于证据的理论,是一种发现新理论的方法。在该方法中,研究者将不同的现象与一种获取相似性的视角进行比较,其将微观层次的事件视为一个宏观解释的基础。扎根理论和很多实证取向的理论具有一些相同的目标,所要寻找的理论是与精确严密的证据具有可比性的理论,是能够重复验证、具有概括性的理论。通过跨社会情境的比较,扎根理论的方法追求的是一种普遍性。

6.2.2 流派

一般而言,扎根理论有三个流派:自然涌现论、互动涌现论以及参与建构论。这些流派都强调从资料中生成理论,都采用连续比较法、编码、备忘录和理论抽样等方法及程序,却基于不同的本体论和认识论基础形成了不同的使用方法。

自然涌现论(又称"经典扎根理论")基于后实证主义,认为只要遵循一定的分析程序,资料自会涌现出来并反映背后的基本模式。

互动涌现论(又称"程序化扎根理论")基于实用主义和符号互动主义,注重参与者之间的互动和研究者与同行的互动,相信研究者理论解释上的专业性和中立性。

参与建构论(又称"建构主义扎根理论")在本体论上同样基于实用主义,但将研究者自身的参与影响及其与参与者的互动提升到了中心地位,认为理论尽管贴近现实,但属于一种多方建构的产物。

由此可见,参与建构论与互动涌现论的差异不在本体论上,而在认识论上,即建构主义不承认能产生中立或客观的知识。从逻辑上看,三个流派分别强调的是归纳逻辑、归纳和演绎并用以及溯因推理。

6.2.3　基本思路

扎根理论对于理论的检核与评价有相应的模式,其基本思路可归述为以下六条:提炼理论、理论敏感、不断比较、理论抽样、文献运用方法和准则以及检核与评价。

1. 提炼理论

扎根理论特别强调从资料中提炼理论,认为只有通过对资料的深入分析,才可能逐步形成一定的理论框架。这是一个归纳的过程,自下而上将资料不断地进行浓缩。扎根理论不像一般的宏大理论,不是对研究者事先设定的假设进行演绎推理,而是强调对资料进行归纳分析。理论一定要可以追溯到其产生的原始资料,一定要有经验事实作为依据。这是因为扎根理论认为,只有从资料中产生的理论才具有生命力。如果理论与资料相吻合,理论便有了实际的用途,可以用来指导人们具体的生活实践。扎根理论一个基本的理论前提是:知识是积累而成的,是一个不断地从事实到实质理论,然后到形式理论演进的过程。建构形式理论需要大量的资料来源,需要通过实质理论的中介。若从一个资料来源直接建构形式理论,这其中的跳跃性太大,有可能导致出现很多漏洞。因此,如果研究者希望建构形式理论,首先一定要基于大量事实建构多个实质理论,然后在这些实质理论的基础上建构形式理论。一个理论的密度不但表现在所概括层次的多重性上、有关概念类属及其属性的相互关系上,而且在于这个理论内部所有的概念是否被合适地整合为一个整体。要使一个理论的内部构成获得统一性和协调性,研究者必须在不同的实质理论之间寻找相关关系,然后才能在此基础上建构一个统一、概念密集的形式理论。形式理论不必只有一个单一的构成形式,可以涵盖许多不同的实质理论,将其整合、浓缩并生成为一个整体。这种密集型的形式理论比那些单一的形式理论内蕴更加丰富,可以为一个更为广泛的现象领域提供意义解释。

2. 理论敏感

扎根理论研究方法的主要宗旨是建构理论,因而特别强调研究者对理论保持高度的敏感。不论是在研究设计阶段,还是在收集和分析资料的时候,研究者都应对自己现有的理论、前人的理论以及资料中呈现的理论保持警觉,注意捕捉新的建构理论的线索。保持理论敏感性不但可以帮助研究者在收集资料时有焦点和方向,而且可以在分析资料时注意寻找那些可以比较集中、浓缩表达资料内容的概念,特别是当资料内容本身比较松散时。从事任何工作都有自己的理论,问题是对这些理论是否了解以及了解的程度。在定性研究中,如果研究者采取扎根理论的方式进行研究,则应该对理论给予特别关注。在研究的所有阶段和层面,研究者都应该时刻注意建构理论的可能性,将资料和理论联系起来进行思考。很多定性研究的研究者比较擅长对研究现象进行细密的描述性分析,而对理论建构不是特别敏感,也不是特别感兴趣。扎根理论出于本身的特殊要求,认为理论比纯粹的描述具有更强的解释力度,因此强调对理论保持敏感。

3. 不断比较

扎根理论的主要分析思路是不断比较,在资料和资料之间、理论和理论之间不断进行对比,然后根据资料与理论之间的相关关系提炼出有关的类属及其属性。这种比较必须贯穿于研究的全过程,包括研究的所有阶段、层面和部分。因其持续性和不间断性,这种方法被称为"不断比较法"。这种方法通常有如下四个步骤:首先,通过对概念的类别和资料进行比较,对资料进行细致的编码,将资料归到尽可能多的概念类属下面;其次,将编码过的资料在相同和不同的概念类属中进行比较,为每一个概念类属找到其属性,将有关概念类属与它们的属性进行整合,同时对这些概念类属进行比较,考虑它们之间存在什么关系,如何将这些关系联系起来;再次,勾勒出初步呈现的理论,确定该理论的内涵和外延。将这个初步的理论返回到原始资料中进行验证,同时不断优化现有理论,使之变得更加精细,如果发现这些理论可以基本解释大部分或所有的原始资料,那么其概念类属就可以被认为是合适的;最后,对理论进行陈述,将所掌握的资料、概念类属、类属的特性以及概念类属之间的关系一层层地描述出来,最后的理论建构可以作为对研究问题的回答。

此外,研究者还可以采用"逸事比较"的方法,即回想自身在别的地方看到过或听说过哪些类似情况,将这些情况与已经发展起来的概念类属或初步理论进行比较。研究者不必排除自身个人的经验以及来自其他方面的信息等。虽然这些资料来自非正式渠道,但扎根理论认为,只要能够丰富研究者对研究问题的理解就可拿来为研究服务。既然研究者是研究工具,那么这个工具的丰富、复杂、精致与否就不能脱离研究者本身的生活经历。研究者的学术生涯和个人生活其实是一个无法分开的整体,两者之间是一个相互影响、互相促进的关系。但值得注意的是,研究者在使用这些资料的时候一定要说明出处,不要把它们与研究特意收集的资料混为一谈。

4. 理论抽样

扎根理论认为,当下呈现的每一个理论都对研究者具有导向作用,都可以限定研究者下一步该往哪里走、怎么走。因此,研究不应该只是停留在机械的语言编码上,而应该进行理论编码。研究者应该不断地就资料的内容建立假设,通过资料和假设之间的轮回比较产生理论,然后使用这些理论对资料进行编码。在对资料进行分析时,研究者可以把从资料中初步生成的理论作为下一步资料抽样的标准,以指导下一步的资料分析工作,如选择什么样的资料、如何设码、建立什么样的编码系统和归档系统等。同理,在下一轮资料收集工作中,这些初步的理论也可以指导研究者进一步收集资料,如在什么时间、什么地方、向什么人、以什么方式收集什么样的资料。在收集和分析资料的过程中,研究者还应该不断地对自己的初步理论假设进行检验。检验应该是初步、过程性的,贯穿于研究过程的始终,而不只是在最后。经过初步验证的理论可以帮助研究者对资料进行理论抽样,逐步去除那些理论上薄弱、不相关的资料,将注意力放在那些理论上丰富、对建构理论有直接关系的资料上面。

　　5. 文献运用方法和准则

　　与其他定性研究的研究者一样,扎根理论的倡导者也认为,研究者在进行理论建构时可以使用前人的理论或者自己原有的理论,但是必须与自身研究所收集的原始资料及其理论相匹配。如果研究者希望发展前人的有关理论,必须结合自己的具体情况进行。虽然使用有关的文献可以开阔研究者的视野,为分析提供新的概念和理论框架,但也要注意不要过多地使用前人的理论。否则前人的思想可能束缚研究者自己的思路。有意无意地将别人的理论往自己的资料上套,会导致"削足适履",而不是"量体裁衣"。

　　在适当使用前人理论的同时,扎根理论也认为,研究者的个人解释也可以在建构理论时起到重要的作用。研究者之所以可以理解资料是因为研究者带入了自己的经验性知识,从资料中生成的理论实际上是资料与研究者个人解释之间不断互动和整合的结果。原始资料、研究者自身的理解以及前人的研究成果之间实际上是一个三角互动关系,研究者在运用文献时必须结合原始资料的性质以及自己个人的判断。因此,研究者应该养成询问自己和被询问的习惯,倾听文本中的多重声音,了解自己与原始资料和文献之间的互动关系是如何形成和发展的。

　　6. 检核与评价

　　扎根理论对理论的检核与评价有自己的标准,总结起来可以归纳为如下四条:一是概念必须来源于原始资料,深深扎根于原始资料之中。理论建立起来以后,应该可以随时回到原始资料,可以找到丰富的资料内容作为论证的依据。二是理论中的概念本身应该得到充分的发展,密度应该比较大,内容比较丰富。为了获得概念密度的品质,理论的内部组成应该具有一定的差异性,具有较大的概念密度,即理论内部有很多复杂的概念及其意义关系,这些概念存在于密集的描述性和理性的情境脉络中;三是理论中的每一个概念应该与其他概念之间具有系统的联系。扎根理论认为理论是在概念以及成套概念之间的合理的联系。因此,理论中各个概念之间应该具有一定的关联,彼此紧密地交织在一起,形成一个统一、具有内在联系的整体。四是由成套概念联系起来的理论应该具有较强的实用性,使用范围比较广,具有较强的解释力。与由单一概念形成的理论相比,这种理论的内涵应该更加丰富,可以对更多的问题进行阐释。此外,这种理论应该对当事人行为中的微妙之处具有理论敏感性,可以就这些现象提出相关的理论性问题。

对理论的检核应该在什么程度上停止? 这取决于研究者建构理论时面临的内、外部条件。内部的条件通常是:理论已经达到了概念上的饱和,理论中各个部分之间已经建立了相关、合理的联系。外部的条件主要有:研究者所拥有的时间、财力、研究者的兴趣和知识范围等。扎根理论中的理论建构不是一件一劳永逸的事情,不可能一蹴而就,需要不断发展。所有的理论都是流动变化的,都具有时间性和地域性,都涉及不同的创造者和使用者。在每一次新的探究中,已经建立起来的理论都会经过一次新的检验,看其是否合适、如何合适或不合适、今后可以如何改进等。

6.2.4　操作程序

扎根理论的主要操作程序如下:① 对资料进行逐级登录,从资料中产生概念;② 不断地对资料和概念进行比较,系统地询问与概念有关的生成性理论问题;③ 发展理论性概念,建立概念和概念之间的联系;④ 理论性抽样,系统地对资料进行编码;⑤ 建构理论,力求获得理论概念的密度、变异度和高度的整合性。

对资料进行逐级编码是扎根理论中最重要的一环,定性资料编码并不是简单的抄写工作,而是资料分析的整合部分。这一过程受到研究问题的引导,并引发新的问题。该过程把研究者从原始资料纠缠不清的细节当中解放出来,并鼓励研究者对这些细节进行较高层次的思考,也会将研究者推向理论与通则化。

编码是一种标签,将意义单元分配给研究中汇集来的描述性或推论性信息。编码通常被附加在与某个特定情境有关或无关的大小不同的对象上,例如词语,片语,句子,甚至整个段落。

编码是两项同时进行的活动:机械式的资料缩减与对资料进行分析性的分类处理。扎根理论包括三个级别的编码:一级编码——开放式登录;二级编码——关联式登录,又称轴心式登录;三级编码——核心式登录,又称选择式登录。

(1) 一级编码。

在一级编码(开放式登录)中,研究者要求以一种开放的心态,尽量悬置个人的倾向和学术界的定式,将所有的资料按其本身所呈现的状态进行登录。这是一个将资料打散,赋予概念,然后再以新的方式重新组合起来的操作化过程。登录的目的是从资料中发现概念类属,对类属加以命名,确定类属的属性和维度,然后对研究的现象加以命名及类属化。

为了使分析不断深入,研究者在对资料进行开放式登录时应该经常停下来写分析型备忘录。这是一种对资料进行分析的有效手段,可以促使研究者对资料中出现的理论性问题进行思考,通过写作的方式逐步深化已经建构起来的初步理论。这一轮登录的主要目的是对资料进行开放式探究,研究者主要关心的不是手头这个文本里有什么概念,而是这些概念可以如何使探究进一步深入。

在进行开放式登录时,研究者需要考虑如下六条基本原则:① 对资料进行非常仔细地登录,不要漏掉任何重要的信息,登录越细致越好,直到达到饱和,如果发现了新的号码,可以在下一轮进一步收集原始资料;② 注意寻找当事人使用的词语,特别是那些能够作为号码的原话;③ 给每一个号码以初步的命名,命名可以使用当事人的原话,也可以是研究者自己的语言,不要担心这个命名现在是否合适;④ 在对资料进行逐行分析时,就有关的词语、短语、句子、行动、意义和事件等询问具体的问题,如这些资料与研究有什么关系,这个事件可以产生什么类属,这些资料具体提供了什么情况,为什么会发生这些事情;⑤ 迅速地对一些与资料中词语有关的概念之维度进行分析,这些维度应该可以引出进行比较的案例,如果没有产生可以比较的案例,研究者应该马上寻找;⑥ 注意研究者自己列出来的登录范式中的有关条目。

（2）二级编码。

二级编码(关联式登录、轴心式登录)的主要任务是发现和建立概念类属之间的各种联系,以表现资料中各个部分之间的有机关联。这些联系可以是因果关系、时间先后关系、语义关系、情境关系、相似关系、差异关系、对等关系、类型关系、结构关系、功能关系、过程关系、策略关系等。在二级编码登录中,研究者每一次只对一个类属进行深度分析,围绕着这一个类属寻找相关关系,因此称之为"轴心"。随着分析的不断深入,有关各个类属之间的各种联系变得越来越具体、明晰。在对概念类属进行关联性分析时,研究者不仅要考虑到这些概念类属本身之间的关联,而且要探寻表达这些概念类属的被研究者的意图和动机,将被研究者的言语放到当时的语境以及他们所处的社会文化背景中加以考虑。

每一组概念类属的关系建立起来以后,研究者还需要分辨其中什么是主要类属,什么是次要类属。这些不同级别的类属被辨别出来以后,可以通过比较的方法把主要类属和次要类属之间的关系连结起来。所有的主从类属关系都建立起来之后,研究者还可以使用新的方式对原始资料进行重新组合。比如,可以先设计一些图表和模型,看它们是否可以反映资料的情况,然后再考虑是否能够通过这些图表和模型发现其他新的类属组合方式。

（3）三级编码。

三级编码(核心式登录、选择性登录)指的是在所有已发现的概念类属中经过系统分析以后选择一个"核心类属",将分析集中到那些与该核心类属有关的号码上面。与其他类属相比,核心类属应该具有统领性,能够将大部分研究结果囊括在一个比较宽泛的理论范围之内。

归纳起来,核心类属应该具有如下特征:① 核心类属必须在所有类属中占据中心位置,比其他所有的类属都更加集中,与大多数类属之间存在意义关联,最有实力成为资料的核心;② 核心类属必须频繁出现在资料中,或者说那些表现这个类属的内容必须最大频度出现在资料中,应该表现出一个在资料中反复出现的、比较稳定的现象;③ 核心类属应该很容易与其他类属发生关联,不牵强附会,核心类属与其他类属之间的关联在内容上应该非常丰富,由于核心类属与大多数类属相关,而且反复出现的次数比较多,因此应该比其他类属需要更多的时间才可能达到理论上的饱和;④ 在实质理论中,一个核心类属应该比其他类属更加容易发展成为一个更具概括性的形式理论,在成为形式理论之前,研究者需要对有关资料进行仔细审查,在尽可能多的实质理论领域对该核心类属进行检测;⑤ 随着核心类属被分析出来,理论便自然而然地往前发展;⑥ 核心类属允许在内部形成尽可能大的差异性,由于研究者在不断地对其维度、属性、条件、后果和策略等进行登录,因此其下属类属可能变得十分丰富、复杂,寻找内部差异是扎根理论的一个特点。

三级编码登录的具体步骤是:首先,明确资料的故事线;其次,对主类属、次类属及其属性和维度进行描述;再次,检验已经建立的初步假设,填充需要补充或发展的概念类属;从次,挑选出核心概念类属;最后,在核心类属与其他类属之间建立起系统的联系。

如果研究者在分析开始找到了一个以上的核心类属,可以通过不断比较的方法,将相关的类属连接起来,提出关联不够紧密的类属。

6.3 案例研究

6.3.1 定义

案例是指在某一时间点或经过一段时期所观察到的一种有空间界限的现象,是构成一项推论试图解释的一类现象。因此,在某个试图阐明国家或民族某种特征的研究中,案例是由国家或民族(跨越时间框架)构成的;在某个试图解释个人行为的研究中,案例则由个人构成。

Platt(1992)在回顾美国案例研究的方法论思潮时,认为案例研究是一种研究设计的逻辑,必须要考虑情景和研究问题的契合性。根据其定义,Yin(1993)进一步地延伸,强调设计逻辑是指一种实证性的探究,用以探讨当前现象在实际生活场景下的状况,尤其是当现象与场景界限不清且不容易做清楚区分的时候,就常使用此类探究策略。

作为一种研究策略,案例研究是一种非常完整的研究方法,同时包含了特有的设计逻辑、特定的数据收集以及独特的数据分析方法。案例研究在数据收集和数据分析上极具特色,包括依赖多重证据来源,不同数据必须能在三角验证的方式下收敛,并获得相同的结论;通常有事先发展的理论命题或具有清楚的问题意识,以指引数据收集的方向与数据分析的焦点。相较于其他方法,案例研究能够对案例进行厚实的描述与系统的理解,而且对动态的互动历程与所处的情境脉络亦会加以掌握,从而获得一个较全面与整体的观点。案例研究有助于研究者产生新的领悟。

案例研究可以区分为三大类,包括探索性(Exploratory)、描述性(Descriptive)、因果性(Casual)案例研究。探索性案例研究是指当研究者对于个案特性、问题性质、研究假设及研究工具不是很了解时所进行的初步研究,以提供正式研究的基础;描述性案例研究是指研究者对案例特性与研究问题已有初步认识,而对案例所进行更仔细地描述与说明,以提升对研究问题的了解;因果性案例研究旨在观察现象中的因果关系,以了解不同现象间的确切关系。

案例研究是一类重要的研究方法。第一,由于管理的多元与复杂,研究者需要采用能够考察复杂性的适宜的研究方法。其中案例研究由于能够掌握现象的丰富性、能对现象进行厚实的描述,而成为最恰当的方法之一。第二,由于各种研究方法都各有其优缺点,当代社会科学界特别强调多元研究方法论的观点,认为需要兼而采用各种定性、定量的不同方法来探讨同样的问题,以强化研究结果的坚韧度。在此状况下,与其他研究方法颇为不同的案例研究深获重视。第三,全循环研究逐渐流行。全循环研究是指研究者兼而采用归纳法和演绎法,透过科学研究循环来探讨一个问题,以建立有力、坚实且具有类推性的理论。在研究循环中,不管是理论建构还是理论验证,案例研究都是不可忽略的一环。第四,在管理学文化革命的浪潮下,许多研究者指出,针对突显本土文化特色的管理学知识,必须采用扎根理论的研究方式来进行厚实的研究,以提出更具内部效度与外部效度的本土理论。因而具有本土特色的案例研究有很高的价值。

6.3.2 质量标准

遵循科学研究的法则,案例研究同样需要遵循效度与信度的标准。其中,效度主要分为构念效度、内部效度以及外部效度。

(1)构念效度。构念效度要求针对所要探讨的概念,进行准确的操作性测量。为了具有构念效度,在案例研究中,可以采用以下方法加以执行:第一种,采取多重证据来源的三角验证。研究者需要使用各种证据来源,让各种来源的证据能够取长补短、相辅相成。当不同做法都能获得类似的资料与证据时,则说明案例研究中的衡量具有构念效度。这些来源通常包括文档(如信件、报告、报道、私人笔记等)、档案(企业数据、官方记录、现行数据库等)、人员面谈、现场观察、活动参与、人工器物的收集等。第二种,建立证据链。让收集的数据具有连贯性,且符合一定的逻辑,使得报告的阅读者能够重新建构这一连贯的逻辑,并预测其发展。当逻辑越清晰、越连贯时,构念效度就越高。第三种,审查重要信息提供人。通过重要信息提供人的审阅报告与数据,来确保数据与报告能反映所要探讨的现象,而非研究者的偏见。由此,可以避免个人的选择性知觉所产生的不恰当诠释。第四种,"魔鬼辩护"的挑战。安排能够挑战数据、证据及结论的"魔鬼辩护",要求他们针对资料的收集、分析、结果与报告提出严苛的批评,用以检视研究者的盲点与偏见,以确保收集的资料能够反映研究构念。这种辩护通常是持反面意见的人,可以提供对立的观点,以避免个人偏见或团体盲思的产生。

(2)内部效度。内部效度强调建立因果关系,说明某些条件或某些因素会引发其他条件或其他因素的发生。为了具有内部效度,在案例研究中,可以采用以下方法加以执行:第一种,模式契合。可以用来检验数据与理论是否搭配和契合,查看各构念间的关系,是否能与数据契合,如果契合,则提供了支持的证据。如果所收集的各种数据,都能肯定原先推论的关系,则可接受原先发展出来的命题或假设;否则,需要加以修正。第二种,逻辑构建。首先,研究者陈述可能的理论,并提出一连串的命题;其次,再检视理论、命题与经验数据是否符合,据以修正理论与命题;最后,再重复以上的过程,直到两者趋近为止。采用时间序列的设计,需要先分析所要观察的变量或事件在时间上是否具有先后顺序,再推论其中的前因后果关系。当某些变量或事件总是发生在先,且导致后续变量或事件的发生或改变时,即可推论变量间具有时间上的因果关系。如果经验数据亦证实的确具有此类因果关系,则可提供内部效度的证据。

(3)外部效度。外部效度指明研究结果可以类推的范围;结果与理论的类推范围越广、所能解释的组织现象越多,则结果与理论就越有力量。在探讨案例研究的外部效度时,通常采用分析类推而非统计类推的概念。分析类推指案例所得的结果可以在以后的案例上重复发现,由此证实该案例所获得的结果确实存在。要判断案例研究结果在其他案例上的类推性时,需要在不同时间、地点进行多案例研究,以判断此结果在其他情景、时间及地点上的情形。

(4)信度。信度阐明研究的复制性,例如,数据收集可以重复实施,并可以得到相同的结果。信度是指研究过程的可靠性,所有过程必须是可重复的。因此,必须准备周详的案例研究计划草案,让后来的研究者可以重复进行研究,也必须要建构研究数据库,让后来的人能重复进行分析。

在研究计划草案时不仅要说明特定的研究过程、所依循的资料收集与分析原则,而且至少要包括以下内容:① 研究目标与探讨议题,例如,研究目的、问题背景等;② 研究场所与研究程序,例如,研究地点的详细描述、信息来源,甚至是研究者的保证书等;③ 研究问题,例如,特定而具体的问题,如访谈表的时程与内容、访谈对象、数据分析方式与过程等;④ 研究报告的结构,例如,研究结果、如何组织、进行对话的理论、如何获得结论等。

构建研究数据库时,这些数据库至少包括现场研究笔记、参与观察记录、访谈的录音、观察的录像、誊写的文稿、档案数据以及数据分析记录等,以便后来的研究者能够进行再检查与再分析。

案例研究的效度与信度标准、威胁因素、做法以及步骤见表 6-1。

表 6-1　案例研究的效度与信度

检 验 标 准	威 胁 因 素	做　法	步　骤
构念效度 准确测量所要探讨的概念	操作性测量不能反映构念,或反映其他构念	多证据来源 建立证据链 数据提供人的审查 "魔鬼辩护"	资料收集 资料分析
内部效度 确保观察的变量或事件具有因果关系	存有另外的因果解释,或因果关系受到污染	模式契合 逻辑构建	资料分析 研究设计 资料分析
外部效度 研究结果所具有的类推范围	结论可能只适用于某些特定的范围内	多案例复制 分析类推	研究设计 资料分析
信度 研究过程的重复与复制	重复实施得不到相同的结果	周详的研究计划书 案例研究数据库	研究设计 资料收集 数据收集 数据分析

6.4 案例研究的执行

根据 Eisenhardt 和 Bourgeois(1988)的经典架构,可以将一个标准的案例研究过程分为准备阶段、执行阶段与对话阶段。其中,准备阶段分为启动、研究设计与案例选择、研究工具与方法选择三个步骤;执行阶段分为资料收集、资料分析以及形成假设与理论化三个步骤;对话阶段分为文献对话与结束两个步骤。即案例研究可以归结为包含准备、执行及对话三大阶段的八个步骤。这些阶段和步骤虽然可以区分开来并有先后的顺序,但在进行实际研究时,各步骤之间可能具有回路的循环关系,而非总是直线地往前推进。因此,类似数据的收集与分析应反复进行。案例研究的执行过程见表6-2。

表 6-2 案例研究的执行过程

步 骤	活 动	原 因
准备阶段		
启动	① 界定研究问题; ② 找出可能的前导观念	① 聚焦努力方向; ② 提供构念测量的基础
研究设计与案例选择	① 不受限于理论与假说,进行研究设计; ② 聚焦于特定族群; ③ 理论抽样,而非随机抽样	① 维持理论与研究弹性; ② 限制额外变异,并强化外部效度; ③ 聚焦于具有理论意义的有用案例,如能够补充概念类别的理论复制与引申的案例
研究工具与方法选择	① 采用多元数据收集方式; ② 精制研究工具,同时掌握质化与量化资料; ③ 多位研究者	① 透过三角验证,强化研究基础; ② 证据的综合; ③ 采纳多元观点,集思广益
执行阶段		
资料收集	① 反复进行数据收集与分析,包括现场笔记; ② 采用有弹性且随机应变式的数据收集方法	① 实时分析,随时调整资料的收集; ② 说明研究者掌握浮现的主题与独特的案例性质
资料分析	① 案例内分析; ② 采用发散方式,寻找跨案例的共同模式	① 熟悉数据,并进行初步的理论建构; ② 促使研究者摆脱初步印象,并透过各种角度来查看证据
形成假设与理论化	① 针对各项构念,进行证据的持续复核; ② 横跨各案例的逻辑复现,而非样本复制; ③ 寻找变量关系的原因或"为什么"的证据	① 精炼构念定义、效度及测量; ② 证实、引申及精炼理论; ③ 建立内部效度

步　骤	活　　动	原　　因
对话阶段		
文献对话	① 与矛盾文献互相比较； ② 与类似文献互相比较	① 建构内部效度、提升理论层次并强化构念定义； ② 提升类推能力、改善构念定义及提高理论层次
结束	① 现实限制； ② 研究限制	① 尽可能达到理论饱和； ② 当改善的边际效用越来越小时，则结束研究

6.4.1　准备阶段

准备阶段分为三个步骤，即启动、研究设计与案例选择、研究工具与方法选择。

1. 启动

在启动案例研究时，研究者必须先确定什么是要探讨的研究问题。即使案例研究所要检验的理论不一定清晰，研究者仍必须要有清楚的方向与清晰的焦点加以依循，用以指引系统地收集数据并回答问题。否则，研究将会失焦，并且可能收集到浩如烟海却无关紧要、没有用处的资料。

2. 研究设计与案例选择

研究者可以根据分析层次与案例数来进行研究设计，并区分案例研究的类型。分析层次是指研究者有兴趣去分析对象的层次。在组织与管理的领域中，分析层次可能是个人、部门、组织或产业，视研究者的需要而定；案例数则指研究者所要研究案例的数目。

依照分析层次与案例数的多寡，通常有四种案例设计方式：第一种为单案例单层次，第二种为单案例多层次，第三种为多案例单层次，第四种为多案例多层次，如图 6-1 所示。该图基于 Yin(1989) 修改后编制。

第一种单案例单层次设计：案例数只有一个，而分析层次也只有一种。例如高阶领导中的案例设计，研究对象只有一个人，而分析层次也以个人为主。第二种单案例多层次设计：案例数只有一个，但分析层次不止一种。这种设计常见于组织研究当中，以一家组织为案例对象，分析层次包括个人、团体、部门及事业部等多个层次。第三种多案例单层次设计：案例设计是第一种设计的复制，分析层次只有一种，但有多个案例。第四种多案例多层次设计：案例设计是第二种设计的复制，

	单案例设计	多案例设计
单层次分析	第一型 (如郑伯壎和刘怡君， 1995)	第三型 (如郑伯壎，2005； Yan & Gray, 1994)
多层次分析	第二型 (如Barker, 1993)	第四型 (如Zbaracki, 1998)

图 6 - 1　案例研究的设计

案例数不止一个，分析层次也不止一种。例如，探讨不同组织的制度对各阶层员工的影响等。

　　单案例研究设计可以针对描述一个既存的现象，进而引发其他研究者与读者对某个研究问题的兴趣，激发对于现有理论的反思，将一些现象更清楚地予以揭露呈现。单案例设计通常适用于以下三种情况：① 批评性案例，目的是挑战或验证现有的理论；② 特殊性案例，每一个案例本身具有独特之处，值得做个别探讨，以建立新的理论模式，或扩大旧理论的类推能力；③ 补充性案例，前人的研究因某些因素未能观察到一些重要现象，该研究以补充过去研究的不足。

　　相较于单案例研究，以多案例研究来建立理论，通常可以获得更为严谨、一般化以及可以验证的理论。多案例研究有以下优势：① 多案例研究设计可以帮助研究者进行比较，以确认某些研究发现是否普遍存在于不同的案例中；② 多案例研究的发现是基于不同的案例数据，故其所建立的构念关系通常更为严谨；③ 由于不同案例间可能存在着差异性，因而多案例研究可以促使研究者针对研究问题进行更广泛的探索与思考。

　　一旦确定研究设计的类型之后，则可以考虑案例选择的问题。在案例选择方面，研究者需要决定选择标准与筛选过程。除了验证理论的案例研究可能采用统计抽样的概念来选择案例之外，大多数案例都采用理论抽样的方式来进行。

　　统计抽样是指研究对象有一个清晰的母群，并依据随机方式，来抽取具代表性的样本作为研究之用。理论抽样是指根据理论，而非统计概念来选择样本。例如为了延展理论，可能会选择较为极端的案例；为了复现理论，可能会选择条件类似的案例；为了验证理论，可能会选择符合理论要件的案例。理论抽样的目的是有意地选择独特、补充或批判的案例，用以显现或延伸研究构念间的关系。

　　单案例研究设计中的理论抽样，通常是选择不寻常、极端的案例，同时研究者亦有机会近距离接触,以便针对一个独特的现象来进行探讨;多案例研究设计中的理论抽样较为复杂,其考虑的不是个别案例的独特性,而是一组案例对于理论发展的潜在贡献。故在多案例研究中,依据理论发展的不同需要,研究者可以选择性质类似的案例或是相反极端的案例或是以案例选择来排除其他可能的解释,以帮助厘清一个现象中各构念之间的可能关系。

3. 研究方法与工具选择

案例研究通常采用多元方法来收集资料,这些方法除了定量研究方法之外,大多包含各种定性方法。通常包括深度访谈、直接观察、档案调阅等方式。深度访谈可细分为非结构访谈与半结构访谈两种。非结构访谈是研究者邀请受访者畅所欲言,但并未事先准备完整的访谈表,而仅使用一份备忘录来检核访谈的进行,查看是否有遗漏的议题。在半结构访谈中,研究者会准备一份访谈表,并依照表中的内容逐项询问,据以收集资料。直接观察可区分为参与观察与非参与观察两种。在参与观察中,研究者会置身于被观察者的活动场所中,查看被观察者的所作所为,并可能与被观察者进行互动。在非参与观察中,观察者是一位旁观者,通常以不介入的方式进行观察。文件调阅是指研究者收集并阅读与研究主题有关的各类文件,包括信件、备忘录、议程、会议记录、公文、企划书及媒体报道等,也有可能在被研究者同意的情况下,阅读其私人信件或日记作为数据源。

以上三种方法各有优缺点(见表6-3)。所以兼而采用各种方法来收集材料是相当重要的,可以取长补短,产生综合效果。在案例研究中采用多方法、多研究者、多来源的做法是常见的选择。

表 6－3　三种定性数据收集方法的优缺点比较

研究方法	优　　点	缺　　点
深度访谈	① 目的清楚,能呼应研究主题; ② 可以获得有深度解释	① 重要文件不容易取得; ② 不完整时会有偏颇; ③ 可能存在偏见; ④ 受访者回忆偏误或故意迎合访谈者
直接观察	① 可以看到直接而实时的事件; ② 能察看事件发生的情境; ③ 对人际行为与动机具有深刻的了解	① 费时费力; ② 选择性的情境可能有偏颇; ③ 介入的影响
文件调阅	① 可以重复检视; ② 不介入案例活动; ③ 明确的资料与清楚的细节; ④ 范围广泛,横跨各种人、事、时、地、物	① 问题歧义时会产生偏误; ② 使用权会受到限制

6.4.2　执行阶段

执行阶段分为三个步骤,即资料收集、资料分析以及形成假设与理论化。

1. 资料收集

案例数据的收集、编码及分析通常是混在一起的,而非彼此分立,这和量化研究的数据收集与分析程序有很大的不同。

在案例研究中,资料收集与斟酌反思常是重叠在一起的。研究者需要保持敏锐的理论触角,故现场笔记可以提供极大的帮助。现场笔记记录了研究时发生的种种事项,让研究者可以据此进行深刻的反思。研究者需要思考的是:什么是令人印象深刻的事件?这种事件为什么发生?从这些事件中,研究者能学到什么?此事件与其他已经历过的事件有何不同?为何独特?透过这些思考,随时调整数据收集的广度与深度。必要时也可以增加新的问题,或采取新的数据收集方法,来处理逐渐浮现的问题。另外,定期或在有需要时,进行团队会议,讨论数据收集的状况,分析研究者彼此的想法,以作为下阶段资料收集的方向与做法的参考。

在此过程中,研究者需要对自己的偏好与性格有清楚的自觉,以避免个人的偏见涉入,并产生影响;研究者也需要具备良好的人际互动技能,以便能与研究对象、信息提供人及其他有关人员进行顺畅的互动;需要拥有开放的心胸与同理心,能够扩大视野,针对问题进行抽象、有系统且具反省性的思考;要具有理论敏感度,能够察觉现象或事件背后的理论含义,洞察相关或无关的事物。

由于数据收集的方法不少,且各有优缺点。因此,研究者必须深谙或熟悉各种研究方法,并对其优缺点有清楚的认识。

2. 资料分析

资料分析是案例研究的核心,其中包括以下的步骤:第一步,建立文本。访谈、观察及文件等资料的撰写与摘记。第二步,发展编码类别。研究者详细阅读每一个段落的内容,并参照全文主题,将每一段落分解成一或两个小单位,以一句话简述之,并加以编码。同时,将所分析出的小单位,依据内容与性质的相近程度加以整理,以形成自然类别。如果已有初步理论,则亦可根据理论来架构类别。第三步,指出相关主题。仔细思考每一自然类别的内容和类别、类别之间的可能关系,依据可能的逻辑关系排列出来,并给予命名;接着,审视前一步骤是否有不合宜之处,或者结果不合逻辑的地方,若有则予以修正。第四步,数据聚集与检验假设。进行初步假设,让数据主题与初步假设对话,以了解资料与假设配合的状况,作为接受或拒绝假设(或命题)的依据。第五步,描绘深层结构。整合所有数据、脉络及理论命题来建构理论架构,作为未来进一步研究的基础；或者与打算验证的理论进行对话，并加以修正。案例研究的资料分析步骤与深化历程如图 6-2 所示。

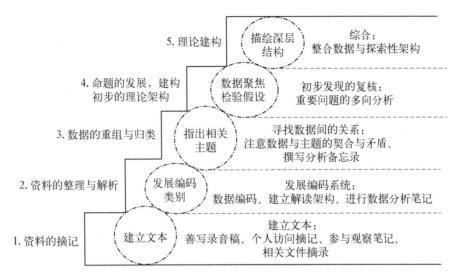

5. 理论建构　描绘深层结构　综合：整合数据与探索性架构

4. 命题的发展，建构初步的理论架构　数据聚焦检验假设　初步发现的复核：重要问题的多向分析

3. 数据的重组与归类　指出相关主题　寻找数据间的关系：注意数据与主题的契合与矛盾、撰写分析备忘录

2. 资料的整理与解析　发展编码类别　发展编码系统：数据编码、建立解读架构、进行数据分析笔记

1. 资料的摘记　建立文本　建立文本：善写录音稿、个人访问摘记、参与观察笔记、相关文件摘录

图 6-2　案例研究的资料分析步骤与深化历程

除了案例研究的资料分析之外，在进行多案例研究时，也需要进行案例间的比较，以了解跨案例间的异同。在进行多案例比较时，必须秉持开放与多元的想法，多方面求证正、反两方面的证据。比较通常可以被区分为两类：一类为根据研究类别来进行跨案例比较，另一类为依照案例的所有性质进行全方位比较。

3. 形成假设与理论化

在经过数据分析之后，所有主题及主题间的关系都会逐渐浮现。接着既可以进行系统性的比对，查看数据主题、主题间关系与构念架构间的契合程度，并逐一形成假设、验证假设，同时建立理论。在比对之前，需要先检视数据的构念效度，看数据是否能够代表所要探讨的构念，一方面需要精炼或重新界定构念，另一方面要提供构念效度的证据。当所有来源的数据都显现出某一类型构念的证据时，则可以肯定构念效度的确存在。因此，有些研究者利用构念矩阵的做法摘记某些构念下的资料证据来表明案例研究的构念效度。其次则是检视内部效度，考察构念与构念间的关系是否能与各案例所提供的证据契合，提供了支持的证据；反之，则提供了不支持的证据。这一过程，虽然与传统量化研究中的假设检验颇为类似，但仍有差异。在案例研究中，假设是根据复现逻辑、通过一连串的案例来逐一检视的。这种做法就像进行了许多次的实验一样，每一个案例都能提供支持与不支持的证据。在许多案例都支持假说的状况下，研究者对某一关系的信心就会更加强化；反之，当不支持时，则提供假设修正的机会,或提出迥然不同的新颖假设。通过上述过程,可以确保案例研究的内部效度。

在运行时间内,不论采用何种数据收集与分析的策略,都必须讲求数据与分析的质量:① 数据要多元,尽量避免偏见;② 资料分析是以所有相关证据为基础,尽可能收集可能取得的证据,并进行周详的检视;③ 分析要彻底,应该涵盖所有重要的对立假说,作为进一步分析的基础,且据以修正原先的假说;④ 分析要紧紧扣住研究目的,回答所要探讨的主要问题,或处理最重要的一个方面,以免过于发散,而模糊了问题的焦点。

在整个过程中,理论化无疑是最困难的一个阶段。好的案例研究不能仅仅立足于一堆描述性的内容,还必须能够提供概念上的启发。以多案例研究进行理论化工作时,其难处常在于无法同时兼顾一般化、精确及简单化的理论要求。这是因为某个案例可能比其他案例更令人感兴趣,导致研究者所产生的理论解释可能与这个案例紧密连接,但与其他案例的连接则明显较为松散。针对这个问题,单一研究者不可能完成的事,通常可以由一群研究者来达成。透过多位研究者进行集体三角验证,将有助于理论朝向一般化、简单以及精确的目标趋近。

6.4.3　对话阶段

对话阶段分为两个步骤,即文献对话与结束。在启动阶段与执行阶段结束后,研究者需要将先前的专家知识纳入案例研究中。研究者必须熟悉与该案例有关研究主题的主张与争议,并与现有的文献进行对话;或提供支持的证据,扩大文献的应用范围;或提供反证,对文献提出修正的看法。

1. 文献对话

文献对话的主要目的,是将获得的研究结果与既有的理论或概念进行比较,以促进理论或构念的演化。这一比较的内容通常包括两项:第一,与现有文献有何相似之处?当研究结果与过去的研究类似或支持现有理论时,代表证据更为强而有力,理论所具备的内部效度更为坚韧、外部效度更强,构念的可信度和正当性更高;第二,与现有文献有何相异之处?与既有文献矛盾的研究结果,可以促使研究者寻找进一步的原因,并提供另一项思考的方向,从而可以对理论或构念提出进一步的修正:或产生重大的突破,或掌握重要的调节因素。因此,有时矛盾的证据反而比支持的证据更有价值。更重要的是,矛盾的证据往往会强迫研究者做更周详的考虑,并提出新的观点,从而可以对现象有进一步的洞察,也可对现有理论的类推范围有更深刻的了解。

2. 结束

什么时候可以结束案例研究？这个问题涉及两项重要的考虑因素。第一，现实上的考虑。理想上，一个研究没有现实上的限制当然是最完美的，可是案例研究通常费时费力，所以当时间不允许、经费已经用尽、或案例研究对象不想再配合时，案例研究就得结束。第二，研究上的考虑。如果现实条件都能配合，案例研究的结束就得视两项条件而定。第一项是案例所提供的信息是否已达饱和，此项攸关案例是否需要再增加。当新增的案例无法提供更多的信息，或研究者很难从新的案例学到更多新知识时，就是结束案例选择的时机。显然，这一原则还不够具体，所以有一些经验丰富的研究者往往建议案例收集的范围为 4～10 个。当收集的案例在 4 个以下时，由于案例数太少，可能无法掌握组织或管理的复杂度，从而无法建构坚实有用的理论；当案例数在 10 个以上时，则又因为数据过度浩繁庞杂而无法处理，或分析难度太高以至于不知如何下手。第二项是数据对理论的改善是否幅度有限，此项涉及理论与数据的契合分析是否需要再进行等问题。当来来回回、反反复复的分析已经趋于饱和，理论或概念与数据契合的改善十分有限之后，则可以终止数据的分析。

6.5　示　　例

6.5.1　示例 1

本示例分为论文基本信息、研究问题、研究设计、案例选择、数据收集、数据分析与检验、研究结果这七个部分。

1. 论文基本信息

该示例是 2004 年 Graebner 和 Eisenhardt 在 *Administrative Science Quarterly* 发表的论文 The seller's side of the story：Acquisition as courtship and governance as syndicate in entrepreneurial firms。

2. 研究问题

该论文试图从出售方的角度出发研究并购，主要探索企业的领导者如何选择出售的时机和对象。

3. 研究设计

该论文使用多案例、归纳式的研究方法，研究包括 12 家创业企业。多个案例可被看成是一系列的实验，它们之间遵循复制的逻辑，即每一个案例都可以用来验证或否证经由其他案例得到的推论。多案例研究的上述特点使得其研究结论与单案例研究相比更具一般性，研究基础更扎实。此外，该论文还采用了嵌入式的研究设计（例如多个分析层次），分析视角包括出售方、兼并方、高层管理者、董事会成员以及并购的决策过程。虽然嵌入式的研究设计很复杂，但这种研究设计有利于归纳出更丰富更可靠的理论模型。

4. 案例选择

根据以上问题，研究者所选择的企业既包括已出售的，也包括未出售的。研究者在 3 个行业中共抽取了 12 家样本企业，每个行业 4 家，其中 3 家出售，1 家未出售。这三个行业分别是：网络硬件、基础软件和电子商务。这 3 个行业的创业活动非常活跃，并且在成本结构、销售和分销渠道以及消费者行为特征等方面存在显著差异。此外，这 3 个行业在并购思路上也有很大不同。网络硬件行业的并购往往是为了将出售方企业的新技术与并购方企业的制造与销售能力相整合；基础软件行业的并购是为了构造或完善产品线；电子商务企业发起并购的目的则常常是丰富在线内容以及提供更多的在线服务。综上所述，该论文所选择的这 3 个行业对美国科技型新创企业具有良好的代表性。

对每个行业，研究者按照地理位置进行分层抽样。研究者从创业活动高度集聚的硅谷抽取了 50% 的样本，剩余的样本中有一半来自美国西部的其他地区，另一半来自美国的东部。产业类型和地理区位的多样性能够增强所选样本的代表性以及研究结论的普适性。样本企业的平均创立时间为 3 年，平均雇员规模为 73 人，平均并购价格为 1.25 亿美元。8 家样本企业得到过风险资本，平均的风险投资次数为 2.8 次。另外 4 家企业是通过自有资本和天使资金创立起来的。由于出售企业需要得到董事会和股东的批准，因此，研究者基于董事会构成和所有者结构来获取信息。平均每家样本企业的董事有 5.4 个（企业管理者占 31%，投资人占 43%，来自外部的占 22%）。9 家被收购的企业，7 家被公众企业收购，2 家被私人企业收购。与典型的创业企业收购相一致，9 家企业的收购都是用收购方的股权购买出售方 100% 的股权。

5. 数据收集

数据收集距离样本企业并购活动的发生均不到 6 个月，时间为 1999—2000 年。研究期间，有 3 家企业正在进行谈判、评估等并购决策活动。这使得该论文的研究既有历史回溯数据，也有实时数据。历史回溯数据通过扩大样本的抽取范围提高数据的有效性，而实时数据加深了研究者对并购活动发展演变的理解和认识。

　　该论文的数据来源如下：① 采用半结构化访谈方法所获取的来自出售方和兼并方关键决策者的定性和定量数据；② 通过电子邮件和电话进行跟进访谈和跟踪实时并购过程所获得的数据；③ 财务报告中的定量数据；④ 来自企业网站、商业出版物以及由报告者提供的各类档案数据。

　　在 14 个月的时间里，研究者进行了超过 80 次的访谈。第一阶段，研究者与 15 位管理人员进行了试访谈，这 15 位管理人员包括出售方、并购方、已售企业的股东以及并购的中间人。

　　试验性访谈的结果显示，能够做出出售企业决策的人员往往是 CEO 和 2～3 名高管团队成员或者董事等少数人员。被出售企业的其他人员对并购并不太关注。试验性访谈帮助研究者识别对并购最具有影响的人员。为了进一步保证研究者的访谈对象已囊括了最重要的人员，研究者采用了"滚雪球式抽样"。首次访谈研究者尽可能地邀请出售方的 CEO 或并购方业务发展部门的负责人。这次接触帮助研究者识别出售方与并购方参与到并购中的一些重要人员，经过他们，再拣选出其他的合适的访谈对象。研究者评估了每一位被访者的"表面效度"，以检查"滚雪球式抽样"的有效性。研究者将被访者的相关信息与其所在企业的组织结构进行了对比，通过这一对比检验研究者是否拣选了对并购具有最大影响的人员。研究者挑选的被访者包括 CEO、高级副总裁、至少一名投资者。投资者要么是董事会成员，要么主导了对企业的某一轮投资，或者两者兼具。

　　每一次访谈持续 60～90 分钟，并根据访谈提纲进行。针对出售方管理者。出售方投资人、并购方管理者，访谈提纲有一些区别。在访谈中，研究者使用了一种称为"法庭询问式"的程序，该程序注重发生的事实，而不是报告者对这些事实的解读，尤其是他们对他人行为的叙述。

　　访谈开始的时候，研究者请出售方的管理人员介绍一些企业的背景信息，然后请被访者回答一个开放式的问题，按照时间的顺序介绍企业与收购有关的历史情况。这种开放式的问题，使被访者回忆时有更高的准确性。

　　访谈也包括一些封闭式的问题，例如，企业成立的日期，被访者的并购经验等。研究者按照大致相同的结构对并购方和出售方投资者进行访谈，但有时会根据两者在并购中所扮演的角色做些调整。除了访问并购方、出售方以及投资者外，研究者还访谈了一些具有丰富并购经验的人士。例如，一些卓越的投资银行并购部门的负责人。这些访谈以开放式的问题为主，问题集中于受访者的专业特质。

　　研究者对所有的访谈均进行了文字记录和录用。文字记录总计有 1 260 页（双倍行距）。当有问题需要澄清时，研究者会通过电子邮件或者电话进行跟踪访谈，如果有并购谈判在进行当中,当某项主要的事件发生时,如并购交易信息披露,研究者就展开相关的访谈。研究者对一些访谈对象的采访次数达到了 3 次以上,并从企业网站和商业出版物处获取了每个企业的财务数据和档案数据,作为访谈的补充资料。

在数据收集过程中,研究者采取了一些方法以降低来自被访者可能出现的信息偏差。被访者既有来自出售方(包括两级管理人员和投资者)的,也有来自并购方的。不同的人对并购有不同的看法、牵扯的利益也有所不同。如果回忆性的或其他形式的偏差比较严重,研究者就会发现受访者在事件描述上存在的一些显著差异。但在该论文的研究中,研究者并未发现这一现象。正如本节所说,研究者访谈了与并购有关的所有核心人物。当回忆近期发生的重要事件时,具有高度影响力和相关知识背景的报告人是最可靠和最合适的人选。研究者在访谈中也时时关注事实。对事实的强调使得访谈较少受制于认知偏差和受访者为了给访谈者带来好印象所产生的误导。报告者提供的信息常常是很客观的(例如,企业是否进行了新一轮的融资或者发布了新的产品,是否有朋友在企业投资以及企业收到的收购要约数量等)。为了激励报告人提供更准确的数据,研究者承诺保密。

6. 数据分析与检验

该论文提炼了五个关键构念:并购意愿、战略障碍、个人动机、合并潜力以及组织融洽。

(1)并购意愿。

为了捕捉企业领导者对出售企业的立场,研究者构建了一个构念——并购意愿。这个构念是在分析数据的过程中形成的,研究者根据管理者或投资人对出售企业的支持或反对具体行为来测量这一构念。研究者给支持的行为加 1 分,如雇佣投资银行或主动联系并购方。相反地,研究者给反对的行为减 1 分,如拒绝与潜在并购方进行接触。最后,将分数累加得出一个总分。根据这个总分,一个企业在出售上的立场被划为积极、中性和消极三类。表 6-4 列出了部分案例的并购意愿分级。

表 6-4 并购意愿分级(部分案例)

企业名称	行　　　动	得分	类别
Tosca	列出潜在并购方的名单 联系潜在并购方并与之讨论并购事宜 雇佣投资银行 举行企业出售拍卖会 当并购方来洽谈时进行谈判 做出关于出售企业的董事会决议	6	积极

续　表

企业名称	行　　　动	得分	类别
Boheme	列出潜在并购方的名单 联系潜在并购方并与之讨论并购事宜 当并购方来洽谈时进行谈判 做出关于出售企业的董事会决议	4	积极
Cheetah	向有意向的并购方寻求投资 当并购方来洽谈时进行谈判	2	中立
Giant	当并购方来洽谈时进行谈判	1	中立
Mariner	当并购方来洽谈时进行谈判 有意给买家留下负面的印象(一1)	0	消极
Carmen	与一个买家商谈,排除其他买家(0) 有意给买家留下负面的印象(一1)	一1	消极
Tiger	多个买家成为企业的潜在投资者,有意识阻止任何一个 投资者并购企业(一1) 有买家与之接触时,拒绝商谈(一1)	一2	消极

（2）战略障碍。

研究者将战略障碍界定为影响企业发展的重大事件。尽管战略障碍对企业成长具有挑战性,但是它也是可以预测的,有时甚至作为一种惯例性事件出现。研究者从数据中发现了这些战略障碍出现的证据,包括增加融资次数、扩大销售规模、雇佣新 CEO、弥补战略缺陷等,在此,将战略缺陷界定为未能预料到的、在企业产品供应上的重要不足。企业遭遇的战略障碍数量越多,难度越大,企业领导者就越有可能出售企业。为容易跨越的战略障碍赋值 1 分,难以跨越的赋值 2 分。战略障碍困难与否按以下的方法区分。如果原先敲定的候选 CEO 退出或者没有合适的候选人,那么寻找新 CEO 这一战略障碍就是困难的。如果需要新增产能,或者在目标市场内中小卖家受到歧视,或者购买者非常强势,研究者就将扩大销售规模看作困难的战略障碍。如果企业的产品独立出售的持续时间不足一年(受访者将一年看作困难与否的一个重要时间上的节点),研究者认为这种战略缺陷就是一个困难的战略障碍。如果原先的投资者对新一轮的融资没有兴趣,研究者就将融资视作难以跨越的战略障碍。证据显示,战略障碍数量越多,困难程度越大,企业的领导者对出售就越感兴趣。表 6-5 列出了部分案例的战略障碍。

（3）个人动机。

虽然财务收益、股权结构对并购有重要的影响,研究者发现管理者在出售企业方面的个人动机更为复杂。首先,一些管理人员将出售企业后带来的职位变化看作是

表 6-5　战略障碍(部分案例)

企业名称	战　略　障　碍	难易程度	对出售的兴趣
Tosca	战略缺陷。需要扩张到关联领域,但充满风险。"企业产品单独出售的持续时间不会超过 12 个月……与其他产品整合的选择……风险很高,意义不大。"(风险投资人) 扩大销售规模。在我们这个行业,为了向大客户表现你的可靠性和吸引力,规模至关重要。"为了使我们的销售收入大幅度提升……我们要么收购别人,要么与别人合并。"(CEO)	难:2 难:2 总分:4	积极
Boheme	寻找 CEO。"我们锁定了一位我们中意的候选人。他最终没来。这样的情形在五月发生了一次,紧接着在六七月份又发生了一次。"(主管业务拓展的副总) 融资。"我们与一位投资者进行了会谈。他给了我们企业很好的估值,打算投一大笔钱。"(负责业务拓展的副总) 战略缺陷。领导者意识到他们的产品需要与其他基础软件厂商的应用集成起来。 扩大销售规模。领导者正准备从试销转向正式销售	难:2 易:1 易:1 易:1 总分:5	积极
Cheetah	扩大销售规模。企业规模事关客户信心。客户"不愿意将他们的网络押宝在一个只有 100 名员工的新创企业身上。"(首席财务官) 融资。正在募集新一轮资金。"融资很容易。"(CEO)	难:2 易:1 总分:3	中立
Giant	扩大销售规模。需要向一些强势客户销售。"这真的很难,因为,看看所有的生意,他们(强势客户)掌控了绝大多数。"(主管业务拓展的副总)	难:2 总分:2	中立
Mariner	融资。"我们的投资人有钱,他们想主导下一轮融资,以增加他们在企业的股权。"(CEO)	易:1 总分:1	消极
Carmen	扩大销售规模。当 Carmen 进入时,一个清晰的、日益增长的市场已经近在眼前。"现在,事情已入正轨。"(CEO)	易:1 总分:1	消极
Tiger	无	总分:0	消极

有益的,这与原先的观点截然相反;其次,管理层将他们关注的重点放在如何趋利避害上,考量的因素既有财务方面的,也有非财务方面的。他们常常通过寻求出售来规避失败风险或者减小经营压力。财务上的得失固然会影响领导者的出售决策,但和求偶一样,其他的一些更复杂的因素同样会对此产生影响。在此,个人动机是指为了

获得更多利益,促使管理层出售的各种诱因。根据收集的数据,研究者从四个维度出发,给每个企业的管理层在个人动机上计算一个得分。四个维度分别是:对失败的恐惧、压力、股权摊薄风险(在当前财务状况以及未来高风险高收益的取舍)以及财务收益。其中,前三者是消极的,最后一个是积极的。

在新创企业中,失败的可能性是固有的,特定的环境会加剧这种情况的出现。企业新增一份对失败的恐惧,研究者就为其加 1 分,害怕失败的原因包括有过失败的经历、投资者中有朋友或者家庭成员等,上述因素会增加追求成功领导者的负担。企业多一份压力,研究者也为其加 1 分。压力的来源包括诸如结婚和搬迁等生活方面的重要变化、管理团队内激烈的矛盾以及工作上的超负荷等。如果领导者表示他们担心在企业增长时,无法在股权摊薄时得到足够的补偿,研究者就在该企业股权摊薄风险这一项得分上加 1 分。如果领导者中有 1 人或多人表示个人财富的增加是其追求的目标,那研究者就在该企业财务收益这一项得分上加 1 分。管理者的个人动机越强,其对并购的兴趣就越大。表 6-6 列出了部分案例的领导者出售企业的个人动机。

表 6-6　领导者出售企业的个人动机(部分案例)

企业名称	个 人 动 机	得 分	类 别
Tosca	害怕失败。在先前的一个企业中有失败经历:"在那间企业,我们犯了一个错误,我们宣称我们想独立发展——我们撞了南墙。"(CEO)	1	
	财务收益。"我个人的一个目标是将事业的成功转换为个人财富……出售企业有点自私,因为我个人占股较高。"(CEO)	1	积极
	股权摊薄风险。为了扩张,企业需要融资。"维持企业独立完整会摊薄股权,这一选择的风险如此之高,使得其毫无意义。"(风险投资人)	1	
		总分:3	
Boheme	压力。高管团队矛盾激烈,创始人为此感到很头痛:"我们将他置于高压之下。"CEO 已经"不堪重负"。(风险投资人)	2	
	股权摊薄风险。为了不被兼并,领导人需要筹集更多的资金,股权也相应地会被摊薄:"已经在创始人和员工之间对半分的蛋糕,现在将被从原来的两份分为三份。"(CEO)	1	积极
		总分:3	
Cheetah	压力。"我耗在它身上的时间已有 4 年,我不在家的时间越来越长……我正在慎重考虑,我是否还愿意待在这儿"。(首席技术官)	1	
	股权摊薄风险。"现在有两个选择,一个是获得 5 700 万美元;另一个是从风投那儿获得 3 亿美元,需时 1 年,风投占一半的股权"	1	中立
		总分:2	

续　表

企业名称	个 人 动 机	得 分	类 别
Giant	压力。创始团队内部有问题。CEO 和其他高管团队成员间的关系紧张且持续恶化。 财务收益。创始人将得到财务收益看作一个重要目标	1 1 总分：2	中立
Mariner	没有提及。创始人第一次创业，以前没有失败经历，也没有感受到压力和股权摊薄风险	总分：0	消极
Carmen	没有提及。职业 CEO 以及管理团队没有感觉到压力以及股权摊薄风险，也不害怕失败	总分：0	消极
Tiger	没有提及。之前 CEO 获得了巨大的成功，而不是失败，从原先的企业得到了大量的现金。领导者没有抱怨有压力或者股权摊薄风险	总分：0	消极

（4）合并潜力。

出售方的领导者当然对报价很感兴趣，但他们同样关注自己的企业与潜在收购方之间的合并潜力。所谓合并潜力，是指两者之间的相似性和互补性，这为两者之间的协同效应创造机会。表 6-7 列出了部分案例的合并潜力。

表 6-7　合并潜力（部分案例）

与潜在买家之间的合并潜力		
企业名称	被 接 受 的 买 家	纳入考虑的替代买家
Tosca	互补性。两家企业向企业客户提供不同的通信服务。这些服务可被集成在一起，通过同样的销售渠道向客户销售。 相似性。两家企业有类似的商业模式。都是外包服务提供商。它们也具有类似的战略，均注重可靠性和灵活性。"我们的愿景几乎完全相同。"(CEO)	同时受到三个收购要约；没有选择出价最高者。"我们选择了这个买家，虽然他们的报价不是最高的。"(CEO) 被 Tosca 企业拒绝的买家，它们的商业模式与 Tosca 的不一致，这使得两者之间的协同很难实现
Boheme	互补性。两家企业的技术专注于客户关系管理的不同方面。客户可以同时购买两家企业的产品，作为一个组合来使用。"我们每卖一个软件拷贝，或者与此类似的东西。两家企业有很强的战略之间的适配。"(主管业务拓展的副总) "关键是'潜在的购买方'，谁有跟我们最匹配的战略……这其中美妙的是它是那个拥有最佳战略匹配的'购买方'。"(营销副总) 相似性。两家企业的商业模式都聚焦于产品(相对于服务)	有四家企业被 Boheme 考虑作为替代性的买家。 买家被要求提供最好的合并潜力。当理想的买家希望快速收购时，Boheme 同意了，并没有通过追求其他潜在买家来提高报价

续　表

企业名称	被　接　受　的　买　家	纳入考虑的替代买家
Cheetah	互补性。买方在通信领域技术雄厚,Cheetah 在视频通讯上很强,两者之间有互补性。"我们知道他们在视频通讯方面缺乏专长……我们对他们具有很强的战略意义。"(CEO) 买方能够为卖方带来销售经验和制造技术。 相似性。收购方正在收购另外两家视频通讯企业,这位交叉销卖和实施共同的战略创造了机会	有四位替代收购方。 替代收购方都是大型的通信企业,与卖方缺乏技术上的互补性
Giant	互补性。出售方的技术促进了在线交易;买方控制了最合适卖方技术市场的主要交易份额。 相似性。两家企业的目标客户都是个人消费者,他们发展电子零售的愿景也是一致的。"他们落座后说,'这是我们对交易过程的设想',然后他们开始按照我们提交的方案进行并购方案的演示,一字未改。"(首席技术官)	没有考虑其他买家。 这个收购方是所有潜在购买者中合并潜力最好的,他们控制了 Giant 期望的目标市场的 80% 的份额

（5）组织融洽。

基于数据,从四个维度来评价组织层面的融洽,这四个维度包括:文化适配,即收购方关于价值观、工作方式以及管理实践的信仰与出售方的相似程度;个人适配,即双方领导者在多大程度上认为他们能合作得很好;信任,即出售方对收购方能否公平、坦诚地对待他们的一种期望。尊敬,即出售方对收购方是否认识到己方员工的价值、是否在合并后的企业内为自己的员工安排适当的职位等的确信程度。表 6-8 列出了部分案例的组织融洽。

表 6-8　组织融洽（部分案例）

与潜在买家之间的合并潜力		
企业名称	被　接　受　的　买　家	纳入考虑的替代买家
Tosca	文化适配。"年轻、有朝气,非常好的文化适配。"(CEO) 个人适配。"我们很投缘。"(CEO) 尊重出售方。CEO 非常关心对方员工是否尊重自己的员工:"他们如何对待我们的员工,在合并之后,重新开始的时候,他们是否真的关心我们的员工,是否与员工建立密切的关系。"	同时受到三个收购要约;没有选择出价最高者。 收购方在合并潜力和组织融洽上最佳
Boheme	文化适配。"我对收购方的印象很好,因为他们的文化看起来和我们真的很相像。"(CEO) "三件事情很重要:战略适配、文化适配以及企业高层。"(主管业务拓展的副总) 尊重出售方。出售方的 CEO 如此评估收购方应如何对待自己的员工:"员工在那里工作愉快吗?离开这里他们会不会过得更好?……我们关心的是两个月后,他们仍然愿意留在这里工作。"	有四家企业被 Boheme 考虑作为替代性的买家。 买家有最好的合并潜力和组织融洽度。 当理想的买家希望快速收购时,Boheme 同意了,并没有通过追求其他潜在买家来提高报价

企业名称	被 接 受 的 买 家	纳入考虑的替代买家
Cheetah	文化适配。"我们喜欢 Seville 做生意的方式。"(首席财务官) 信任。"他们(Seville)言行一致……整个过程都是公开的。"(首席财务官) 个人适配。并购过程始于一次"低调的晚宴",在这里,双方的管理人员立即喜欢上了对方	有四位替代收购方。 一位潜在收购方"报的是双倍的价格,但我们最终仍然没有出售给它。之前,我们已经与此种类型的企业(大企业)打了各种各样的交道,我们不想走回头路。"(CEO) Cheetah 的管理者不信任第二个潜在买家的 CEO:"他不诚实。他与员工联手坑投资者……他不是我们管理团队理想的生意对象。"(CEO)
Giant	文化适配。买卖双方都是消费者导向的。"当他们的服务停摆时,他们非常的不情愿。'当我们的客户恼怒时,我们不愿我们的客户憎恨我们。'这些家伙和我们很像"。(首席技术官) 个人适配。"我们喜欢这些人。"(CEO) 尊重出售方。令出售方印象深刻的是,收购方视他们为同侪。"在第二次会议时,他们的 CEO 到会了……他们最大的发令人来了。"(首席技术官)	没有考虑其他买家

与典型的归纳式研究一样,分析数据的第一步是通过综合访谈笔录和档案数据初步建构每个案例。案例写作的核心是通过访谈资料和档案数据之间的"三角检验",提供对所研究主题更丰富、更可靠的解释。

作为对初步完成的案例故事的检验,另一位研究者需要阅读原始的访谈资料并形成独立的观点,这些观点被整合进每个案例中以获得对每个企业更全面的看法。每个案例叙述从 40 页至 70 页不等,写作耗时 4 个月。

案例叙述服务于两个分析目的:单案例分析和跨案例分析。单案例的分析重点是发展构念、廓清构念间的关系以描述特定企业的并购过程。在此,体现归纳式研究核心特点的是允许随着数据的展开,逐步形成构念,而不是根据一个预先指定的假说给出相关构念。虽然在对单个案例进行分析的过程中就已经发现了案例之间的相似点和不同之处,但研究者一直等到所有的单案例分析结束之后才进行跨案例的分析。这是为了保证复制逻辑的独立性。

在所有的单案例分析结束后,研究者开始进行跨案例分析。通过使用标准的跨案例分析技术,研究者在案例间寻找相似的构念以及案例间的关系。在集合了所有的案例之后,研究者筛选出了感兴趣的变量,并依此构建了初步的解释框架。此外,研究者还对案例进行了两两比较,以分辨出两者之间的异同点。遵循复制逻辑,研究者精炼了先前提出的解释框架,重新检视数据以确认每个不同的案例是否呈现出了同一种模式,并使用图表以便于进行上述比较。这一分析过程是迭代展开的,耗时 6 个月。

通过上述过程,就形成了一个从出售方的角度描述并购何时发生的解释框架。研究者发现,当企业面临困境、同时出现战略障碍且管理者具有很强的个人动机时,强烈的出售意愿将他们推向并购;并购方在合并潜力和组织融洽方面的协同效应也能够拉动出售方的领导者走向并购。更有意义的是,该论文的发现指出并购是两情相悦的合作伙伴之间的"求偶"过程,企业治理是相互依赖的同侪为追求共同利益而进行的联合共治。

7. 研究结果

并购作为组织变迁的一种基本方式,尽管研究并购的文献非常多,但并购往往被框定为由收购方占据主导地位。与此相反,研究者从出售方的视角出发研究并购,结合两类因素,一类是推动出售方选择并购的因素,另一类是拉动出售方,使其接受具有吸引力的买家的因素。该论文的一个主要的理论贡献,是对并购这样一个重要的理论和现实问题提供了一个新的解释框架。从"求偶"这一视角出发,并购是出售方与收购方之间的一种社会交换,价格以及两者之间的长期适配构成了这一交换过程。该论文的一个更广泛的理论贡献是提出了企业治理的新观点。基于联合的观点,企业治理是董事会和管理层之间的一种相互依赖的合作关系,在这种合作关系下,董事会和管理层在多种动机驱使下,为了追求共同的成功,贡献各自独特的、有价值的资源。

6.5.2　示例 2

本示例分为论文基本信息、研究问题、案例选择、数据收集、数据分析、研究结果这六个部分。

1. 论文基本信息

该示例是 1994 年 Yan 和 Gray 在 *Academy of Management Journal* 发表的论文 Bargaining power, management control, and performance in United States-China joint ventures：A comparative case study。

2. 研究问题

该论文采用合资者协商的观点,以多案例研究的方式,探讨合资企业的形成,考察合资双方的协商权、管理控制及合资绩效间的关系。

根据研究问题,研究者依据 Yin(1989) 的理论验证方法,首先回顾了既有文献,并提出一项初步的理论架构,用以发展先验的理论命题;再采用分析归纳的方式,验证合资企业的协商权、控制及绩效的理论模式。合资企业的权力与控制的初步模式可见于图 6-3。

图 6-3　合资企业的权力与控制的初步模式

3. 案例选择

该论文对 4 家中美合资企业进行了案例分析(其中,隐藏了企业名称和个人信息),合资企业主要特征见表 6-9。该论文依照四项标准来选择案例:① 将案例局限在制造业的合资企业,以避免因性质差异太大而产生变异;② 必须是典型的中美合资企业,代表广泛的工业部门;③ 已经成立一段时间,如至少在 1987 年以前成立,以方便取得较长期的合资绩效资料;④ 要有良好的信息提供人,以同时获得合资双方的数据,并有利于研究的进行。

表 6-9　合资企业主要特征汇总表

企业特征	OfficeAid	IndusCon	DailyProduct	Biotech
产品	电子办公设备	工业过程控制	个人卫生产品	药品
谈判期限/年	4	3	2	3
成立时间	1987	1982	1981	1982
总投资/百万美元	30	10	2.85	10
美国-中国股份份额/%	51/49	49/51	50/50	50/50
经营时间/年	30	20	20	15
产品市场分布	主要在本国,小部分出口	本国,进口替代产品	50%出口	主要在本国,小部分出口
美方企业的合资目的	利润,市场份额,低成本采购	业务增长,市场渗透,利润	学习在中国做生意,建立信誉,业务拓展	市场,利润
中方企业的合资目的	技术和管理,出口换取外汇	进口替代,制造技术,供应商技术升级	利润,出口换取外汇,技术,增长	技术,获得管理专长,业务拓展

4. 数据收集

该论文通过访谈和档案来收集资料。在访谈方面,同时以预先设计的访谈表,深度访谈中美双方的首席执行官与经理等信息提供人,这些人大多参加过合资时的协商会谈或经历过合资企业的初始阶段。每项访谈平均三个小时,每人至少一次,有些则在两次以上。除非信息提供人反对,否则都会对访谈进行录音。访谈时间从 1991年 5 月到 1992 年 1 月。在档案方面,研究者同时收集合资双方的档案资料 20 页以上,包括合约书、合资企业与母企业的组织结构、企业宣传品与年度经营报告以及报纸与杂志的报道等等。

5. 数据分析与检验

在原始数据的编码方面,透过典型内容分析的方式来加以编码。首先,根据初步理论架构的主要变量与类别来编码,这些类别有协商情境、合资双方的战略目标、初始贡献、管理结构、营运变化以及双方达成其战略目标的程度。其次,根据既有文献,建立次级类别,例如初始贡献中的产品设计、特殊设备及生产知识再归类为"技术"类别。最后,在次级类别中,如果不同来源的数据不一致,则增加其他来源的数据或参考信息提供人的意见来加以调整。透过这种三角验证的方式,来提升数据的可靠程度。数据的编码是由两位研究者共同负责的,首先,两人一起建立编码架构,并共同分析一个案例;接着,由一位研究者负责其他三个案例的编码,而另一位加以复核。

数据分析采用分析归纳的方式来进行,通过案例类别的比较,逐渐精炼既有理论,尤其特别着重例外案例的分析,以修正既有的结论。其步骤如下:① 给予所要解释的现象粗略的界定;② 对现象提出假设性的解释;③ 分析一个案例,查看假设是否与案例的事件契合;④ 如果彼此不契合,则重新修正假设,或者对现象重新界定;⑤ 在考察一些案例之后,可以获得一些明确的结论;⑥ 重复上述程序,一直到建构出普遍性的关系为止,如果有异例重新界定现象与修正假设;⑦ 考察适用范围以外的案例,以确定最终的假设是否可以应用于此案例,以提供进一步的证据。

该论文中不管是数据的收集或是数据的编码与分析,研究者都依赖三角验证来提升资料的准确度与分析的严谨度。数据源包括访谈数据与档案文件,而编码与分析则透过信息提供人与研究者的复核,来确保一致性与准确度。

6. 研究结果

该论文相当程度地深化了既有研究,不但掌握更多的信息,而且提出一项整合模式,用以描述合资双方协商权、管理控制及合资绩效间的关系与动态历程。在主要变量方面,该论文扩大了既有的变量范围,并纳入新的变量。例如,就主要变量的协商权而言,该论文进一步指出两种脉络因素,包括可替代方案与战略重要性以及七种资源因素,含技术、管理才能、全球服务支持、本地知识、产品分销、材料取得及资金等。同时,亦纳入变迁与调节因素,据以阐明各变量间的动态历程及可能的情境因素限制。最后,则根据整合模式,提出可以进一步验证的五大命题,包括协商权与管理控制的正向关系、管理控制与合资绩效的关系、调节因素的作用、环境变化与协商权的关系以及合资绩效对协商权的影响等,从而进一步扩大了跨国合资研究的视野。合资企业的权力与控制的整合模式见图 6 - 4。

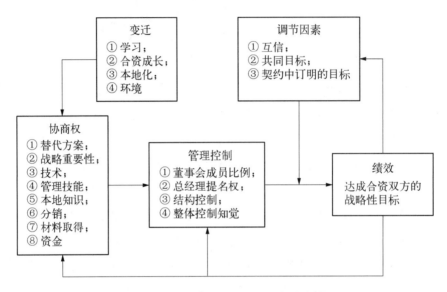

图 6 - 4　合资企业的权力与控制的整合模式

6.5.3　示例 3

本示例分为论文基本信息、研究问题、案例选择、数据收集、数据分析与检验、研究结果这六个部分。

1. 论文基本信息

该示例是 1993 年 Barker 在 *Administrative Science Quarterly* 发表的论文 Tightening the iron cage: Concretive control in self-managing teams。

2. 研究问题

该研究是探讨官僚组织在往自我管理团队倾斜时,所产生的协和控制的议题。控制从 Max Weber 的时代开始,就已是组织理论中的核心议题。传统上,控制包括了简单、技术及官僚等三种策略,而在当代,则产生了第四种协和控制策略。协和控制是指通过协商、互动,群体成员形成共有的价值观与规范,用以控制群体行为。由于这是一种新的控制策略,所以研究者打算探索以下几个问题:① 协和控制是否优于官僚控制;② 协和控制是如何形成的;③ 协和控制的正当性是如何取得的。并以自我管理团队为对象,考察团队控制由建立到成熟的历程——选择自我管理团队的理由是,此类团队不但是协和控制中的一个范例,而且人们对此类团队的规范形成与规则建立都不太了解。

3. 案例选择

为了了解以上的问题,研究者选择一家小型的通信制造企业作为研究案例,称之为 ISE 企业。ISE 生产声音与传输电路板,员工 150 人,其中有 90 人从事生产工作,其余则负责其他工作。员工的背景亦反映了当地工作阶层的特色。该企业自 1988 年开始改变生产结构,由官僚组织转变为自我管理团队。在经过一段时间的混乱以后,于 1992 年逐渐形成团队规范,并树立具体规则。因此,ISE 是一个能回答研究者问题的合适对象。此外,由于研究者认识 ISE 企业的副总裁,彼此在团队问题上有共同的兴趣,从而有助于研究者进入现场进行观察。

4. 数据收集

在 ISE 企业副总裁的精心安排与介绍之下,研究者于 1990 年年初进入企业收集资料,那时 ISE 的变革已经进行了两年。前六个月,研究者的主要工作在于熟悉工厂,并访谈了工厂中的团队成员以及管理与后勤支持人员,也观察了不同生产阶段的员工工作行为,询问他们如何执行工作与为什么要这样工作。在此期间,他也培养了各团队中的主要信息提供者,并拟订员工的深度访谈计划。

此外,研究者定出每周的访谈和观察时间表,每周进行半天的访谈,通常上、下午交叉进行,有时在上午访问,有时则在下午;同时,也进行了一些傍晚时分的轮班观察。当然,每周时间表也并非是完全固定不变的,而是会视情况来调整。例如,在有重大事件发生时,会增加访问的次数;但当研究者课业繁忙之际,则减少为两星期一次。

六个月以后,研究者开始扩大资料收集的范围,包括主要信息提供者的深入面谈与观察,也收集企业的备忘录、传单、企业通讯及内部调查等资料。在资料收集告一段落以后,研究者从现场抽离,开始分析数据、记录笔记,并提出经过修正的研究问题。如此,来来回回、反反复复,持续进行调查架构的修正,再提出问题、收集更多资料、再分析、再记录及再修改,等等。研究者也参与团队与企业会议,观察并记录会议的内容,以收集自然出现的团队互动事例。另外,研究者也对一个团队进行了四个月的追踪调查,访问了一些非生产部门的员工与从 ISE 离职的员工。除此之外,针对团队领导人与团队成员,研究者则提出团队如何做决策、解决问题及进行日常工作等开放性问题,要求被访谈者回答,从中获取重要的关键事例。在收集资料的过程中,研究者的观察者角色从未改变。资料收集结束时,研究者总共累积了 275 个研究小时与 37 次深度访谈,每次访谈的时间从 45 分钟到 2 小时不等。

5. 数据分析与检验

数据分析时,研究者从一个基本问题入手:"ISE 新工作团队的控制实务如何?这一控制与过去的做法有何不同?"这个问题引出了控制主题。在与数据对话之后,他也逐次、逐步修正分析架构,使得架构更为细致与深化。经过这一反复分析的历程,研究者逐渐熟悉该案例。简要来说,在这个过程当中,研究者往往采用概念与数据对话的方式,敏锐地反思理论与资料是否契合的问题。例如,研究者会询问:在团队互动中,价值共识是如何发生的? 各团队都已发展出新的决策规则与前提了吗? 是如何发展的? 当重要主轴或主题数据浮现之后,研究者会通过访谈或其他数据收集方式,再加以厘清,以切实掌握各主题间的关系及模式。通过上述分析历程,研究者描述了协和控制的特性,了解此特性如何在 ISE 自我管理团队中逐渐变得明显,并将之区分为不同阶段加以铺陈。

6. 研究结果

该论文将协和控制在 ISE 的演变阶段分为 3 个部分并具体论述。第一阶段:整合价值共识(1988 年末至 1990 年末)。这一阶段涵盖了团队发生动荡之后的巩固阶段,团队开始发展和应用有关价值的共识,以此推断出功能性的决策前提,彼此也进行有效的互动。第二阶段:规范性规则的出现(1990 年末至 1991 年末)。这一阶段中,团队从他们的价值共识中发展出强大的规范,并开始将这些规范作为一套规则强制执行。第三阶段:规则的稳定化和形式化(1991 年末至 1992 年中)。这一阶段中,这些新的规则体系趋于稳定和正式化,规则变得理性化和法典化,已经成为团队行动的强大控制力,企业开始盈利。ISE 协和控制的显性和隐性结果见表 6–10。

表 6–10 ISE 协和控制的显性和隐性结果

显 性 结 果	隐 性 结 果
① 团队在 ISE 的愿景声明中形成了价值共识	① 团队开始形成以价值为基础的实质理性,进而在工作中发展出共同的道德理性行为
② 团队成员认同他们特定的价值共识,并对他们共同的价值观产生情感依赖	② 权力从 ISE 旧的官僚控制系统转移到团队的价值体系中。团队成员的尊严在价值体系中得到体现
③ 团队从使他们能够有效工作的价值观中形成行为规范,从而将他们的价值观念转化为行动	③ 团队开始有条不紊地将价值观付诸行动。价值观进行自然的合理化,所有成员也可以对其进行理智的分析

显　性　结　果	隐　性　结　果
④ 年长的团队成员期望新成员认同这些规范和价值观,并按照这些基于价值观的规范行事	④ 协和控制开始嵌套于团队中,团队成员同时扮演上级和下级的角色
⑤ 团队的规范性规则变得更加合理。团队成员基于同侪压力和行为约束同时执行规则	⑤ ISE 的协和系统成为强大的控制力。由于是团队成员自我建立的系统,这种控制对团队成员来说是自然而然且不明显的
⑥ 团队将规则进一步客观化和形式化,并共享这些规则。工作环境趋于稳定	⑥ 团队将实质性价值观与基于规则的形式合理性结合起来,制订了自己的规则。这些规则可以使团队高效且有效地开展工作。团队通过一套合理的规则和自我监控来控制他们的工作

6.5.4　示例 4

本示例分为论文基本信息、研究问题、研究设计、案例选择、数据收集、数据分析与检验、研究结果这七个部分。

1. 论文基本信息

该示例是 2021 年 Fraccastoro, Gabrielsson 和 Pullins 在 *International Business Review* 发表的论文 The integrated use of social media, digital, and traditional communication tools in the B2B sales process of international SMEs。

2. 研究问题

在该论文中研究者根据数字化水平将销售沟通工具分为三类。第一类是"传统"销售沟通工具,基于涉及面对面互动、电话和邮政服务的销售沟通;第二类是"数字"销售沟通工具,包括电子邮件、网站、搜索引擎优化、在线会议和聊天平台(例如 Skype、WhatsApp 和 Google Hangouts);第三类"社交媒体"销售沟通工具,着眼于涉及用户生成和共同创建内容的工具,例如社交网站(例如 LinkedIn、Facebook、Instagram、Twitter 等)、在线博客(例如 Quora、Capterra)以及内容社区(例如 YouTube)。

该研究旨在探讨国际中小企业在 B2B 销售过程阶段如何联合使用以上三种销售沟通工具以及这种联合使用的边界条件是什么。

3. 研究设计

鉴于社交媒体和数字销售沟通工具给销售职能及其传统工具带来的根本性变化,研究者认为扎根理论方法适合揭示此类研究问题。其次,定性方法非常适用于国际营销新主题的研究。

4. 案例选择

选择国际中小企业为研究对象是因为：① 可以对中小企业进行更容易和更深入的访问；② 这些企业的国际化特征更具有普遍性。该论文的研究目的在于发展理论并非验证理论，因此研究者采用理论抽样的方法来选择研究企业。

根据研究问题，研究者按照以下标准选择样本企业：① 中小企业（根据欧盟委员会 2003 年的标准，员工数量在 10 到 250 人之间）；② 具有国际业务；③ 在 B2B 领域内运营，这是因为现有文献缺乏对这方面的研究；④ 在销售过程中综合使用了"传统"销售沟通工具、"数字"销售沟通工具、"社交媒体"销售沟通工具；⑤ 隶属于服务业领域。为了确保最大程度的一致性和对这一现象更清晰的理解，研究者有意将制造业企业排除在外，由于产品特征、生产流程和用户偏好的不同，制造业企业通过互联网进行销售的案例不太常见。

由于该论文所分析的是中小企业所采用销售沟通工具的模式，而不是对不同销售沟通工具的比较，因此采用"极型"方法选择样本企业。依据 CAGE 距离模型（Culture、Administrative、Geographic、Economic），研究者从文化、制度、地理特征、经济发展等相异但都具有技术使用偏好的国家中选取了 10 家中小企业。基于适当性的原则以及尽可能获取最多的信息，研究者在巴西、芬兰、意大利、波兰、美国五个国家中分别选择了两家企业。

该研究通过对多家国际中小企业的深入访谈来探讨"传统"销售沟通工具、"数字"销售沟通工具、"社交媒体"销售沟通工具在销售过程中的综合使用。在这项研究中，研究者通过对位于芬兰的两家国际中小企业进行试点来开始研究者的采访。研究者想了解社交媒体、数字和传统工具如何在 B2B 销售过程中使用。

在最初对芬兰企业进行试点采访后，研究者想探讨这些模式是否适用于其他文化，因此选择了与芬兰文化具有很大差异的意大利。通过研究发现，芬兰和意大利在销售沟通工具的使用方面确实存在一些差异。随后研究者增加了来自波兰的两家企业，继而又增加了来自巴西和美国的企业。这一过程旨在提高样本的稳健性。选择美国的企业主要是由于：① 美国是全球国际商业活动中最大的国家之一；② 该领域的现有文献大都使用了美国样本。

5. 数据收集

为了避免偏见，研究者试图从不同来源收集实证数据，并对结果进行三角测量以确保结果的有效性。研究者对掌握丰富信息的被采访者进行两轮深入的访谈，这不仅避免了偏见，还可以获得对同一现象的多种见解。

收集数据的第一步：与销售总监和营销经理进行深入访谈。访谈问题是半结构化的,访谈最开始询问了被采访者有关企业、员工和创始人的基本问题。随后,研究者询问了一些与研究主题相关的更加复杂的问题,允许被采访者进行开放式的回答。如果某个问题需要澄清时,要求被采访者重新回答该问题。此外,为了在访谈期间涵盖所有相关的话题,研究者采用了一个概述宏观主题领域的采访框架,并在所有的采访中均使用这一框架。

为了使研究更具有纵向性,第二轮采访对象是 CEO 和对于该研究所关注主题最为了解的员工。

为确保可靠性,在被采访者允许的情况下,每次采访都进行了录音、逐字转录,并储存在研究者所共享的数据库中。

6. 数据分析与检验

初始的访谈问题是基于 Dubinsky(1981)所阐述的 7 个销售步骤所提出的。然而在访谈时,研究者发现 7 个销售步骤似乎可以融合并集中在 3 个主要阶段,分别为新商业机会的识别、说服和关系管理。

第一个阶段: 新商业机会的识别

包括寻找潜在客户,与客户建立了初始联系等,在现有文献中常被称作"接近"或"需要发现"。

在试图识别新的商业机会时,研究者采访的所有来自芬兰、意大利、波兰的企业都依赖"社交媒体"销售沟通工具。

BankServe(芬兰企业)的营销经理:"社交媒体"是我们主要的销售工具。我们实际上没有一个单独的销售部门,所以前期的树立意识、吸引注意力、吸引客户进行注册等业务都转移到了我们部门。

在所有的案例中,"社交媒体"平台,如 Facebook、Twitter 以及较少使用的 Instagram 等被用来创建企业品牌知名度、减少不确定性并在国际市场上建立信任。

ContentMKT(波兰企业)的营销经理:"如果要找到某个人并试图销售给他一些东西,这个人就会去搜索 ContentMKT 是一家什么样的企业,会访问我们的官网和我们企业的 Facebook 页面,确认我们企业是否值得信赖。"

企业出现在"社交媒体平台"中会激发国际客户对产品/服务、价格和功能的需求,进而增加了销售机会。通过社交媒体进行沟通可能减少客户对企业前景的不确定性,可以将其与竞争对手区别开来。LinkedIn 就是一个非常有效的客户开发网络工具,它可以用来发现潜在用户的需求,并可以提供有关企业的特定知识。

AdvertiseMe(意大利企业)的销售经理:"当你在 LinkedIn 搜索企业时,它会给出姓名、谷歌的链接和几行对企业实际业务精炼的文字。同时,LinkedIn 可以帮助我们了解细节,比如企业所在位置、企业的联系方式、与所搜索企业相关的企业等。"

根据研究者的分析可知,来自芬兰、波兰和意大利的案例企业都非常积极地使用"数字"销售沟通工具和"社交媒体"销售沟通工具来进行自我宣传并发掘潜在客户。

以上企业还使用"传统"销售沟通工具来发掘潜在客户。除了 SaveFood(波兰的企业)挨家挨户地寻找商机外,来自三个国家的所有企业都参加了国际博览会,这种"传统"销售沟通工具会带来较高的参与成本。

SM-Analytics(波兰企业)的 CEO:"我们花费了高昂的成本参加了两次国际展会,虽然有些客户会给我们反馈,但是往往没有实质性回馈。所以参加国际展会是一个很费时间、费用昂贵且有很大风险的方式,除非我们得到了一个很好的报价,否则我不会太重视这个事情。"

研究者的研究结果表明,芬兰、波兰和意大利的企业在持续寻找潜在客户时,"社交媒体"销售沟通工具是首选。

美国和巴西的企业更喜欢通过"面对面"互动和"数字"销售沟通工具来寻找潜在客户。

DigiPlatform(巴西企业)的业务总监:"我们不使用'社交媒体'销售沟通工具,我们觉得'面对面'沟通的方式能给我们的投资带来更多收益。我们不认为'社交媒体'能给我们带来潜在的客户。"

DeltaInnovations(巴西企业)的 CEO:"我们的经验是,我们必须要跟客户保持紧密的联系,让他们感到可靠。我们通过'面对面'交谈的方式让客户了解我们可以解决他们的问题,我们不使用'社交媒体'。外国的企业一般会通过我们参加过的国际活动了解并联系我们。"

研究者采访的巴西企业更喜欢通过个人的途径去发掘潜在客户,企业利用 CEO 个人网络或之前客户的推荐在国际展会或活动中与潜在客户建立联系。

研究者所采访的美国企业也对"社交媒体"作为一个销售沟通工具持有怀疑态度。

Adbrand(美国企业)销售总监:"虽然我们确实使用'社交媒体'来进行宣传,但是不是关键所在。"

JanSoftware(美国企业)销售总监:"我们在'社交媒体'上投入的精力不如对'搜索引擎'的优化,因为客户更想看到更优质的产品而不是被社交媒体上的垃圾邮件进行轰炸。"

相反地,上述美国企业更倾向于通过 CRM(Customer Relationship Management)、

ABM(Account Based Marketing)等"数字"工具来识别潜在的商业机会。此外,他们试图与潜在客户建立个人关系。

Adbrand(美国企业)销售总监:"我们希望现有客户可以成为推荐来源。我们还与其他组织和协会建立了一些合作伙伴关系。"

"社交媒体"提供了与地理位置分散的潜在客户持续沟通的机会,但是如果要与潜在客户建立更紧密的合作,"传统"销售沟通工具是首选。

总之,不同国家的企业因其战略需求的不同选择不同的销售沟通方式。

第二个阶段:说服

包括销售演示、谈判、达成交易等步骤。进入到"说服"阶段后,在识别商业机会时依赖"社交媒体"的企业都开始采用"数字"沟通工具,如电子邮件、线上会议等。即使在识别商业机会阶段使用"面对面"沟通方式的巴西企业,也在说服阶段使用"数字"沟通工具。

VideoAd(意大利企业)的数据科学家:"我们准备了一个线上演示。在演示时,向客户介绍我们如何找到他的需求,评估最合适的方案,并提出用视频方式展示产品解决方案,然后我们直接协商各项条款。"

通过在线互动可以让企业定制提案来预测潜在客户的需求。

在 B2B 销售的说服阶段,企业更倾向于建立个人关系。

AdvertiseMe(意大利企业)的销售主管:"实际上,关键的是要找出对方企业中谁是最合适的谈判对象,并获得他们的电话号码或电子邮箱。如果想要尽可能的个性化,最好的方式就是建立个人关系。"

就需要管理大量潜在客户的美国企业而言,CRM 和 ABM 工具的使用可以提供以前对话的记录,促进员工与潜在客户的个人互动。这在谈判交易细节和建立个人关系时非常有效。

JanSoftware(美国企业)的销售总监:"我们有一个 CRM,它可以帮助我们记录与潜在客户的对话,这不仅记录了他们感兴趣的业务,还从个人角度记录了他们所感兴趣的事情。当有几千个潜在客户时,几乎不可能记住所有细节,通过网络语音电话系统,我们才可以回头来倾听一些要点。"

综上所说,研究者发现当试图将潜在客户转化为客户时,电子邮件、CRM 工具、在线会议平台等"数字"销售沟通工具以及"传统"销售沟通工具的使用都会增加,而"社交媒体"销售工具仅用于回复潜在客户的销售需求。不同媒介的选择主要取决于企业的销售地点,其次是潜在客户的感知能力。

第三个阶段:关系管理

包括追踪调查、关系建立。一旦交易完成,企业通常会进入销售流程的最后阶段：关系管理,即监控、稳定和发展与可盈利客户的关系。关系管理阶段对于评估客户满意度和获得未来销售的推荐都非常重要。销售过程中的关系管理阶段有助于帮助保留两种类型的客户：交易型客户和战略客户。

来自意大利、芬兰、巴西和美国企业的类似证据。

案例企业在监测和控制客户对企业服务满意度时常常使用 CRM 工具。CRM 工具内部数据库以及提供统计和分析内部数据的附加软件包含有关客户的信息。

VideoAd(意大利企业)的数据科学家："我们根据客户购买的可能性或收入等内部标准来区分客户。我们更有可能与大客户面对面交流,而与交易型客户更多地通过电话或电子邮件进行沟通。"

大部分企业都通过电子邮件、CRM 系统或内部数据库与交易型客户进行互动。

唯一的例外是 DigPlatform(巴西企业)。这家企业的营销经理："我们没有像 CRM 这样的系统,这是一种为客户量身定制和关怀的方式,我们通常是为客户找到合适的人。"

在与战略客户的售后关系中,案例企业更喜欢面对面的会议。

ContentMKT(波兰企业)的营销经理："无论重要客户是在迪拜、德国还是波兰,我们每两个月都会举行一次面对面的线下会议。我们目前有三个关键客户,他们都有一位专门的客户经理服务。"

DeltaInnovations(巴西企业)的 CEO："如果有重要客户的话,我会为他们的产品提供技术服务。"

分析显示,美国的案例企业不仅使用"传统"销售工具来管理与战略客户的关系,为客户提供专门的服务团队,还会采用视频会议的方式进行沟通。

Adbrand(美国企业)销售总监："如果有一个重要客户的话,我们会尽全力与他不间断地会面,但是我们也会每隔一周与他们进行一次视频会面。"

来自波兰的矛盾证据。

分析表明,来自波兰的案例企业会更积极地利用"社交媒体"销售沟通工具来管理售后关系。比如,波兰的案例企业会在社交媒体和企业网站上发布有关先前项目和成功项目的案例。

ContentMKT(波兰企业)的 CEO："有 20% 的案例客户愿意与我们一起准备案例研究,因为案例是可以被打印出来,并可以给客户某种自豪感和荣耀感。这样,我们的客户可以向他们的领导汇报项目成果。"

7. 研究结果

该论文基于扎根理论方法明确了国际中小型服务业企业为了应对敏捷性和低成

本的需求在销售过程中往往遵循以下 3 个主要阶段,即识别新的商业机会、说服和关系管理。在识别新的商业机会阶段,企业会整合使用"社交媒体"销售沟通工具、"数字"销售沟通工具和"传统"销售沟通工具来寻求更多的潜在客户参与。其中,"社交媒体"销售沟通工具是首选。在说服阶段,为了将潜在客户转化为付费客户,企业会将"数字"销售沟通工具和"传统"销售沟通工具结合起来,"数字"销售沟通工具能够帮助企业与在地理上具有较远距离的国际客户达成交易。在关系管理阶段,传统的销售沟通工具有助于管理与战略客户的关系和需要技术援助的客户关系。同时,研究者分析了 4 种可能的边界条件,包括关系文化、地理位置远近、技术创新/资源、客户的战略重要性。这些因素影响着国际中小型企业在销售过程中使用不同的销售沟通工具来适应国外市场环境。研究者发现:① 在 B2B 销售流程阶段综合使用销售沟通工具有助于企业在地理距离和客户关系类型方面拓展其业务范围;② 在 B2B 销售流程阶段综合使用销售沟通工具,有助于企业快速完成销售流程阶段,并适应外国客户的特定需求。研究者开发了一个在 B2B 销售过程中综合运用销售沟通工具的框架,具体见图 6-5。

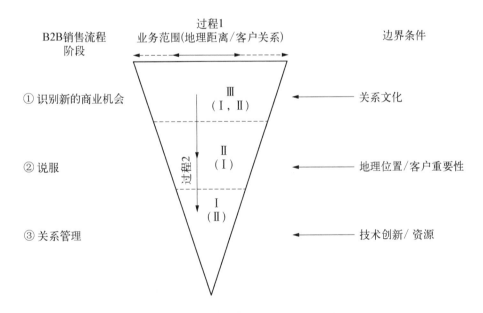

图 6-5　在 B2B 销售过程中综合运用销售沟通工具

6.5.5　示例 5

本示例分为论文基本信息、研究问题、研究设计、案例选择、数据收集、数据分析与检验、研究结果这七个部分。

1. 论文基本信息

该示例是 2011 年王建明和贺爱忠在《南开管理评论》发表的论文《消费者低碳消费行为的心理归因和政策干预路径：一个基于扎根理论的探索性研究》。

2. 研究问题

该研究试图探究：① 消费者为什么会实行低碳消费行为模式（即低碳消费行为归于何种心理）；② 如何促进和引导消费者的低碳消费行为模式（即低碳消费行为如何才能持续）。

第一个问题的实质在于，低碳消费行为的深层次心理归因是什么以及这些心理归因对行为的作用机制如何；第二个问题的实质则是，如何制定有效的干预政策以引导低碳消费行为以及这些干预政策的接受性和有效性如何。对这些问题，理论界还没有很好地解决。

3. 研究设计

由于该研究旨在了解低碳消费行为的深层次心理归因，且目前国内外对此还没有成熟的理论假设和相关研究，量化研究方法不太可行，因此研究者采用定性的研究方法，主要采用扎根理论这种探索性研究技术。

4. 案例选择

采用理论抽样方法，按照分析框架和概念发展的要求抽取具体访谈对象。考虑到低学历者对于低碳消费的认识相对欠缺，研究者选择的受访对象多数是大学或以上学历（只有四位受访者的学历是大专或以下）。且受访对象都是 20～40 周岁的中青年城市消费者群体，这类人群思想活跃、信息丰富，易于接受新生事物。样本数的确定按照理论饱和的原则为准，即抽取样本直至新抽取的样本不再提供新的重要信息为止，最终共选择了 26 个受访对象。

5. 数据收集

该研究通过设计非结构化问卷（开放式问卷）对典型消费者进行深度访谈以获得第一手资料数据。

访谈前一两天研究者先预约受访对象，告知访谈主题，以便其稍作准备。正式访谈时，研究者先就低碳消费内涵向受访者进行解释说明，以确保其对低碳消费正确理解，然后才进入主题进行深度访谈。访谈时研究者采用了变换问题的方式，即主要了解受访者对周围普通消费者心理和行为的看法，而不是调查其自身消费心理和行为，这样可以有效避免不诚实回答。主要的访谈提纲为：① 你觉得为什么人们没有做到低碳生活方式和低碳消费？主要的障碍是什么？② 在你看来，如何促进人们从"高碳"向"低碳"的生活方式和消费模式转变？③ 你认为政府应该制定哪些措施来推动人们采取低碳生活方式和低碳消费？④ 你自己或家人在生活中能否做到低碳生活方式和低碳消费？你觉得主要的障碍是什么？⑤ 你是否注意过低碳消费和低碳生活方式方面的宣传教育？⑥ 你觉得如何进行低碳、环保方面的宣传教育才能更有效地转变人们的意识和行为？或者说如何才能让宣传教育收到实效？访谈时围绕这些问题和捕捉出来的概念范畴还会进一步追踪式提问，以尽可能深入地洞悉受访者的内在心理。

在该研究中，除了采用通常的面对面访谈外，还采用网络在线访谈这种新兴访谈方式。网络在线访谈具有如下优势：无须访谈者与受访者直接见面，其实施更便捷，不受时空限制；同时受访者不会感到拘束，回答更自由、更真实，不易受到访谈者口头语言和行为语言的影响，并且回答内容往往经过深思熟虑（不是随口讲的），逻辑性更强。

综合使用两种方式可以取长补短，更有效地达到访谈目标。面对面访谈时，研究者征得受访者同意对访谈过程进行了录音，并在访谈结束后对录音资料进行整理，完成访谈记录和备忘录。网络在线访谈时，研究者直接根据在线访谈记录进行整理，完成访谈记录和备忘录。两种方法最终共得到十万余字的访谈记录。

6. 数据分析与检验

该研究采用扎根理论标准的编码模式。

（1）开放式编码。编码时，研究者对原始访谈资料逐字逐句分析以进行初始概念化。为了尽量减少研究者个人的偏见、定见或影响，研究者尽量使用被访谈人的原话（原汁原味的本土语言）作为标签以从中发掘初始概念，最终一共得到 660 余条原始语句及相应的初始概念。由于初始概念的层次相对较低，数量非常庞杂且存在一定程度的交叉，由此需要进一步的提炼以将相关的概念"聚拢"在一起，实现概念范畴化。进行范畴化时，研究者剔除出现频次较少的初始概念（频次低于两次），仅仅保留出现频次在三次以上的概念。

（2）主轴编码。主轴编码的主要任务是更好地发展主范畴。具体做法就是发展范畴的性质和层面，使范畴更严密。同时将各个独立范畴联结在一起，发现和建立范畴之间的潜在逻辑联系。通过分析，研究者发现开放性编码中得到的各个不同范畴在概念层次上确实存在内在联结。根据不同范畴之间的相互关系和逻辑次序，研究者对其进行了重新归类，共归纳出四个主范畴。

（3）选择性编码。选择性编码则是进一步系统地处理范畴与范畴之间的关联。这是从主范畴中挖掘"核心范畴"，分析核心范畴与主范畴及其他范畴的联结，并以"故事线"形式描绘整体行为现象。这里的"故事线"是主范畴的典型关系结构，不但包含了范畴之间的关系,而且包含了各种脉络条件,完成"故事线"后也就发展出新的实质理论构架。

7. 研究结果

该研究建构和发展出一个全新的低碳消费行为理论构架,研究者称之为"低碳消费行为的心理归因和政策干预路径模型":① 个体心理意识是低碳消费行为的内部心理归因,它通过影响个体对低碳消费的心理偏好从而促进行为发生;② 社会参照规范是低碳消费行为的社会心理归因,它通过对个体施加影响,使个体行为符合社会规范的要求从而刺激行为发生;③ 作为低碳消费行为的两个主要心理归因,心理意识和社会规范对行为的影响机理和影响效应并不一致;④ 低碳传播沟通(由传播力度、传播方式、传播渠道、传播对象、传播主体等因子构成)通过影响个体心理意识、社会参照规范这两个主范畴从而实现行为干预;⑤ 情境结构变革通过改变个体行为的成本收益、行为便利性、难易程度等情境条件从而实现行为干预目标;⑥ 传播沟通教育和情境结构变革这两类干预政策变量是相互补充、相互配合的。

6.5.6 示例 6

本示例分为论文基本信息、研究问题、案例选择、数据收集、理论分析框架、数据分析与检验、研究结果这七个部分。

1. 论文基本信息

该示例是 2012 年郑晓明、丁玲和欧阳桃花在《管理世界》发表的论文《双元能力促进企业服务敏捷性——海底捞公司发展历程案例研究》。

2. 研究问题

该研究基于双元能力的理论视角,以海底捞发展历程为案例研究对象,试图探讨以下问题:① 服务敏捷性的诱因,即海底捞在发展过程中所处的内外部环境压力;② 双元能力过程与特征;③ 双元能力的结果,即聚焦于海底捞服务敏捷性。该研究所探讨的海底捞服务敏捷性的形成过程对中国企业提高服务敏捷性并以此获得竞争优势具有重要的参考价值。

3. 案例选择

该研究以海底捞为案例研究对象有三个原因:① 从 1994 年至今,海底捞及其服务敏捷性在国内餐饮行业一直处于领先地位,具有行业代表性;② 海底捞扩张过程从 1994 年至今已经历了 4 个不同阶段,各阶段的特征、问题及其解决方式都很有趣,历史数据较完整;③ 海底捞的快速发展很大程度上得益于它的双元能力,研究者调研过程中对双元能力如何促进服务敏捷性的印象尤为深刻。

4. 数据收集

该研究案例数据主要来源于三个方面：① 自 2010 年 7 月至 2011 年 8 月，研究者团队对海底捞各部门人员进行了全面的实地访谈与问卷调研，整理了近 30 万字的文字记录；② 自 2010 年 5 月至今，该研究主要研究者长期跟踪海底捞，参加海底捞经营会议，并与创始人张勇的接触较多，对海底捞的管理有着深刻的认识；③ 研究者还进行了大量中高层访谈并取到了一手的数据，同时收集了大量海底捞的内刊、资料及企业的管理制度等资料。

5. 理论分析框架

该研究尝试运用双元能力理论打开海底捞获得服务敏捷性的"黑箱"，从双元能力的层次差异揭示服务敏捷性的演化的原因、特征与过程。因此研究的核心在于基于对海底捞发展历程中一系列事件的分析，推导出利用双元能力获得企业服务敏捷性的过程模型。基于现有文献和海底捞案例，该研究推导出新的分析框架。双元能力促进服务敏捷性的四种层次如图 6-6 所示。

对企业层次的双元能力促进服务敏捷性设定两个维度：第一种是授权与控制。授权是指领导者为员工和下属提供更多的自主权和柔性，以达到组织

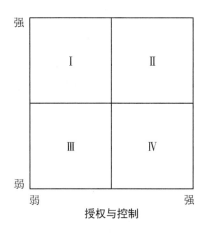

图 6-6 双元能力促进服务敏捷性的四种层次

目标的过程。这里的控制是与授权相对立的概念，指为达到某种目标所采取的一系列方法与措施，以消除管理各环节引起不合格或不满意效果的因素。第二种是整合能力，指一个组织所具有的将其内部和外部不同能力整合起来的能力。如果企业在这两个维度同时进化，即达到服务敏捷性的最佳状态。

四种层次的特征是：第Ⅰ象限权力集中在高层，运营不规范，整合能力强；第Ⅱ象限高层授权给中层，运营不规范，整合能力弱；第Ⅲ象限企业授权程度高，运营较规范，整合能力初步提升；第Ⅳ象限建立各种精英引导的沟通平台，企业高度授权，运营更规范，整合能力强。

6. 数据分析与检验

该研究将海底捞的发展分为四个阶段。

阶段 1：CEO 的双元能力促进服务敏捷性

单店创生阶段：CEO 关注顾客和员工的规范化（1994—1998 年）。

在企业求生存的内外部环境压力下，隐含的矛盾是在创业初期企业为了赢利（成

本控制),产生了有限的资源在顾客和员工分配方面的冲突,CEO化解了同时关注顾客与员工需求的矛盾,并具有这方面的"双元能力"。

为满足顾客需求,CEO致力于提供优质的服务和提高产品品质。比如,开业之初,他们并不懂火锅,生意每天冷冷清清。但张勇很快就懂得了"顾客需要一桌一桌抓"的道理。张勇很清楚地回忆:"当时有一家十几人住在海底捞楼上,他们每天走到楼下往里一看,'哦,还是没人',然后就走到边上的另一家火锅店。"于是,张勇设法打听到这家男主人的名字,每天都在楼梯口等他,并重复"魏大哥好"。"终于有一天他进来了。我很激动,但是吃完了他说我的味道不好。他说别的一家有一种香辣酱,要我们研究出来。我说火锅没有祖传香辣酱,肯定是买到了味道好的香辣酱。最后我终于买到并让我太太送上去,让他鉴定是不是他说的香辣酱,当时他非常感动。这桌顾客在未来非常长一段时间都是我的忠实顾客"。

为满足员工需求,CEO也尽力提供家人般关怀并尽力解决员工的经济困难。比如,张勇曾经在年关帮助某新员工还家里800元的债务。从此,这位员工就把海底捞当作自己的家。张勇因此多了一名虎将。

在这种模式下,企业服务敏捷性体现在:财务业绩快速增长,CEO形成了"快速感知-响应"顾客和员工需求的能力,并且CEO还从顾客和员工的建议中改善服务和产品品质,具有了运用顾客和员工资源的能力。

阶段2:高层、经理的双元能力促进服务敏捷性

连锁直营阶段:高层授权经理与规范化其行为(1999—2005年)。

高层(包括副总经理、CEO)采取直营模式复制企业,形成了对经理充分授权与规范化的双元能力。授权主要体现在充分授权经理经营权。规范化主要体现在行为导向的考核,即建立了真正公平公正的过程考核体系。

而经理(包括店经理、小区经理、大区经理)也在高层的充分授权下,复制了前期CEO关注顾客和员工模式。经理还从师带徒、轮岗培训以及人性化的薪酬、福利制度等各方面的完善上满足员工需求,尊重与善待了员工。经理提升了同时关注顾客与员工的双元能力。

经理还在采购这一关键岗位有着授权与控制员工行为的双元能力,主要是充分授权和大幅提高工资,并采取各种措施杜绝回扣现象。例如经理杨某就懂得如何授权与控制采购。海底捞的原材料采购极为复杂,蔬菜、海鲜、肉类、副食不仅种类繁多、价格多变,而且都是个体供货。如何买到质量好、价格适中的原材料是杨经理最难解决的问题。杨经理将优秀服务员晋升为采购员时,大幅提高他们的工资,并明确告诉他们:"公司会用各种方法经常调查你是否吃回扣。一旦发现,无论回扣多少,立

即辞退、没有任何补偿。"

在这种模式下,企业服务敏捷性体现在:企业陆续在西安、郑州、北京、成都、上海等地经营均取得了成功。企业复制能力迅速广泛实施,经理具有了快速感知-响应顾客和员工的能力,高层授权与规范化充分发挥了经理的能动性。

阶段 3: 高层、经理、员工的双元能力促进服务敏捷性

精细化运营阶段:授权与规范化员工服务与企业软硬件投资(2006—2009 年)。

高层有着对经理、员工充分授权与规范化的双元能力。授权与规范化主要体现在:软硬件投资建立集成平台;规范企业管理、控制产品品质与成本;企业复制的授权与规范化;调动 A 级门店拓店积极性。

经理也在高层的充分授权下,复制着前期同时关注顾客与员工方面的双元能力,这促进了企业拓店,并对所有员工授权与规范化。授权主要体现在普通员工都有为顾客免一份单的权力。规范化主要体现在 IC 卡的使用,即员工免单后需要记录免单信息,并向店经理说明原因,以杜绝免单权力滥用行为。

同时,员工需要同时提升服务与产品品质,隐含的矛盾是员工需要把有限的精力同时向提升服务与产品品质分配,员工具有了解决这两方面的冲突的双元能力。海底捞的主要做法是高层和经理给员工充分授权,这使员工的主动性和积极性得到充分发挥,完善了服务流程,并被顾客誉为"超五星级服务流程",菜品品质也不断提升。虽然有些服务和菜品品质改善会增加一点点海底捞的运营成本,但与稳定的顾客源、不断扩大的忠实消费群及品牌的美誉度相比较,这种投入产出十分合算,这也正是海底捞的聪明之处。

在这种模式下,企业服务敏捷性体现在:企业不断复制优秀店面的能力,在全国各大中城市的经营均取得了成功;企业员工具有了"快速感知-响应"顾客的能力,经理迅速复制企业,高层能够规范企业运营、降低成本。

阶段 4: 双元能力精英平台促进服务敏捷性

管理转型阶段:精英能力复制与规范化转型(2010 年至今)。

高层从两方面提升双元能力。一方面,使全员学习和创新方面授权与规范化,进一步加强高层推动组织结构由层级向扁平化的变革,并推动企业构筑精英平台,如教练组、海底捞大学和自发的学习型组织,由企业内外部精英提供培训和指导,金点子排行榜定期引导全员创新并经过试点后推广。另一方面,在业务拓展上,高层具有了同时关注店面与外卖经营的双元能力,化解了企业资源的二元矛盾。

同时,店经理在店面经营上利用精英平台获得帮助、解决难题,不断学习和创新,复制了优秀店经理同时关注顾客与员工的双元能力,店经理提升了自身的双元能力。

另一方面,有能力的资深店经理不仅积极参与教练组、学习型组织等精英平台,还为其他店经理解决难题,充当"指导＋考核"式的咨询角色,使他们获得了同时充当"教练"和"裁判"的双元能力。

员工提升了同时关注服务与产品品质的双元能力。员工利用精英平台提升自身能力,如参与店面里"充电器"学习组织,向有经验的员工学习。有能力的员工还向精英平台提供创新和专业服务,如为金点子排行榜提供创新,为海底捞大学学员培训专业知识。另一方面,在充分授权下和双手改变命运的过程中,员工感受到了尊重、成功与希望,为顾客提供了优质的服务和高品质产品,实现了自身价值。

在此模式下,企业服务敏捷性体现在:组织结构由层级向扁平化的变革,形成员工学习与创新快速集成与扩散机制;另外,业务也在向外卖经营扩展,并思考企业未来的发展方向;企业员工具有了"快速感知-响应"顾客的能力,店经理迅速复制企业,高层通过整合企业内外部精英资源,快速推动全员学习与创新,并推动业务模式扩展。

7. 研究结果

集成海底捞在四个不同阶段双元能力促进服务敏捷性的模式,能够推导出企业层次双元能力促进服务敏捷性的一个过程模型,即外部环境变化促使企业在授权与控制以及整合能力两个维度演化,在此过程中企业不同层级人员提升了解决内部二元矛盾的双元能力,从而促进了服务敏捷性的演化。

企业层次双元能力促进服务敏捷性四阶段的特征是:第一阶段权力集中在CEO,授权与控制的双元能力弱,整合能力强;第二阶段高层授权给经理(中层),规范化较弱,整合能力减弱,高层、经理具有解决二元矛盾的双元能力;第三阶段企业对经理、员工(底层)授权和规范化,软硬件投资增强了企业整合能力,使企业更加规范化,高层、经理、员工均具有了解决企业二元悖论的能力;第四阶段,企业进一步对经理、员工授权和规范化,高层、经理和员工均提升了解决二元悖论的双元能力。可见,企业授权与控制是一个逐步强化的过程。

授权的路径是高层-经理-员工-精英平台。控制通过规范化加以实现。这里的规范化是与授权相对立的概念,指企业为形成统一、规范和稳定的管理体系,制定和实施的组织规程和基本制度以及各类管理事务的作业流程。企业层次双元能力促进服务敏捷性四个阶段的结果是:第一阶段企业财务业绩增长,CEO具有感知-响应顾客的能力、整合顾客和员工资源的能力;第二阶段企业裂变式发展,高层、经理具有感知-响应顾客的能力,高层能够充分发挥经理的能动性;第三阶段企业复制式发展,高层、经理和员工均具有感知-响应顾客的能力,高层推动经理、员工充分发挥能动性;第四阶段企业通过精英平台复制优秀模式而发展,高层、经理和员工感知-响应顾客能力进一步增强,企业具有通过精英平台引领高层、经理和员工全员学习并发挥创新的能动性。

6.5.7　示例 7

本示例分为论文基本信息、研究问题、研究设计、案例选择、数据收集、数据分析与检验、研究结果这七个部分。

1. 论文基本信息

该示例是 2017 年成瑾、白海青和刘丹在《管理世界》发表的论文《CEO 如何促进高管团队的行为整合——基于结构化理论的解释》。

2. 研究问题

CEO 作为组织的设计师,其最重要的职能之一是设计、建立能够使组织有尽可能多的机会去获得创造力、适应性和响应度的制度体系结构,包括构建高层管理团队(Top Management Team,TMT)的团队结构。因此,为了能深入理解 TMT 行为整合,该研究试图探寻 CEO 如何构建团队结构才能有益于 TMT 行为整合。

3. 研究设计

根据该研究的研究问题,研究者选择了基于复制逻辑的多案例研究方法。主要理由为:① 该研究探索 CEO 需要怎样构建团队结构以促进 TMT 行为整合,属于回答"How"的问题,同时该研究所要探索的团队结构带有隐性特征,需要深入分析,由此选择案例研究方法是非常合适的;② 多案例研究不是基于特定案例研究独特性,而是通过对多个不同环境的企业群进行迭代补充,使得结论更坚实、通则性更强,因此该研究选择多案例研究方法;③ 多案例研究中通过分析配对案例和极端案例中的共同点和差异点,能够更好地发现理论,并增加探索性案例研究的有效性,由此该研究选择配对案例和极端案例来进行。

4. 案例选择

根据开展案例研究理论抽样的方法,该研究所选的案例考虑三个方面的因素:① 为发现 CEO 构建何种团队结构来促进 TMT 行为整合的规律,研究者特别选择行为整合程度明显好和明显差的企业,以满足极端案例的要求;② 所选企业的性质需要多元,同时,所选企业需要具有一定的行业分散度,这样能在一定程度上增大研究成果在不同类型、不同行业企业中的适用性。根据这个要求,研究者所选的企业涵盖国有、民营和外资企业,行业涵盖了日用品、食品业、银行业、软件业、零售等行业;③ 该研究要进行访谈的对象是 CEO 和 TMT 成员,因此需要保证充分的访谈时间。

为了保证获得充分的企业信息,调研组选择了广东、福建的企业。在对企业进行正式访谈前,研究者选择了 14 家企业进行初步调研,主要调研这 14 家企业高管团队合作、集体决策和信息交流的情况,并对企业性质、规模和所处行业类似的企业进行归类,根据配对案例和极端案例原则进行筛选,最终选出 8 个企业。

5. 数据收集

研究者以半结构化和开放式的问题进行访谈,并进行实地观察获得一手资料。深度访谈最能够引发访谈对象分享所经历的故事,促使访谈对象与研究者共同建构其对研究问题的理解。研究者针对 CEO 和其他高管分别设计了访谈提纲,以进行多元化数据论证。

例如研究者询问 CEO:您如何影响高管团队的合作? 采用什么方式、方法来促进高管团队的配合? 询问高管成员:您认为什么因素影响团队整体的合作水平? 在关注 TMT 内部运作的同时,研究者也关注 TMT 所面临的外部环境以及竞争态势。在访谈中,研究者要求 CEO 和高管尽量讲事实、讲故事、深挖细节;同时也讨论 TMT 的价值观念。研究者把调研录音全部转化为文本,共计 20 余万字。除了多角度的访谈外,研究者还实地观察、考察企业的运作模式,这些也成为该研究的数据材料。

6. 数据分析与检验

案例分析包括两部分:单案例内部的分析和跨案例分析。结合该研究的研究主题看,单案例内部分析是对每个企业单独分析,得出每个企业 CEO 构建的团队结构构念,并识别构念和构念之间的关系。此时数据分析的方式是归纳式的,目的在于尽量发现新的构念和关系,而非以预设的命题为导向。

为了保证复制逻辑的独立性,研究者并不关注不同案例的相似点和差异性的对比。对所有单案例分析完成后,开始进行跨案例分析。研究者首先采用姚振华和孙海法(2010)整理的 TMT 行为整合评分标准,区分出行为整合有效性高和低的企业,见表 6-11。紧接着对比两类案例,通过对比以及复制逻辑提炼出有助于 TMT 行为整合的具体的团队结构要素;同时,研究者也分析 CEO 工作的不同,挖掘这些不同点的内在共同机理以及关系模式。此外,研究者还不断重新分析数据,查看单个案例中是否也存在相同的关系模式。在这个过程中,研究者建立了很多图标以促进对比。同时,采用案例材料分析和文献对比的方式,一方面,根据实地访谈资料归纳出理论构念并探索之间的逻辑关系;另一方面,大量对比现有的相关理论文献,以确立构念以及构念之间的关系,尽量确保这些构念既反映理论继承性,又能充分展示案例特征。

表 6‒11　案例样本的 TMT 行为整合评估结果

企业	开放沟通			团队合作			决策参与				行为整合程度
	a1	a2	a3	b1	b2	b3	c1	c2	c3	c4	
A		√	√		√	√	√				高
B	√	√	√		√			√	√	√	高
C	√		√		√			√	√		高
D	×				×		×	×	√		低
E	×				×						低
F	×			×	×		×				低
G		√			√		×				较低
H	√	√	√		√			√	√	√	高

注：① 行为整合的评价标准为：开放沟通——a1 为决策时能充分地分享相关信息，a2 为经常进行非正式交流，a3 为经常讨论相互的期望和要求。团队合作——b1 为帮助其他成员分担工作任务，b2 为互相支持工作，b3 为相互告知工作配合中的问题。决策参与——c1 为鼓励大家提出不同意见，c2 为不同意见得到认真对待，c3 为会进行争论，c4 为存在激烈的争辩；② 与评价标准相符时，记√，与评价标准不符时，记×，空格为未涉及该内容。

7. 研究结果

研究者以 Giddens(1984)对规则和资源的分类为基础（表意性规则和规范性规则；分配性资源和权威性资源），分析 CEO 构建团队结构与 TMT 行为整合之间的紧密关联，最后发现了 CEO 构建团队结构的 6 种有效策略。

引导 TMT 形成战略共识。研究者把 CEO 引导 TMT 形成战略共识界定为高管可感受到的 CEO 在企业战略方面的清晰认知和有意识的引导作用，这一构念主要包括 CEO 了解企业战略方向和 CEO 引导教育 TMT 成员两个维度。表 6‒12 总结了各个企业 CEO 引导 TMT 形成战略共识的情况（部分案例）。如果 CEO 引导 TMT 形成战略共识，TMT 行为整合水平高；否则，整合水平低。

激发 TMT 成员的探索式学习意识。该研究通过对比案例发现，在行为整合好的团队中，CEO 非常善于激发 TMT 成员的探索式学习意识。CEO 激发 TMT 成员的探索性学习意识包含 CEO 自身的学习意识和鼓励 TMT 成员学习两个维度。表 6‒13 总结了各企业的证据和评价。如果 CEO 重视学习并激发 TMT 探索式学习意识，TMT 行为整合水平高；否则，整合水平低。

表 6‑12　引导形成战略共识(部分案例)

企业	CEO 自身了解企业的战略方向	CEO 引导教育 TMT 团队	形成战略共识
行为整合程度高的企业			
A	"我们要将几十个品牌整合到超市去,通过我们的团队来运营,所以我们是一个桥梁,连接厂家跟商家,厂家没有我们不行,我们也是依靠厂家、商家的支持才得以生存的,所以我们的服务一定要过关。"(某 CEO)(主张"服务"战略)	"门店有上导购,底下人去选,最后到我这边面试一下就好了。"(某 CEO)(人员配置上的支持) "他真的很有责任心、很负责,也有一个这个行业里非常好的团队,团队里的人在他的带领下可以随时拿抹布出来擦商品上的灰。"(某 CEO)(赞赏)	形成
C	"现在竞争非常激烈,只一味打价格战肯定是劳民伤财,我们领导(CEO)会全方面从商品、环境、服务等更细的方面形成我们这个差异化的经营。"(李总)(应该走差异化战略)	"张总的一些想法比较新颖,本来我们觉得比较混乱,他提了后就觉得很有道理。"(李总)(帮助理清思路)	形成
行为整合程度低的企业			
D	"我们这个是受挑战了,我们有在做这个渠道,电商在天猫。"(应该进行渠道创新)	"其实我觉得这些电商、平台我们只是观其表、不知其里,外面人看着很光鲜,好不好也不一定。"(CEO)(内心不认同)	未形成
E	"银行业的竞争就这样。我们现在就是要拉客户,跳槽到我们企业的员工都是有客户资源的。"(战略方向不清晰)	"我们行长也主要是在跑业务,拉客户。"(CEO 没有专注于战略问题) "我们企业现在还谈不上人员规划、人力资源管理。"(企业还谈不上战略资源配置)	未形成

表 6‑13　激发探索式学习意识(部分案例)

企业	典型证据描述		评 价	
	CEO 的自我学习意识	CEO 鼓励 TMT 成员学习	自我学习	鼓励学习
行为整合程度高的企业				
A	"我还要不断学习,很多东西是悟出来的,实践完了要系统提升,然后再去实践再去提升。"(某 CEO)(要学习、提升)	"她可以去学习、培训,她应该学得也很快,或者有些时候有一些启发,一讲马上就能贯通了。"(某 CEO)(鼓励参加培训)	强	鼓励
C	"一个客户我拜访一次,他会把这个行业的发展、他的看法告诉我,这些对我很有价值。"(某 CEO)(从客户那里学习)		强	鼓励

续　表

企业	典型证据描述		评　价	
	CEO 的自我学习意识	CEO 鼓励 TMT 成员学习	自我学习	鼓励学习
C	"我去国外旅游,经常会去他们的大型商场观摩学习。以后我准备在我们商场导入自主结账系统,这在将来肯定是个趋势。"(CEO 的探索式学习)	"他会给我们提供一个平台,不仅是教我们怎样做,更多的是教我们怎么掌握这个技能。"(某副行长)(直接教授掌握技能)	强	鼓励
	行为整合程度低的企业			
F	"我们老板没念过书,但领导能力很强。现在很多时间在外边活动,到企业的时间很少。"(没有时间学习)	"老板对我们的学历也是不看重的。能做好事情就行。我们企业的财务总监、HR 总监都没有什么学历,但老板也不做要求。"(对专业能力要求不高)	弱	不
E	"我主要是跑业务的,很少有时间看书。"(没时间学习)	"像我们不可能说还拿本什么书啊,这很难做到,没什么时间、没有太多的精力。"(没时间学习)	弱	不

培育 TMT 成员间的信任氛围。数据还显示 CEO 培育 TMT 成员间的信任氛围有助于 TMT 的行为整合。我们把 CEO 培育 TMT 成员间的信任氛围界定为 CEO 努力在 TMT 中创造一种互相关爱和可依赖的心理状态,包含"CEO 对 TMT 成员具有人际初始信任"和"CEO 对 TMT 成员提供情感支持"两个维度。表 6-14 总结了各企业的证据和评价。如果 CEO 对 TMT 成员具有人际初始信任并提供情感支持,TMT 的行为整合水平高;否则,整体水平低。

表 6-14　培育信任氛围(部分案例)

企业	CEO 构建 TMT 间的信任氛围		评　价	
	典型证据描述			
	CEO 对 TMT 成员人际初始信任	CEO 促使 TMT 成员相互提供情感支持	初始信任	情感支持
	行为整合程度高的企业			
A	"如果说你这个也不放心那个也不放心,天天站在他旁边,天天怀疑人家,是注定要失败的啊。太操心了什么都不相信人的老板也做不起来事,我们对他(销售经理)信任多了,这个意义可能是大于钱的。"(某 CEO)(信任有意义)	"她有帮我解决实际的生活困难,比如说我要买房子借钱给我。"(某销售经理)(解决生活困难)"上次她(物流经理)家老家盖房子,很远的,从这里开车又不认识路,但是他们(其他成员)饿着肚子也一定去她家帮忙,都无怨无悔的。"(某 CEO)(帮忙盖房子)	高	支持

续　表

企业	CEO 构建 TMT 间的信任氛围		评　价	
	典型证据描述		初始信任	情感支持
	CEO 对 TMT 成员人际初始信任	CEO 促使 TMT 成员相互提供情感支持		
C	"他(CEO)很信任我们,所以我们答应一个任务下来感觉非常有压力,因为要对他的信任负责。"(某运营总监)(CEO 信任)	"关心销售的过程当中我们也比较关心他们(成员)的生活,该有的活动该有的待遇绝对不能减,绝对不能忙着做生意、拼命赚钱,而把他们这一块忽略掉。"(CEO)(关心生活)	高	支持
行为整合程度低的企业				
F	"老板是非常谨慎的。一般信任你,需要一个过程。以前来的空降兵,没几个月就挂了。"(CEO 不信任)	没有数据支持	低	缺乏
G	"老板远在美国,中国业务都是由我负责的。我必须掌握核心客户,这样我才是最安全的。"(对老板不信任)	"我和老板谈完业绩,谈话就结束了。老板是美国人,一是一,二是二,分得很清楚。"(不关心生活)	低	缺乏

　　为 TMT 成员界定清晰的岗位职责。案例表明 CEO 为 TMT 成员界定清晰的岗位职责能促进 TMT 的行为整合。如果 CEO 能够为 TMT 成员清晰地界定各自的岗位职责,他们在自己的职责范围内会充分尽责,为团队整合贡献自己的专业力量,具体见表 6-15。如果 CEO 为 TMT 成员界定清晰的岗位职责,TMT 的行为整合水平高;否则,整合水平低。

表 6-15　界定清晰的岗位职责(部分案例)

企业	典型证据描述	职责清晰度
	CEO 为 TMT 成员界定清晰的岗位职责	
行为整合程度高的企业		
A	"这 4 个人就代表 4 个部门,仓库(从厂家货源的到达、出发、跟踪,整个的货来到货走)、物流(负责仓库发货、对接,负责货走以后的事情,货走哪里、怎么走)、财务(负责整个的成本核算,今天这一单到底有没有赚钱)和销售(怎么打促销、怎么做地堆,怎么跟高层去沟通)。"(某 CEO)(各自分工明确)	清晰
C	"所以说如何发挥团队的作用,第一要分工明确,你该管理什么""要打造一个团队,要业务分工、分配管理。"(某 CEO 描述)(分工、分配) "实际上我们是有很明确的分工,他(CEO)不在时我们也不乱,就各司其职。"(某财务经理)(各司其职)	清晰

企业	典型证据描述	职责清晰度
	CEO 为 TMT 成员界定清晰的岗位职责	
	行为整合程度低的企业	
F	"他就是那种做事情细致到把一个文员的小细节都想好了,他真的一两个礼拜不回来,很多事情就没法办。所以没有一个规则。"(某销售经理)(事无巨细)	混乱
D	"我们是自己几个来研发的,没有特意设立一个部门,我们是小企业养不起人,要省一点钱。""工厂的管理是怎么样?厂长跟你们是什么关系,是直接给你汇报,还是下面有个副总专门跟厂长对接——没有,我就是厂长。"(某 CEO)(一人兼多职)	存在交叉

　　授予胜任的 TMT 成员结构性权力。该研究的数据表明 CEO 授予胜任的 TMT 成员结构性权力对 TMT 的行为整合有正向影响。授予胜任的 TMT 成员结构性权力是指 CEO 首先会选择合适的、能够胜任的 TMT 成员,然后赋予 TMT 成员与其胜任力相匹配的权力,涵盖了 TMT 胜任和授予 TMT 结构性权力两个子维度。表 6－16 概括了各企业 CEO 授予胜任的 TMT 成员结构性权力的证据。如果 CEO 选择胜任的 TMT 成员并授予他们结构性权力,TMT 行为整合水平高;否则,整合水平低。

表 6－16　授予胜任者结构性权力(部分案例)

企业	典型证据描述		评　价	
	TMT 胜任	CEO 授予 TMT 成员结构性权力	胜任	权力
	行为整合程度高的企业			
A	"她(财务经理)对数据非常敏感"、"有自己一套方法,同时盘点数量和生产日期,这很厉害。"(某 CEO)(专业胜任)"她(CEO)能在这样一个位子上,肯定有能领导好下面团队的能力。"(某财务总监)(领导力)	"我们企业系统(金蝶)最大的权限是她,她可以通过系统看到他们的失误。"(CEO)(系统权限大)"她(财务经理)掌管着我整个家族的卡,私人的公家的全部在她那里,包括密码。"(CEO)(财务权限全面)	胜任	充分
C	"张总的一些想法、思路确实是比较清晰比较新颖,然后我觉得跟他也是学习。"(某采购经理)(有想法、思路清晰)"他看得比较远,会看到未来几个月或是一年以后的情况,针对性地去开展,后来的结果证明蛮好。"(许总)(洞察力)	"我们这边的管理团队是比较健全的,CEO 主要是把握住大方向,具体细节上我们在做。"(许总)(把握大方向)	胜任	充分

续　表

企业	典型证据描述		评　价	
	TMT 胜任	CEO 授予 TMT 成员结构性权力	胜任	权力
	行为整合程度低的企业			
F	"我长期在一些有规模、机制完整的企业里面做，在这里从零开始，还是缺乏这方面的经验。"（某销售经理）（缺乏经验） "那些人最少的也干了两年多了，但是这批人一定是这个企业的蛀虫和笨蛋。"（某销售经理）（是企业的蛀虫）	"表面上是我的，但是不完整的，集团一旦出现资金紧缩就会把预算挪回去，你真的很难受，它最大的问题是还会影响合作伙伴的心情。"（某 CEO）（职权不完整）	不胜任	不
D	"团队在管理上还需要学习，比如说负责人力资源的只是一位人事专员，还是个'半路出家的和尚'。"（某 CEO）（尚待学习） "我觉得可能是方案不够成熟，可能是他们没有思路，不能够说服你——主要是第一我不懂。"（某 CEO）（对某领域不懂）	未涉及	不胜任	不
E	"业务能力较强，领导力不足。"（领导力不强）	不太涉及授权	低	不

　　设计公平的"事业型"薪酬体系。以往研究认为通过减少高管薪酬差距可以促进高管团结，该研究的案例却表明，内部公平的"事业型"薪酬体系更能激发 TMT 的合作动力。所谓内部公平的事业型薪酬体系，是指 TMT 成员薪酬体系的内部公平性和成长性，这为 TMT 行为整合提供动力。表 6-17 汇总了各企业在 CEO 构建公平的事业型薪酬体系上的相关证据。如果 CEO 设计出公平的"事业型"薪酬体系，TMT 行为整合水平高；否则，整合水平低。

表 6-17　设计公平的"事业型"薪酬体系(部分案例)

企业	典型证据描述		评　价	
	构建内部公平的薪酬体系	构建"事业型"薪酬体系	相对公平	事业型
	行为整合程度高的企业			
A	"你的成长和你的价值跟你得到的回报是成正比的，那你是有积极性的。"（某 CEO）（价值与回报成正比） "一天的事情安排下来肯定是都要把它们做完的，这是最根本的，你把一份工资的活干完，才能领到这一份工资。"（干活才有工资）	"要让他们掌握未来，你要告诉人家企业未来要怎样发展、你会怎样，你会实现哪些东西，一定要有个规划。"（某 CEO）（未来规划）	高	有

续 表

企业	典型证据描述		评 价	
	构建内部公平的薪酬体系	构建"事业型"薪酬体系	相对公平	事业型
C	"我们的薪酬差距不是很大,很透明,大家都知道。"(某 CEO)(透明度高) "他们的薪酬是以我的为基准,然后有个职务系数在,唯一差别的就是绩效浮动那一块。"(某 CEO)(绩效相关)	"不是说授之以鱼不如授人之以渔嘛,这个就是我们领导的管理魅力,他就是这样,有职业规划在这里面,我们能看到远景。"(李总)(授人以渔)	高	有
	行为整合程度低的企业			
F	"每到年底,老板叫我们去谈话。出他办公室门之前,完全不知道奖金是多少。"(奖金预期不明确)	"老板自己文化程度比较低,所以也不看重学历。"(知识人才发展较慢)	低	没有
E	"我们的薪酬几乎完全与业绩挂钩,底薪很少。所以月份好的时候和差的时候有巨大的差距。""压力很大,一直要去跑客户。"(过于绩效导向)	"大行培养机制比较健全,每个岗位轮过去,像我们小行没时间跟你这么折腾。"(某副行长)(培养机制欠缺)	低	没有

该论文从结构化理论视角解释了 CEO 对 TMT 行为整合的作用,即 CEO 通过构建 TMT 的团队结构主导 TMT 行为整合,拓展了 TMT 行为整合的研究(见图 6-7)。

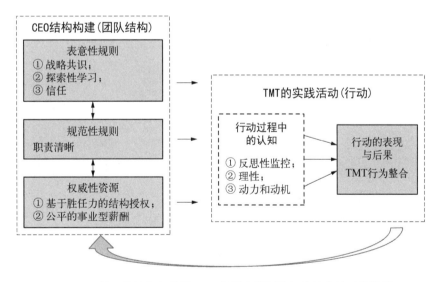

图 6-7 基于结构化理论的 CEO 促进高管团队行为整合的理论模型

思考题

1. 以电动车为研究背景,寻找任意知名电动车企业高管的访谈资料。与同学分开解读每句话的意义,并相互对照。

2. 你周边是否有熟悉的企业能完成案例研究? 若有,该案例能反映什么?

3. 选择本章一个示例,尝试与同学模拟该示例案例数据收集过程,并确认各收集阶段可能会遇到的问题。

第 7 章
回归分析

7.1 回 归 的 定 义

除了均值(Mean)、标准差(Standard error)、相关系数(Correlation)等基本统计方式以外,回归(Regression)是最常用的实证统计方式之一。"回归"一词是由 Francis Galton 在 1886 年首次提出。他在田野调查中发现尽管人类后代的身高在个体层面存在高矮之分,但后代的平均身高等于整个种族的平均身高。即整体而言,后代的身高是趋向于平庸的(Mediocre)。这种后代的身高向种族的平均身高"平庸回归"的拟合趋势即为统计学中"回归"的初始概念。但高尔顿只关注了因变量和自变量,回归的基本计算方式源于 Karl Pearson 在 1896 年的论文中将控制变量加入高尔顿的研究成果以控制回归模型的偏差,线性回归得以证实因变量和自变量之间的因果关系。

回归分析作为一种研究变量间关系的数据分析工具,在社会科学、自然科学、工程学、生命科学等领域已得到广泛应用。在量化社会科学研究中,回归已成为最广泛应用、最基本的统计方法。社会科学研究不具有强范式的特征,难以像自然科学研究那样通过实验得到明确、一致的研究结论。为了揭示社会中某一现象产生与变化的真实原因和客观规律,就需要使用回归分析控制无关变量的干扰,厘清自变量和因变量之间的真实关系,并在此基础上通过自变量的预期变化推断因变量的取值范围。回归可以分为线性回归和非线性回归。两者的区别在于因变量和自变量经过变量转换后是否拟合成直线或曲线的关系,存在这种拟线性关系为线性回归,否则为非线性回归。可以理解为,线性回归中所有变量指数为一,非线型回归则无法通过一次方程表示。另一种常见的平行分类是一元回归与多元回归,一元回归包括因变量和唯一自变量,多元回归包括因变量和两个及以上的自变量,自变量和控制变量可以合称为解释变量,因变量也称作被解释变量。

以一元线性回归为例,其数学表达式可以表示为

$$y = \beta_0 + \beta_1 x + \varepsilon \qquad (7.1)$$

式中，y 表示因变量，x 表示自变量，β_0 表示截距，β_1 表示斜率，即自变量 x 的改变量对因变量 y 总量的影响（影响程度平均为 β_1 个单位），ε 表示偏差，是多次测量结果的平均值，衡量模型的准确性。

将员工工作经验（exp）和收入（earn）带入式（7.1）中，得到

$$earn = \beta_0 + \beta_1 exp + \varepsilon \qquad (7.2)$$

可以据此推断一名员工每增加一单位的工作经验，其从雇主处获得的报酬的相应增加量。根据常识可以预判增加量 β_1 取值为正，作为原假设 H_0；自然存在备择假设 $H_1 : \beta_1 \leqslant 0$。 最终通过拟合后的回归模型系数判断接受 H_0 或拒绝 H_0（同时接受 H_1）。

7.2 主要回归模型

回归分析的种类具有多样性，并根据需要解决的现实问题不断地被开发出新的回归模型来分析特定类型的变量及其关系。不同的回归模型具有不同的适用范围和步骤，具有一定的独特性。在管理学期刊中，OLS 回归、Logit 回归、Tobit 回归、Probit 回归、分位数回归、泊松回归、负二项回归是应用较为广泛的七种回归模型，具体见图 7-1。回归分析可以通过STATA、SPSS、R、Python 等软件实现。在本章中，会统一选择 STATA 16.0 展示各种回归模型代码编写示例。此外，鉴于过去的大多数管理学期刊通常没有公布原始数据的惯例，考虑到数据可访问性，基于 STATA 自带数据集为例展示回归结果。

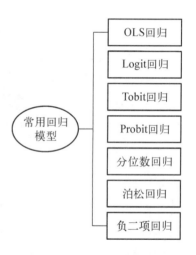

图 7-1 管理学论文中使用频率较高的回归模型

7.3 OLS 回 归

7.3.1 定义

OLS（Ordinary Least Squares）回归，即普通最小二乘法回归，是最基本的回归形式。OLS 回归有六大假定，依次满足不同数量的假定时，最小二乘法估计的精度相

应增加。然而,并非所有基于 OLS 衍生的更为复杂的回归都严格遵循了这六个假定,它们可能为了实现某种专属适用性选择性的违背了其中一项或多项假定。具体的六个假定为:

假定 1(线性参数):在时间序列上任一期 $t(t=1,2,\cdots,n)$ 被解释变量和解释变量取值均符合公式(7.3)

$$y_t = \beta_0 + \beta_1 x_{t_1} + \cdots + \beta_k x_{t_k} + \mu_t \tag{7.3}$$

误差项 μ_t 表示第 t 期的误差项。

假定 2(无完全共线性):不存在任何自变量是恒定不变的,或者是其他自变量的一个完全线性组合。当然,无完全共线性不等于完全无共线性或多重共线性(自变量间存在一定的共线性),此外,存在更为复杂的有偏估计回归模型专门适用于多重共线性样本,如岭回归等。

假定 3(零条件均值):对每一个 $t(t=1,2,\cdots,n)$,给定所有时期的自变量,μ_t 的期望值为 0,见公式(7.4),此时自变量是严格外生的,严格外生性排除了不同期自变量对因变量的滞后影响。

$$E(\mu_t \mid X) = 0 \tag{7.4}$$

满足假定 1 至假定 3 时,以自变量为条件,OLS 估计量是无偏的,因此当期望存在时无条件成立

$$E(\hat{\beta}_j) = \beta_j (j=0,1,2,\cdots,k) \tag{7.5}$$

假定 4(同方差性):以自变量为条件,在所有时期 $t(t=1,2,\cdots,n)$,μ_t 的方差都相等

$$\mathrm{Var}(\mu_t \mid X) = \mathrm{Var}(\mu_t) = \sigma^2 \tag{7.6}$$

假定 5(无序列相关):以自变量为条件(可忽略该条件),任意两个不同时期的误差项不相关

$$\mathrm{Corr}(\mu_t, \mu_s \mid X) = 0 \tag{7.7}$$

$\forall t \neq s$。

满足假定 1 至假定 5 时,高斯-马尔科夫定理(Gauss-Markov Theorem)成立,以自变量为条件,OLS 估计量是最佳线性无偏估计量(Best Linear Unbiased Evaluation,BLUE)。

假定 6(正态性):误差项 μ_t 独立于 X,且具有独立同分布 $N(0, \sigma^2)$。假定 6 涵

盖了假定 3 至假定 5,并更强力的假定了独立性和正态性。

满足全部六个假定时,以自变量为条件,OLS 估计量遵循正态分布。而且 t 统计量服从 t 分布,F 统计量服从 F 分布,构造的置信区间通常是有效的,估计量可用于统计推断。

7.3.2　软件实现

考虑到已出版论文数据的可获取性,回归分析均采用 STATA 自带数据集进行软件使用的介绍。STATA 自带数据集调取命令为

$$\textit{"help dta\_examples"}。$$

输入该命令并按下回车键后会弹出可使用数据的窗口,在数据集列表中每个数据集右侧对应着"use"和"describe",点击分别可以应用左侧数据集、查看左侧数据集详细信息。具体数据集的选择将依据特定回归模型对于样本数据分布的要求以及变量间的逻辑关系决定。

OLS 回归模型对样本数据分布的要求比较低,无论因变量、自变量和控制变量是离散型变量抑或是连续性变量,都可以适用 OLS 模型。这里需注意的是,当结果变量是哑变量(即 0~1 变量)时,使用 Logit 回归是更常用的方法(请详见本章第 4 节),这主要是因为 OLS 估计结果的预测值不会严格落于 0~1。本例仅是简单介绍 OLS 的回归方法,并用作与 Logit 回归结果输出结果的对比。

本例采用 STATA 附带的 Cancer 数据集完成 OLS 回归分析。STATA 自带的 Cancer 数据集提供癌症患者某次用药实验的存活率数据,使用 Cancer 数据集,将病人是否死亡(died)(1=死亡;0=生存)作为因变量,参加药物实验时长(studytime)作为自变量,参加药物实验初始年龄 age 作为控制变量,观察参加药物实验时长对病人存活的影响,具体命令为:

$$\textit{"sysuse cancer.dta}$$
$$\textit{reg died studytime age"}。$$

回归结果见表 7-1,studytime 正向显著影响 $died$($b=-0.018$,$p<0.05$)。"系数"列报告自变量的回归系数,代表自变量对因变量的影响程度;"标准差"列报告标准误差,代表组内个体间的离散程度;"t 值"和"$p>|t|$"列反映自变量回归系数的显著性,p 值可直接与显著性水平比较,更为直观,在判断显著性时最常被采用;样本量为 48;"F 值"及其显著性反映了回归整体的拟合水平;"R^2"表示因变量的变化由自变量可解释的部分所占比例,也是一种拟合水平的衡量。

表 7－1　OLS 回归结果示例

	系　数	标准差	t	$p > \lvert t \rvert$
studytime	-0.018	0.007	-2.630	0.012
age	0.009	0.012	0.710	0.481
常数项	0.436	0.726	0.600	0.551
样本量	48			
F	4.85			
Prob$>F$	0.012			
R^2	0.177			

7.3.3　论文实例

2022 年黄泽悦、罗进辉和李向昕在《管理世界》发表论文《中小股东"人多势众"的治理效应——基于年度股东大会出席人数的考察》。该论文在研究中小股东抱团能否抑制大股东掏空行为时,使用了最小二乘法。因变量 TUNNELING,即其他应收款与总资产比值;自变量 RETAIL,表示中小股东人数规模。基于 STATA 软件编制的最小二乘法回归结果如表 7－2 所示。该表格根据原论文整理,不包括所有解释变量。在模型 1 中,仅加入控制变量,所以未报告 RETAIL_{t-1} 的系数;在模型 2 中,RETAIL_{t-1} 的系数为 -0.016,即滞后一期的 RETAIL 负向影响 TUNNELING 的系数($b = -0.016, p < 0.01$)。

表 7－2　黄泽悦等(2022)的 OLS 回归示例

因变量：TUNNELING_t		
	模型 1	模型 2
RETAIL_{t-1}	— (—)	-0.016^{***} (-2.682)
调整 R^2	0.112	0.114

　　① ***、**、* 分别表示双尾检验的统计显著水平为 1%、5%、10%;② 括号内数字为经过异方差调整的 T 值;③ TUNNELING_t 和 RETAIL_{t-1} 的下标表示自变量 RETAIL 进行了滞后一期的处理。

2022 年 Bammens，Hünermund 和 Andries 在 *Journal of Management Studies* 发表论文 Pursuing gains or avoiding losses：the contingent effect of transgenerational intentions on innovation investments。该论文借助 OLS 回归模型研究家族企业跨代意愿（自变量 TGI，Transgenerational Intentions）如何影响产品创新投资（因变量 Product Innovation Investment），Family-owned 是一个虚拟变量，如果一家公司由同一个家族拥有超过 50% 的股份，则该变量等于 1，否则为 0。OLS 回归结果见表 7-3。该表格根据原文 Table IV 第一列整理，不包括所有解释变量。Family-owned 负向影响 Product Innovation Investment 的系数但不显著（$b=-0.023$，$p>0.1$）；TGI 正向影响 Product Innovation Investment 的系数（$b=0.067$，$p<0.05$），具有跨代意愿的家族企业平均而言比无跨代意愿的家族企业具有更高的创新投资水平。

表 7-3　Bammens 等（2022）的 OLS 回归示例

	Estimation results
Family-owned	-0.023 (0.432)
TGI	0.067 (0.023)
样本量	3930
调整 R^2	0.146

注：回归系数下方括号内是异方差稳健标准误估计的回归系数对应的 p 值。

7.4　Logit 回归

7.4.1　定义

Logit 回归又称作 Logistic 回归或逻辑回归。Logit 回归是管理学领域最为常见的一种非线性回归，适用于因变量为二元类变量且是数值型变量的情形，例如哑变量的情形（0~1）。这类情形下，因变量和残差都遵循二项分布，所以不适用最小二乘法。

Logit 函数的数学表达式

$$f(x) = \frac{1}{1+e^{-x}} \tag{7.8}$$

通过式(7.8)可以直观看出 Logit 函数不属于线性回归函数,当 x 取值趋向于负无穷时, $f(x)$ 趋向于 0;当 x 取值趋向于正无穷时, $f(x)$ 趋向于 1。可见 $f(x)$ 的值域为 $(0,1)$。

把式(7.3)代入式(7.8)可得 Logit 回归函数为

$$T(y) = \frac{1}{1+e^{-y}} = \frac{1}{1+e^{-(\beta_0+\beta_1 x_{t_1}+\cdots+\beta_k x_{t_k})}} = \frac{1}{1+e^{-\beta^r x}} \tag{7.9}$$

进一步:

$$T(y)^* (1+e^{-y}) = 1$$

$$e^{-y} = \left(\frac{1}{T(y)} - 1\right)$$

$$-y = \ln\left[\frac{1-T(y)}{T(y)}\right]$$

$$y = \ln\left[\frac{T(y)}{1-T(y)}\right] \tag{7.10}$$

在式(7.10)中, $y = \beta^r x$,可将逻辑回归的输出项 $T(y)$ 看作某个事件发生的概率,该事件发生的概率 $p = T(y)$,则该事件不发生的概率为 $1-p$。 此时 $\beta^r x = \ln\left[\frac{T(y)}{1-T(y)}\right] = \ln\left(\frac{p}{1-p}\right)$,线性回归函数等于某个事件的对数概率(odds)。

7.4.2　软件实现

STATA 自带的 Cancer 数据集提供癌症患者某次用药实验的存活率数据,使用 Cancer 数据集,将病人是否死亡(died)(1=死亡;0=生存)作为因变量,参加药物实验时长(studytime)作为自变量,参加药物实验初始年龄(age)作为控制变量,观察参加药物实验时长对病人存活的影响。因变量(died)为二元变量,统计分布适用于 Logit 回归模型,具体命令为:

"sysuse cancer.dta

logit died studytime age"。

回归结果见表 7 - 4,studytime负向影响 died 的系数($b = -0.084, p < 0.05$)。LR chi² 及显著度表示 Logit 回归模型与仅含截距项的 Logit 回归模型的似然比检验与模型的拟合水平。

表 7 - 4 和表 7 - 1 使用了完全相同的样本数据,表 7 - 1 报告了 OLS 回归模型,而表 7 - 4 报告了 Logit 回归模型。两个模型自变量的系数含义不同所以不能直接比

较取值大小,但显著为负均表示自变量 studytime 与因变量 died 之间的负关系。

表 7 - 4   Logit 回归结果示例

	系 数	标准差	z	$p > \lvert z \rvert$
studytime	−0.084	0.035	−2.380	0.017
age	0.052	0.065	0.800	0.422
常数项	−0.873	3.729	−0.230	0.815
样本量	48			
LR chi^2	8.930			
Prob > chi^2	0.012			

7.4.3   论文实例

2022 年陈仕华和王雅茹在《管理世界》发表论文《企业并购依赖的缘由和后果:基于知识基础理论和成长压力理论的研究》。该论文研究企业在过去成长中对并购战略的依赖程度和企业当前通过并购战略方式成长的关系,设置因变量并购战略选择 Acquisition_01 为二元虚拟变量,即公司在某个年份是否采用并购战略(公司在 t 年份是否采用了并购战略,1=是;0=否)。Logit 回归结果见表 7 - 5 中的模型 1 - 2。该表格根据原文整理,不包括所有解释变量。并购依赖程度变量 Dependence 统计学意义上显著正向影响 Acquisition_01($b = 0.100, p < 0.01$)。

表 7 - 5   陈仕华和王雅茹(2022)的 Logit 回归及 Tobit 回归示例

模 型	1 - 2	2 - 2
因变量	Acquisition_01	Acquisition_02
Dependence (H1)	0.100*** (4.290)	1.252*** (4.140)
伪/调整 R^2	0.032	0.012
F/Wald chi^2	348.250	8.509
样本量	14 664	14 664

注:① 括号内为经过公司层面聚类修正后的 z 值;② *、**、*** 分别表示 10%、5% 和 1% 的显著性水平;③ 模型 1 - 2 使用 Logit 回归模型。

2019 年 Woronkowicz 与 Noonan 在 *Entrepreneurship Theory and Practice* 发表论文 Who goes freelance? The determinants of self-employment for artists。该论文使用 Logit 模型预测了受薪职业工人向艺术职业领域创业(自我雇佣)的倾向,回归结果见表 7-6。该表格根据原文整理,因原模型加入的变量过多,表 7-6 仅纳入与因变量相关性显著的变量。表 7-6 报告了边际效应 ME(marginal effects)和标准差 SE(standard error)。Logit 回归模型的标准差表示解释变量的离散程度,artshare 的 SE 最大,为 0.006,可见表 7-6 中各解释变量及其均值的平均差异很小。Woronkowicz 与 Noonan(2019)报告的是解释变量的边际效应,以 artshare 为例,ME=0.03 并且结果是显著的。与艺术家自我创业显著相关的变量有:male(性别)、college(大学学历)、white[种族,当受访者选择自己的种族(race)为"100"时"white(白人)"的编码,white=1,否则 white=0]、part[兼职工作情况,当受访者认为自己的全职或兼职状态(wkstat)为"12""Part-time for non-economic reasons, usually full-time(通常全职,非经济原因的兼职)"的编码]、"20"["Part-time for economic reasons(经济原因的兼职)"的编码]、"21"["Part-time for economic reasons, usually full-time(通常全职,经济原因的兼职)"的编码]、"22"["Part-time hours, usually part-time for economic reasons(兼职,通常由于经济原因的兼职)"的编码]、"40"["Part-time for non-economic reasons, usually part-time(通常兼职,非经济原因的兼职)"的编码]和"41"["Part-time hours, usually part-time for non-economic reasons(兼职,通常由于非经济原因的兼职)"的编码]时,part=1,当 wkstat 为"10"["Full-time schedules(全职)"的编码]、"11"["Full-time hours(35+), usually full-time(全职工作时间在 35 小时以上,通常全职)"的编码]、"14"["Full-time hours, usually part-time for economic reasons(全职,通常由于经济原因的兼职)"的编码]和"15"["Full-time hours, usually part-time for non-economic reasons(全职,通常由于非经济原因兼职)"的编码时,part=0]、multijobs(从事一份以上的工作)、city(所在地城市化进程),当受访者的所在地都市化程度(metro)为"2"["Central city(中心城市)"的编码]时,city=1;metro 为"1"["Not in metro area(不在都市区)"的编码]或"3"["Outside central city(在都市区,中心城市外)"的编码]时,city=0]和 artshare(劳动力中艺术工作者的比例),部分变量的含义参见表注。在 Art(1)模型中,男性、大学学历、白人、有兼职工作、不止一份工作、所在地区城市化水平高和劳动力市场中艺术从业者比例高等特征增加了他雇工人在特定年份转变为自雇艺术家的可能性。

表 7 - 6 **Woronkowicz 和 Noonan(2019)的 Logit 回归实例**

	Arts(1)	
	ME	SE
male	0.000 3*	0.000 2
college	0.000 5**	0.000 2
white	0.000 6**	0.000 3
part	0.000 5**	0.000 2
multijobs	0.000 9**	0.000 3
city	0.000 8***	0.000 2
artshare	0.03***	0.006
样本量	247 820	247 820
伪 R^2	0.190	0.190

注：*、**、***均表示系数显著。

7.5 Tobit 回 归

7.5.1 定义

Tobit 回归适用于因变量值域为 $[0,+\infty)$。一部分因变量受限于取值为正数,也需要存在取值为 0 的因变量子集。

Tobit 回归模型可以理解为

$$y_i^* = \beta x_i + \mu_i$$

$$\mu_i \sim N(0, \sigma^2)$$

$$y_i = \begin{cases} y_i^*, & if \ y_i^* > 0 \\ 0, & if \ y_i^* \leqslant 0 \end{cases} \quad (7.11)$$

式(7.11)可以简化为

$$y = \max(0, \beta x_i + \mu_i) \quad (7.12)$$

在式(7.11)和式(7.12)中, y_i^* 是潜变量,大于 0 时会被观察到,并取值为 y_i ;小于等于 0 时被 0 值截尾。x_i 是自变量，μ_i 服从独立的正态分布；β 是系数向量。

7.5.2　软件实现

STATA 自带的 lifeexp 数据集提供跨国、跨国内行政区的宏观经济和居民预期寿命相关的数据，使用 lifeexp 数据集，将出生时预期寿命 lexp 作为因变量，进行归一化处理，在保持全体因变量不为负的前提下使 lexp 无量级且必然存在 0 值。人均国民生产总值 gnppc 作为自变量，人口年平均增长率 popgrowth 作为控制变量，观察人均 GDP 对人口预期寿命的影响。归一化后的因变量 lexp 存在部分 0 值，自变量和因变量之间也存在逻辑上的因果关系，对改造后的 lifeexp 数据集运用 Tobit 回归模型是合适的，具体命令为：

"*sysuse lifeexp.dta*

sum lexp

qui sum lexp

replace lexp = (lexp − r(min))/(r(max) − r(min))

sum lexp

tobit lexp gnppc popgrowth , ll(0) ul(1)"。

回归结果见表 7 - 7，gnppc 系数显著为 0，可以推断 gnppc 与 popgrowth 不存在相关关系（$b = 0.000$，$p < 0.001$）。

表 7 - 7　Tobit 回归结果示例

	系　数	标准差	t	$p > |t|$
gnppc	0.000	0.000	7.190	0.000
popgrowth	−0.036	0.020	−1.810	0.075
常数项	0.657	0.034	19.610	0.000
样本量	63			
LR chi^2	52.150			
Prob > chi^2	0.000			

7.5.3　论文实例

本部分的第一篇论文实例与本章第 4 节相同，即 2022 年陈仕华和王雅茹在《管理世界》发表论文《企业并购依赖的缘由和后果：基于知识基础理论和成长压力理论的研究》。该论文研究企业在过去成长中对并购战略的依赖程度和企业当前通过并购战略方式成长的关系,设置因变量并购战略选择 Acquisition_02 为程度变量,即企业在第 t 年实施并购战略的规模程度(公司在 t 年份并购战略支付的交易价格总和的自然对数值)。Tobit 回归结果见表7-5中的模型2-2。该表格同样根据原文整理,模型2-2使用 Tobit 回归模型。并购依赖程度变量 Dependence 统计学意义上显著正向影响 Acquisition_02($b=1.252, p<0.01$),结论与本章第4节中 Logit 回归得出的结论一致。

2022 年 Lauto,Salvador 与 Visintin 在 *Research Policy* 发表论文 For what they are, not for what they bring：The signaling value of gender for financial resource acquisition in academic spin-offs。Lauto 等使用 Tobit 回归模型检验潜在股东对学术衍生品(academic spin-offs, ASOs)女性创业者拥有资本比例的偏见,见表7-8。该表格根据原文整理,不包括所有解释变量;被解释变量 private investment,代表 ASOs 成立时来自商业合作者或金融业的私人投资额;解释变量 Female capital,代表女性创业者持有的 ASOs 资本。Female capital 负向影响 private investment($b=-0.158, p<0.001$),表明女性拥有的资本份额的微弱增加都很可能导致私人投资者削减投放在 ASOs 的股本数量。

表 7-8　Lauto 等(2022)的 Tobit 回归实例

	Model 2
Female capital	-0.158^{***} (0.059)
样本量	526
伪 R^2	-1053.810
Wald chi^2	83.520^{***}

注：① 括号内报告了解释变量的 t 值;② $^* p<0.05, ^{**} p<0.01, ^{***} p<0.001$。

7.6　Probit 回归

7.6.1　定义

Probit 回归模型中因变量取某一特定值的概率可以理解为自变量的一个函数,

并且这个函数服从标准正态分布。若这个函数服从 Logit 分布,则视为 Logit 回归模型。Probit 回归与 Logit 回归均为离散型变量的选择,当因变量是虚拟变量(如二元变量)时,Probit 回归基本等同于 Logit 回归。

Probit 回归模型是一种广义的线性回归模型,以举例形式展示 Probit 回归模型的公式(7.13):

$$P(Y=1) = f(x) \tag{7.13}$$

式(7.13)是最简化的 Probit 表达式,某个事件的发生概率取决于解释变量,该事件只有发生与不发生两种情况,所以因变量是一个二元变量。Probit 回归模型中 $f(x)$ 服从标准正态分布,若其他条件不变,$f(x)$ 变为分布函数,则整体为 Logit 回归模型。

7.6.2　软件实现

使用 7.4.2 节中 Logit 回归相同的变量,观察 Probit 回归模型中 studytime 对 died 的影响以及 Probit 回归系数与 Logit 回归系数的差异,具体命令为

"sysuse cancer.dta

probit died studytime age"。

Probit 回归结果见表 7-9,studytime 系数仍然为负,且在 0.05 的水平下显著。无论是 Probit 回归还是 Logit 回归,均在相同的显著性水平得出了方向一致的结论,但在 Probit 模型中,studytime 负向影响 died 的系数($b=-0.052, p<0.05$)。

Logit 模型自变量 studytime 系数大致是 Probit 模型 studytime 系数的 1.6 倍,这也是一个回归分析中常见的经验值,可用于在获得 Probit 回归模型中解释变量系数 x(x 为任意自然数)后,推测使用相同数据前提下 Logit 回归模型的解释变量系数约为 $1.6x$,反之亦然。

表 7-9　**Probit 回归结果示例**

	系　数	标准差	z	$p>|z|$
studytime	−0.052	0.021	−2.440	0.015
age	0.028	0.038	0.750	0.454
常数项	−0.350	2.224	−0.160	0.875

	系　　数	标准差	z	$p > \mid z \mid$
样本量	48			
LR chi²	8.95			
Prob>chi²	0.011			

7.6.3　论文实例

2016 年迟国泰,张亚京和石宝峰在《管理科学学报》发表论文《基于 Probit 回归的小企业债信评级模型及实证》。迟国泰等通过 Probit 回归二次筛选对违约状态有显著鉴别能力的指标。Probit 回归结果见表 7‑10。该表格根据原文整理。筛选标准为在显著性水平(Sig)大于 0.01 的指标中,剔除最大值的一个指标,对比所有 Sig 值后删除"$X2$ 流动负债经营活动净现金流比率"。Sig 值越高意味着因变量影响越不显著,"$X3$ 速动比率"Sig 值为 0.000,对因变量有显著正向影响,应当予以保留。

表 7‑10　迟国泰等(2016)的 Probit 回归示例

序号	指标名称	回归系数 β	标准误差 SE$_\beta$	Wald 值	Sig 值(双尾)
1	$X2$ 流动负债经营活动净现金流比率	−0.183	1.771	0.010	0.918
2	$X3$ 速动比率	1.343	0.384	12.230	0.000

2019 年 Lenihan,McGuirk 与 Murphy 在 *Research Policy* 发表论文 Driving innovation:Public policy and human capital。Lenihan 等使用 Probit 回归模型研究工作时长相关的人力资源系统。仅展示唯一显著的因变量居家办公(Home working)(哑变量,居家办公与非居家办公)对员工工作满意度(Job Satisfaction)(爱尔兰国家合作与绩效中心 2009 年工作场所调查数据集中选取 8 个问题衡量工作满意度,例如"在巨大的压力下工作,经常加班"等,将李克特量表进行二进制编码得到二元变量,因为工作场所采用的一些措施与工作满意度呈正相关,而另一些措施则与工作满意度呈负相关,后者的编码过程采用反向得分法)的影响,回归结果见表7‑11。该表格根据原文整理。Home working 显著负向影响 Job satisfaction（$b=-0.482,p<0.01$），表明居家办公明显降低了员工对工作满意的积极感知。

表 7 - 11　Lenihan 等（2019）的 Probit 回归实例

	Often work extra time
Work Arrangements Home working	-0.482^{***} (0.093)
样本量	1 070
Wald chi²	61.880
伪 R^2	0.046

注：*、**、*** 分别表示 10%、5% 和 1% 的显著性水平。

7.7　分 位 数 回 归

7.7.1　定义

分位数回归估计的是自变量与因变量分位数之间的线性关系，而非 OLS 回归那样估计的是两个变量直接的关系（均值回归），所以更具有解释力，分位数回归还可以在 OLS 回归的基础上进一步推断因变量的条件概率分布。分位数回归与 OLS 回归的回归系数可能不同，从而得出不同的结论。

分位数回归有无数分位数可以选择，分位数回归表达式与式（7.3）相同，但拟合式不同，如下

$$\hat{y}=\hat{\beta_0}+\hat{\beta_1}x_{t_1}+\cdots+\hat{\beta_k}x_{t_k} \tag{7.14}$$

在式（7.14）中，代入的 $x_{t_i}(i=1,\cdots,k)$ 为分位数时，式（7.14）为分位数的拟合式，特别地，若 x_{t_i} 代入均值，则为 OLS 回归拟合式，分位数回归适用条件比 OLS 回归宽松。

7.7.2　软件实现

STATA 自带的 Census 数据集提供跨行政区的一些人口统计学数据，使用

Census 数据集,将离婚总数(divorce)作为因变量,城市人口(popurban)作为自变量,总人口(pop)作为控制变量,观察城市人口变化对居民离婚数量的影响,具体命令为:

"*sysuse census.dtaqreg divorce popurban pop*"

分位数回归结果见表 7 - 12,popurban 正向影响 divorce 的系数($b=0.002$,$p>0.100$),正相关性很小且不具有统计学意义。"伪 R^2"表示模型拟合水平。

表 7 - 12　分位数(中位数)回归结果示例

	系　数	标准差	t	$p>|t|$
popurban	0.002	0.002	0.960	0.344
pop	0.003	0.002	1.640	0.107
常数项	1 056.854	2 400.790	0.440	0.662
样本量	50			
伪 R^2	0.640			

7.7.3　论文实例

2018 年熊和平,刘京军,杨伊君与周靖明在《管理科学学报》发表论文《中国股票市场存在特质波动率之谜吗?——基于分位数回归模型的实证分析》。获取链接为:熊和平等使用分位数回归研究特质波动率 IDvol 与股票持有期回报 Retbf 之间的相关关系,回归结果见表 7 - 13。该表格根据原文整理。表 7 - 13 报告了自变量 IDvol 0.1 到 0.9 分位数回归系数。在 0.5、0.6 和 0.7 分位数回归中系数并不显著,如果仅选择其中一个分位数,可能得出 IDvol 与 Retbf 不相关的结论,并且分位数回归结果与 OLS 回归结果可能并不一致。系数在 0.1 至 0.4 和 0.9 分位数下显著为负,在 0.8 和 0.9 分位数下则显著为正,显然只有在低分位数下 IDvol 与 Retbf 呈负相关关系,且随着分位数升高,IDvol 的回归系数逐渐增加并在 0.7 分位数开始取正值。

2021 年 Zolotoy, O'Sullivan, Martin 和 Wiseman 在 *Journal of Management Studies* 发表论文 Stakeholder agency relationships: CEO stock options and corporate tax avoidance。Zolotoy 等使用分位数回归模型检验 CEO 逃税(Effective tax rate)

表 7 – 13　熊和平等(2018)的分位数回归示例

分位数	IDvol	修正 R^2
0.1	−0.072 289*** (−7.955 6)	0.087 6
0.2	−0.057 422*** (−6.625)	0.078 7
0.3	−0.040 463*** (−5.264 1)	0.062 4
0.4	−0.027 483*** (−3.7633)	0.066 1
0.5	−0.015 048 (−2.051 4)	0.059 8
0.6	−0.005 146 (−0.678)	0.053 5
0.7	0.005 908 (0.781 1)	0.057 2
0.8	0.015 841* (1.954 6)	0.060 9
0.9	0.041 459*** (4.192 3)	0.074 6

注：① 括号内报告了解释变量的 t 值；② *、**、*** 分别表示 10％、5％和 1％的显著性水平。

与 CEO 期权财富(CEO option wealth)(CEO 因历史持有的期权而累积的期权财富，该期权授予后增值)之间的关系。对于 CEO option wealth 的每个系数，表 7 – 14 报告了其后验分布的平均值("Coefficient"栏)和 95％后验分布的系数估计范围(95％置信区间，即 5％的显著性水平)。该表格根据原文整理，不包括所有解释变量。在一分位数回归中，当公司的有效税率预期低于同行公司的税率时，CEO option wealth 显著地正向影响 Effective tax rate($b=0.012, p<0.05$)；而在九分位数回归中，当公司的有效税率预期高于同行的税率时，CEO option wealth 显著地负向影响 Effective tax rate($b=-0.010, p<0.05$)。

表 7-14　Zolotoy 等(2021)的分位数回归示例

Percentile of Effective tax rate	10th percentile equation		90th percentile equation	
	Coefficient	Two-sided 95% CI	Coefficient	Two-sided 95% CI
CEO option wealth	0.012	(0.009,0.014)	−0.010	(−0.016, −0.005)
贝叶斯 p	<0.010		<0.010	
样本量	21 243		21 243	

7.8　泊松回归

7.8.1　定义

当因变量不服从正态分布时,尤其是小概率事件成为感兴趣的因变量时,例如一条流水线上的次品或十字路口的交通事故的观测值。在这种情形下,因变量服从泊松分布,可表示单位时间内随机事件的发生频率。泊松分布的概率函数为

$$f(y) = \frac{\lambda^y}{y!} e^{-\lambda}, \ y = 0, \ 1, \ \cdots \tag{7.15}$$

因变量 y 为计数变量,式(7.15)中的参数 $\lambda > 0$,是单位时间(单位空间)内随机事件的平均发生次数。泊松分布的期望和方差相等,即 $E(y) = \text{Var}(y) = \lambda$。

泊松回归模型假定因变量服从泊松分布。

7.8.2　软件实现

使用 lifeexp 数据集,将出生时预期寿命(lexp)作为因变量,进行归一化处理,在保持全体因变量不为负的前提下使 lexp 无量级且必然存在 0 值。人均国民生产总值(gnppc)作为自变量,人口年平均增长率(popgrowth)和地区(region)作为控制变量,观察人均 GDP 对人口预期寿命的影响。泊松回归的示例中使用 Tobit 回归模型相同的 lifeexp 数据集,采用相同因变量和自变量且对因变量进行相同预处理,鉴于 STATA 自带数据集是有限的,为满足泊松回归模型适用条件,且被选变量间关系应当具有逻辑性而不能仅考虑数据分布,所以重复使用 lifeexp 数据集。此外为寻求差

异化,添加额外的控制变量 region。泊松回归具体命令为

"*sysuse lifeexp.dta*

histogram lexp , discrete freq

sum lexp , detail

nbreg lexp gnppc popgrowth region , nolog

poisson lexp gnppc popgrowth region , irr nolog"。

因变量 lexp 分布如图 7 - 2 所示,可以直观地看出 lexp 的分布不服从左右对称呈钟型的正态分布。

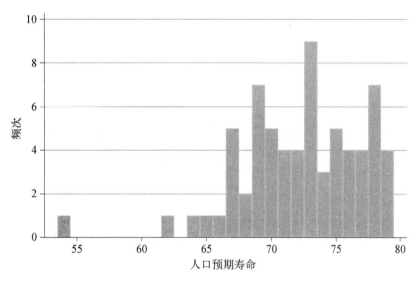

图 7 - 2　因变量 lexp 分布

因变量 lexp 的描述性统计结果见表 7 - 15, lexp 的均值为 72.279,方差为 22.234,不存在方差远大于均值的现象,不属于过离散现象,可以继续考虑使用泊松回归模型。

表 7 - 15　因变量 lexp 描述性统计

	百分位数
1%	54
5%	65
10%	67
25%	69

续　表

	百分位数
50%	73
75%	76
90%	78
95%	79
99%	79
样本量	68
均　值	72.279
标准差	4.715
方　差	22.234

为进一步考虑因变量是否存在过离散现象,首先应用负二项回归模型报告数据的 α 值。负二项回归结果见表 7-16,模型的 α 值约等于 0,应当使用泊松回归模型。关于负二项回归的相关介绍与 STATA 软件实现请参见 7.9 节。此外,表 7-16 报告了负二项回归模型整体的 p 值 $=1>0.1$,无论在任何显著性水平下都应当拒绝使用负二项回归模型。

表 7-16　负二项回归结果示例

	系　数	标准差	z	$p>|z|$
gnppc	0.000	0.000	2.680	0.007
popgrowth	−0.017	0.023	−0.750	0.454
region	0.006	0.027	0.210	0.832
常数项	4.253	0.040	107.450	0.000
α	0.000			
样本量	63			
Prob>chi²	1			

为方便报告泊松回归模型的结果，通常选择汇报 IRR(Incidence-rate Ratios，发生率比值)，即自变量改变一个单位，因变量随之改变的程度。泊松回归的 IRR 值报告见表 7-17。gnppc 正向影响 lexp 的系数(bIRR=1.000，$p<0.01$)。

表 7-17　泊松回归结果(IRR)示例

	系　数	标准差	z	$p>|z|$
gnppc	1.000	0.000	2.680	0.007
popgrowth	0.983	0.023	-0.750	0.454
region	1.006	0.027	0.210	0.832
常数项	70.330	2.784	107.450	0.000
样本量	63			
LR chi^2	10.640			
Prob>chi^2	0.014			

7.8.3　论文实例

2017 年易靖韬和蒙双在《管理世界》发表论文《多产品出口企业、生产率与产品范围研究》。易靖韬和蒙双使用泊松回归模型检验跨国企业在追求利润最大化时所选择的出口产品种类 variety 与其市场份额 share 的关系，回归结果见表 7-18。该表格根据原文整理，不包括所有解释变量。在回归模型 1(Model 1)中，为检验因变量 variety(计数变量)和自变量 share 的倒 U 形关系是否成立，将自变量 share 的二次方变量 share^2 放入模型(可视作控制变量)。在回归模型 1 中，share 和 share^2 的系数分别为 0.046 和-0.031，在 1% 的显著性水平下一次项为正且二次项为负，因变量 variety 和自变量 share 呈倒 U 形关系。在回归模型 2(Model 3)中，以 tfp(total factor productivity，即全要素生产率，指在一段时间内生产活动的效率，可理解为总产量与投入的总要素量之比)作为工具变量替换 share 进行泊松分布工具变量回归。泊松分布工具变量回归是在泊松回归的基础上，以一个或多个工具变量代替泊松回归中的自变量，其他不变。工具变量的使用动机是为了解决原始模型中的内生性问题，一个好的工具变量需要同时满足以下条件：① 与被代替的自变量高度相关；② 工具变量与模型中其他自变量(若有)和控制变量不相关；③ 与误差项不相关；④ 与同时引入的工具变量(若有)不相关。tfp 和 tfp^2 的系数分别为 7.109 和

－0.417,分别在5％和10％的显著性水平下一次项为正且二次项为负,可推断因变量 variety 和工具变量 tfp 呈倒 U 形关系。

表 7－18　易靖韬和蒙双(2017)的泊松回归示例

	Model 1	Model 3
因变量	variety	variety
估计方法	Random effects Poisson	IV Poisson
share	0.046*** (0.016)	
share²	－0.031*** (0.000)	
tfp		7.109** (3.915)
tfp²		－0.417* (0.181)
样本量	90 944	78 574
Wald chi²	166 790.450	

注:① ***、**、*分别表示1％、5％和10％的显著性水平下显著;② 系数下方的括号中为模型估计的标准误。

2021 年 Damaraju,Barney 与 Dess 在 *Entrepreneurship Theory and Practice* 发表论文 Do stringent bankruptcy laws always deter entrepreneurial activities? a study of cultural influences。Damaraju 等使用条件固定效应泊松回归模型检验破产法的严格程度如何影响男性-女性文化背景下的创业活动,回归结果见表 7－19。该表格根据原文整理,不包括所有解释变量。被解释变量为一个国家的创业活动水平(the level of entrepreneurial activity in a country),即一个国家自我雇佣人口总数,解释变量引入了交叉项(Masculine cultures dummy * time to discharge)、Masculine cultures dummy(性别文化背景哑变量)和 time to discharge(解除破产状态所需的时间)。Masculine cultures dummy * time to discharge 正向影响 the level of entrepreneurial activity in a country $(b=0.004, p<0.05)$。显著的交叉项系数证明了严格的破产法与一个"男性"文化国家的创业活动水平呈正相关;而在一个"女性"文化的国家,这种关系是消极的。

表 7 - 19　**Damaraju 等(2021)的泊松回归示例**

Variables	Masculine and Feminine Cultures
Time to discharge	−0.002 [0.001]
Masculine cultures dummy ∗ time to discharge	0.004 ∗∗ [0.002]
Masculine cultures dummy	dropped
p-value	0.000
样本量	347
Number of counties	27
Prob$>F$	0.048

注：① ∗∗ 表示在 5％的显著性水平下显著;② 系数下方的括号中为模型估计的标准误。

7.9　负 二 项 回 归

7.9.1　定义

类似于泊松回归,负二项回归同样假定因变量是不服从正态分布的离散变量。但存在一些情形,譬如抛硬币和射击练习,每次实验只有两种可能的结果(发生与不发生、成功与失败等)且概率每次均为 p 和 $1-p(p<0)$。负二项分布可以视为 n 重伯努利试验结果的分布。

在决定应用泊松分布或负二项分布时,应当考虑因变量是否存在过离散现象。当因变量的方差远大于均值时,认为存在过离散现象,应当建立负二项回归模型,负二项回归的参数估计与假设检验与泊松回归相近。

7.9.2　软件实现

使用 Census 数据集,将不满 5 岁的人口(poplt5)作为因变量,总人口(pop)作为自变量,婚姻登记总数(marriage)为控制变量,观察总人口变化与低龄人口变化的关系。负二项回归的示例中使用 OLS 回归、分位数回归相同的 Census 数据集,OLS 和分位数回归采用相同变量组合和数据集,在本章第 7 节中已经介绍了两者的相似性,这是具有可行性的。但负二项回归的差异巨大,采用相同数据集是鉴于 STATA 自带数据集是有限的,为满足负二项模型适用条件,且被选变量间关系应当具有逻辑性而不能仅考虑数据分布,所以重复使用 Census 数据集。负二项回归模型的因变量和自变量与 OLS 和分位数回归模型不同,验证的因果关系完全不同,且控制变量设置也不同。负二项回归具体命令为

"*sysuse census.dta*

histogram poplt5, discrete freq

sum poplt5, detail

nbreg poplt5 pop marriage, nolog

nbreg poplt5 pop marriage, irr nolog"。

因变量 poplt5 分布如图 7 - 3 所示,poplt5 的分布显然不服从左右对称呈钟型的正态分布。

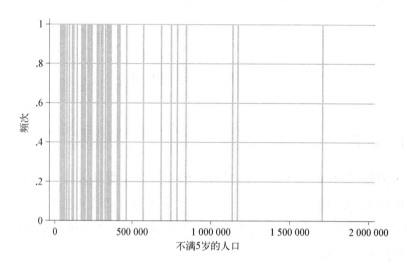

图 7 - 3 因变量 poplt5 分布

因变量 poplt5 的描述性统计结果见表 7 - 20,poplt5 的均值为 326 277.800,方差为 $1.1 * e^{11}$,方差远大于均值,属于过离散现象,可使用负二项回归模型。

图 7 - 20 因变量 poplt5 描述性统计

	百 分 位 数
1%	35 998
5%	41 151
10%	55 442

	百 分 位 数
25%	93 531
50%	227 467.500
75%	361 533
90%	767 304
95%	1 135 925
99%	1 708 400
样本量	50
均值	326 277.800
标准差	331 585.100
方差	$1.100 * e^{11}$

　　为进一步考虑因变量 poplt5 是否存在过离散现象，首先应用负二项回归模型报告数据的 α。初步负二项回归结果见表 7 - 21，模型的 α 值为 0.204，应当使用负二项回归模型。

表 7 - 21　负二项回归结果示例

	系 数	标准差	z	$p > \lvert z \rvert$
pop	0.000	0.000	4.040	0.000
marriage	0.000	0.000	-0.000	0.998
常数项	11.553	0.108	106.910	0.000
α	0.204	0.039		
样本量	50			
Prob > chi^2	0.000			

　　表 7 - 21 与表 7 - 16 的负二项回归模型报告的数值形式相同，没有采用 IRR 形式，两者的作用都在于回归模型先验证，为后续回归模型的适用性提供证据。表 7 - 22 需要基于表 7 - 21 报告的 α 值。

为方便报告负二项回归模型的结果,通常选择汇报 IRR。负二项回归的 IRR 值报告见表 7-22。Pop 正向增加 poplt5 的系数($b_{IRR}=1.000, p<0.001$)。

表 7-22　负二项回归结果(IRR)示例

	系 数	标准差	z	$p>|z|$
pop	1.000	0.000	4.040	0.000
marriage	1.000	0.000	-0.000	0.998
常数项	104 101.200	11 249.940	106.910	0.000
α	0.204	0.039		
样本量	50			
LR chi^2	75.780			
Prob>chi^2	0.000			

7.9.3　论文实例

2019 年邵敏与武鹏在《管理世界》发表论文《出口贸易、人力资本与农民工的就业稳定性——兼议我国产业和贸易的升级》。邵敏与武鹏通过负二项回归模型估计城市出口贸易中(export)对当地农民工工作单位变更次数(mobilityn)的影响,回归结果见表 7-23。该表格根据原文整理,不包括所有解释变量。模型将进城务工的农民区分为受教育程度较高(高 edu)和受教育程度较低(低 edu),并分组回归。在高 edu 群体中,export 在 1% 的显著性水平下与 mobilityn 呈正相关关系,export 正向影响 mobilityn 的系数($b=1.551, p<0.01$)。在低 edu 群体中,export 的回归系数由 1.551 减小至 0.566,但 export 和 mobilityn 不再具有统计学意义上的相关性($p>0.1$)。

表 7-23　邵敏与武鹏(2019)的负二项回归示例

	高 edu	低 edu
export	1.551*** (0.309)	0.566 (0.445)
样本量	1 233	1 308

① 括号内数值为估计标准误差;② ***、**、* 分别表示 1%、5% 和 10% 的显著性水平。

2019 年 Grinza 与 Quatraro 在 *Research Policy* 发表论文 Workers' replacements and firms' innovation dynamics: New evidence from Italian matched longitudinal data。Grinza 与 Quatraro 使用负二项回归模型研究公司年龄（firm age）对员工更替（Excess worker turnover rate）与企业创业（Firm's patent applications）关系的影响，回归结果见表 7-24。该表格根据原文整理。Excess worker turnover rate 负向影响 Firm's patent applications（$b=-4.243, p<0.01$）且交叉项 Excess worker turnover rate * firm age 正向影响 Firm's patent applications（$b=0.172, p<0.01$），在其他条件相同的情况下，企业年龄越大，员工过度流动对创新的总体影响越小。

表 7-24　**Grinza 与 Quatraro(2019)的负二项回归示例**

Differentiated impact by firm age	
Excess worker turnover rate	-4.243^{***} (1.137)
*Excess worker turnover rate * firm age*	0.172^{***} (0.054)

注：① 括号中为稳健标准误差；② ***，**，和 * 分别表示 1％、5％和 10％的显著性水平。

思考题

1. 针对第 2 章以购物为研究背景构建的模型，你是否能用回归检验该模型？该模型更适合应该采用什么回归方式？

2. 用软件实现任意两种回归方式，并确认遇到的问题。

参考文献

Ali, A., Wang, H., & Johnson, R. E. Empirical analysis of shared leadership promotion and team creativity: An adaptive leadership perspective. *Journal of Organizational Behavior*, 2020, 41(5): 405 – 423.

Anand, B. N. & Khanna, T. Do firms learn to create value? The case of alliances. *Strategic Management Journal*, 2000, 21(3): 295 – 315.

Arnold, J. A., Arad, S., Rhoades, J. A., *et al*. The empowering leadership questionnaire: The construction and validation of a new scale for measuring leader behaviors. *Journal of Organizational Behavior*, 2000, 21(3): 249 – 269.

Bacharach, S. B. Organizational theories: Some criteria for evaluation. *Academy of Management Review*, 1989, 14: 496 – 515.

Bammens, Y., Hünermund, P., & Andries, P. Pursuing gains or avoiding losses: The contingent effect of transgenerational intentions on innovation investments. *Journal of Management Studies*, 2022, 59(6): 1493 – 1530.

Barker, J. R. Tightening the iron cage: Concertive control in self-managing teams. *Administrative Science Quarterly*, 1993, 38(3): 408 – 437.

Carson, J. B., Tesluk, P. E., & Marrone, J. A. Shared leadership in teams: An investigation of antecedent conditions and performance. *Academy of Management Journal*, 2007, 50(5): 1217 – 1234.

Charmaz, K. *Constructing Grounded Theory*. CA: Sage, 2014.

Chen, W. & Hirschheim, R. A paradigmatic and methodological examination of information systems research from 1991 to 2001. *Information Systems Journal*, 2004, 14(3): 197 – 235.

Choudhury, P. & Kim, D. Y. The ethnic migrant inventor effect: Codification and recombination of knowledge across borders. *Strategic Management Journal*, 2019, 40(2): 203 – 229.

Corbin, J. & Strauss, A. *Basics of Qualitative Research: Techniques and Procedures for Developing Grounded Theory*. CA: Sage, 2014.

Damaraju, N. L., Barney, J. B., & Dess, G. G. Do stringent bankruptcy laws always deter entrepreneurial activities? A study of cultural influences. *Entrepreneurship Theory and Practice*, 2021, 45(2): 418 – 439.

De Vaus, D. A. *Surveys in Social Research*. London: UCL Press, 1996.

Dubinsky, A. J. A factor analytic study of the personal selling process. *Journal of Personal Selling & Sales Management*, 1982, 1(1): 26 – 33.

Eisenhardt, K. M. & Bourgeois, L. J. Politics of strategic decision making in high-velocity environments: Toward a midrange theory. *Academy of Management Journal*, 1988, 31(4): 737 – 770.

Eisenhardt, K. M. & Graebner, M. E. Theory building from cases: Opportunities and challenges. *Academy of Management Journal*, 2007, 50(1): 25 – 32.

Ferris, G. R., Treadway, D. C., Kolodinsky, R. W., *et al*. Development and validation of the political skill inventory. *Journal of Management*, 2005, 31 (1): 126 – 152.

Fraccastoro, S., Gabrielsson, M., & Pullins, E. B. The integrated use of social media, digital, and traditional communication tools in the B2B sales process of international SMEs. *International Business Review*, 2021, 30(4): 101776.

Freeman, R. E. *Strategic Management: A Stakeholder Approach*. Cambridge University Press, 1984.

Galton, F. Regression towards mediocrity in hereditary stature. *The Journal of the Anthropological Institute of Great Britain and Ireland*, 1986, 15: 246 – 263.

Gersick, C. J. Pacing strategic change: The case of a new venture. *Academy of Management Journal*, 1994, 37(1): 9 – 45.

Giddens, A. *The Constitution of Society: Outline of the Theory of Structuration*. Berkeley: University of California Press, 1984.

Glaser, B. G., Strauss, A. L., & Strutzel, E. The discovery of grounded theory: Strategies for qualitative research. *Nursing Research*, 1968, 17(4): 364.

Graebner, M. E. & Eisenhardt, K. M. The seller's side of the story: Acquisition as courtship and governance as syndicate in entrepreneurial firms. *Administrative Science Quarterly*, 2004, 49(3): 366 – 403.

Grinza, E. & Quatraro, F. Workers' replacements and firms' innovation dynamics: New evidence from Italian matched longitudinal data. *Research Policy*, 2019, 48(9): 103804.

Gummesson, E. *Qualitative Methods in Management Research*. CA: Sage, 2000.

Hayes, A. *Introduction to Mediation, Moderation, and Conditional Process Analysis: A Regression-based Approach*. New York: Guilford, 2013.

Hayward, M. L. A. & Hambrick, D. C. Explaining the premiums paid for large acquisitions: Evidence of CEO hubris. *Administrative Science Quarterly*, 1997, 42(1): 103 – 127.

Jensen, M. C. & Meckling, W. H. Theory of the firm: Managerial behavior, agency costs and ownership structure. *Journal of Financial Economics*, 1976, 3: 305 – 360.

Jick, T. D. Mixing qualitative and quantitative methods: Triangulation in action. *Administrative Science Quarterly*, 1979, 24(4): 602 – 611.

Kacperczyk, O., Younkin, P., & Rocha, V. Do employees work less for female leaders? A multi-method study of entrepreneurial firms. *Organization Science*, in press. doi:10.1287/orsc.2022.1611.

Koessler, A. K., Torgler, B., Feld, L. P., *et al*. Commitment to pay taxes: Results from field and laboratory experiments. *European Economic Review*, 2019, 115: 78 – 98.

Kumar, N., Venugopal, D., Qiu, L., *et al*. Detecting review manipulation on online platforms with hierarchical supervised learning. *Journal of Management Information Systems*, 2018, 35(1): 350 – 380.

Lauto, G., Salvador, E., & Visintin, F. For what they are, not for what they bring: The signaling value of gender for financial resource acquisition in academic spin-offs. *Research Policy*, 2022, 51(7): 104554.

Lee, P. M. & James, E. H. She'-e-os: Gender effects and investor reactions to the announcements of top executive appointments. *Strategic Management Journal*, 2007, 28(3): 227 – 241.

Lenihan, H., McGuirk, H., & Murphy, K. R. Driving innovation: Public policy and human capital. *Research Policy*, 2019, 48(9): 103791.

Leonard-Barton, D. A dual methodology for case studies: Synergistic use of a longitudinal single site with replicated multiple sites. *Organization Science*, 1990, 1(3): 248 – 266.

Mathieu, J. E., Kukenberger, M. R., D'Innocenzo, L., *et al*. Modeling reciprocal team cohesion-performance relationships, as impacted by shared leadership and members' competence. *Journal of Applied Psychology*, 2015, 100(3): 713 – 734.

Miller, C. C., Cardinal, L. B., & Glick, W. H. Retrospective reports in organizational research: A reexamination of recent evidence. *Academy of Management Journal*, 1997, 40(1): 189 – 204.

Momtaz, P. P. CEO emotions and firm valuation in initial coin offerings: An artificial emotional intelligence approach. *Strategic Management Journal*, 2021, 42(3): 558 – 578.

Moon, H., Di Benedetto, A., & Kim, S. K. The effect of network tie position on a firm's innovation performance. *Journal of Business Research*, 2022, 144: 821 – 829.

Pearson, K. VII. Mathematical contributions to the theory of evolution.—III. Regression, heredity, and panmixia. *Philosophical Transactions of the Royal Society of London. Series A, containing papers of a mathematical or physical character*, 1896, 187: 253 – 318.

Platt, J. "Case study" in American methodological thought. *Current Sociology*, 1992, 40(1): 17 – 48.

Preacher, K. J., Rucker, D. D., & Hayes, A. F. Addressing moderated mediation hypotheses: Theory, methods, and prescriptions. *Multivariate Behavioral Research*, 2007, 42(1): 185 – 227.

Resch, C. & Kock, A. The influence of information depth and information breadth on brokers' idea newness in online maker communities. *Research Policy*, 2021, 50(8): 104142.

Rishika, R., Kumar, A., Janakiraman, R., *et al*. The effect of customers' social media participation on customer visit frequency and profitability: An empirical investigation. *Information Systems Research*, 2013, 24(1): 108 – 127.

Scott, S. G. & Bruce, R. A. Determinants of innovative behavior: A path model of individual innovation in the workplace. *Academy of Management Journal*，1994，37(3)：580－607.

Seidler，J. On using informants：A technique for collecting quantitative data and controlling measurement error in organization analysis. *American Sociological Review*，1974，39(6)：816－831.

Shin，S. J. & Zhou，J. When is educational specialization heterogeneity related to creativity in research and development teams? Transformational leadership as a moderator. *Journal of Applied Psychology*，2007，92(6)：1709－1721.

Shin，Y.，Kim，M.，& Lee，S. H. Reflection toward creativity：Team reflexivity as a linking mechanism between team goal orientation and team creative performance. *Journal of Business and Psychology*，2016，32(6)：655－671.

Siggelkow，N. Persuasion with case studies. *Academy of Management Journal*，2007，50(1)：20－24.

Strauss，A. L. *Qualitative Analysis for Social Scientists*. Cambridge：Cambridge University Press，1987.

Tsai，C. Y.，Dionne，S. D.，Wang，A. C.，*et al*. Erratum to "Effects of relational schema congruence on leader-member exchange". *The Leadership Quarterly*，2017，28(2)：268－284.

Van Dyne，L. & LePine，J. A. Helping and voice extra-role behaviors：Evidence of construct and predictive validity. *Academy of Management Journal*，1998，41(1)：108－119.

Wasserman，S. & Faust，K. *Social Network Analysis: Methods and Applications*. Cambridge：Cambridge University Press，1994.

Weick，K. E. The generative properties of richness. *Academy of Management Journal*，2007，50(1)：14－19.

Wernerfelt，B. A resource-based view of the firm. *Strategic Management Journal*，1984，5(2)：171－180.

Woronkowicz，J. & Noonan，D. S. Who goes freelance? The determinants of self-employment for artists. *Entrepreneurship Theory and Practice*，2019，43(4)：651－672.

Wright，B. E.，Manigault，L. J.，& Black，T. R. Quantitative research measurement in public administration：An assessment of journal publications. *Administration* &

Society，2004，35(6)：747-764.

Yan，A. & Gray，B. Bargaining power，management control，and performance in United States-China joint ventures：A comparative case study. *Academy of Management Journal*，1994，37(6)：1478-1517.

Yang，J.，Mossholder，K. W.，& Peng，T. K. Supervisory procedural justice effects：The mediating roles of cognitive and affective trust. *The Leadership Quarterly*，2009，20(2)：143-154.

Yin，R. K. *Case Study Research：Design and Methods*. Beverly Hills，CA：Sage，1989.

Yin，R. K. *Applications of Case Study Research*. Newbury Park，CA：Sage，1993.

Zbaracki，M. J. The rhetoric and reality of total quality management. *Administrative Science Quality*，1998，43(3)：602-636.

Zhu D. H. & Chen G. Narcissism，director selection，and risk-taking spending. *Strategic Management Journal*，2015，36(13)：2075-2098.

Zolotoy，L.，O'Sullivan，D.，Martin，G. P.，*et al*. Stakeholder agency relationships：CEO stock options and corporate tax avoidance. *Journal of Management Studies*，2021，58(3)：782-814.

Zott，C. & Amit，R. Business model design and the performance of entrepreneurial firms. *Organization Science*，2007，18(2)：181-199.

蔡庆丰,陈熠辉,林焜.信贷资源可得性与企业创新：激励还是抑制？：基于银行网点数据和金融地理结构的微观证据[J].经济研究,2020,55(10)：127-140.

陈仕华,王雅茹.企业并购依赖的缘由和后果：基于知识基础理论和成长压力理论的研究[J].管理世界,2022,38(5)：156-175.

成瑾,白海青,刘丹.CEO如何促进高管团队的行为整合：基于结构化理论的解释[J].管理世界,2017(2)：159-173.

迟国泰,张亚京,石宝峰.基于Probit回归的小企业债信评级模型及实证[J].管理科学学报,2016,19(6)：136-156.

方颖,赵扬.寻找制度的工具变量：估计产权保护对中国经济增长的贡献[J].经济研究,2011,46(5)：138-148.

何青,王军辉,甘犁.为贫困生教育赋能：一项随机对照田野实验研究[J].管理世界,2022,38(9)：63-82+112+83-84.

黄泽悦,罗进辉,李向昕.中小股东"人多势众"的治理效应：基于年度股东大会出席人数的考察[J].管理世界,2022,38(4):159-185.

赖黎,蓝春丹,秦明春.市场化改革提升了定价效率吗?:来自注册制的证据[J].管理世界,2022,38(4):172-184+199+185-190.

李圭泉,葛京,席酉民,等.失败经历对领导行为的影响研究:基于史玉柱二手数据的分析[J].管理学报,2014,11(5):634-640.

罗胜强,姜嬿.管理学问卷调查研究方法[M].重庆:重庆大学出版社,2018.

邵敏,武鹏.出口贸易、人力资本与农民工的就业稳定性:兼议我国产业和贸易的升级[J].管理世界,2019,35(3):99-113.

王建明,贺爱忠.消费者低碳消费行为的心理归因和政策干预路径:一个基于扎根理论的探索性研究[J].南开管理评论,2011,14(4):80-89+99.

王雁飞,等.领导-下属关系图式一致性、信任与行为绩效:基于中国情境的实证研究[J].管理世界,2021,37(7):162-181+12.

熊和平,等.中国股票市场存在特质波动率之谜吗?:基于分位数回归模型的实证分析[J].管理科学学报,2018,21(12):37-53.

杨俊,张玉利,韩炜,等.高管团队能通过商业模式创新塑造新企业竞争优势吗?:基于CPSEDⅡ数据库的实证研究.管理世界,2020,36(7):55-77+88.

姚振华,孙海法.高管团队组成特征与行为整合关系研究[J].南开管理评论,2010,13(1):15-22.

易靖韬,蒙双.多产品出口企业、生产率与产品范围研究[J].管理世界,2017(5):41-50.

袁淳,肖土盛,耿春晓,等.数字化转型与企业分工:专业化还是纵向一体化[J].中国工业经济,2021(9):137-155.

郑伯埙,刘怡君.义利之辨与企业间的交易历程:台湾组织间网路的个案分析[J].本土心理学研究,1995,4,36-92.

郑伯埙.华人领导:理论与实际[M].台北:桂冠图书公司,2005.

郑晓明,丁玲,欧阳桃花.双元能力促进企业服务敏捷性:海底捞企业发展历程案例研究[J].管理世界,2012(2):131-147+188.

周长辉.二手数据在管理研究中的使用.陈晓萍,徐淑英,樊景立主编.组织与管理研究的实证方法(第二版)[M](pp.211-235).北京大学出版社,2012.